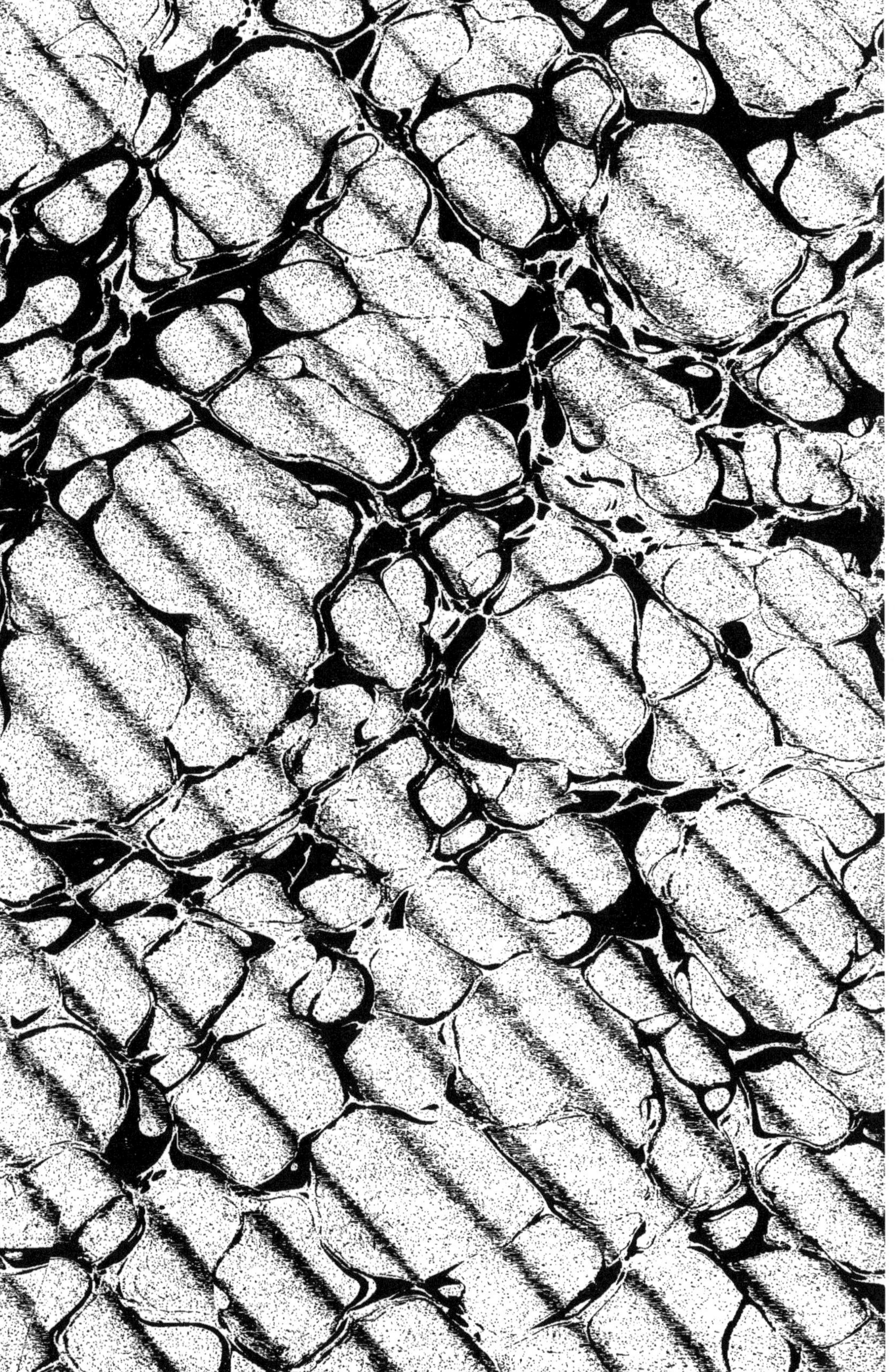

GASTON ROUTIER

Le Couronnement D'ALPHONSE XIII Roi d'Espagne

Ouvrage illustré de 109 photogravures et dessins du NUEVO MUNDO et du JOURNAL

ARTHUR SAVAÈTE, ÉDITEUR
76, RUE DES SAINTS-PÈRES, 76
PARIS

LE COURONNEMENT D'ALPHONSE XIII

ROI D'ESPAGNE

OUVRAGES DU MÊME AUTEUR

LÉLIO, poème en 1 acte et en vers, édition de luxe (troisième mille). . 3 fr. »

L'AMOUR DE MARGUERITE, roman contemporain (huitième édition). 3 fr. 50

DEUX MOIS EN ANDALOUSIE ET A MADRID, édition de luxe avec gravures hors texte. 7 fr. 50

L'HISTOIRE DU MEXIQUE, ouvrage précédé d'une lettre et du portrait de son Exc. le Président de la République du Mexique (troisième mille). . 3 fr. 50

LE MEXIQUE, avec préface de Ignacio Altamirano et une carte du Mexique (quatrième mille) . . . . 3 fr. »

GUILLAUME II A LONDRES ET L'UNION FRANCO-RUSSE (sixième édition) . . . . 3 fr. 50

LA QUESTION SOCIALE ET L'OPINION DU PAYS, enquête du *Figaro* (quatrième édition). . . . . 2 fr. 50

LES DROITS DE LA FRANCE SUR MADAGASCAR, un fort volume in-18, broché (huitième édition) . . . . 3 fr. 50

NOS BONS MAITRES-CHANTEURS, comédie en 5 actes et en vers (huitième édition) . . . . 2 fr. »

L'ESPAGNE EN 1897, un fort volume in-18, broché, avec sept gravures hors texte et cinq tableaux statistiques (neuvième édition). . . . . . 2 fr. 50

LE MARQUIS DE TOURNOEL, roman contemporain, un volume in-18, (cinquième édition) . . . . 3 fr. 50

GRANDEUR ET DÉCADENCE DES FRANÇAIS, un fort volume in-18 de 390 pages (seizième édition) . . . . 3 fr. 50

L'INDUSTRIE ET LE COMMERCE DE L'ESPAGNE, in-8°, avec huit tableaux statistiques hors texte, (cinquième édition) . . . . 5 fr. »

LE DROIT D'AIMER, comédie en 3 actes en prose, précédée d'une lettre de M. Jules Claretie, administrateur de la *Comédie Française*, un volume in-18 (cinquième édition) . . . . 2 fr. »

LE CONGRÈS HISPANO-AMÉRICAIN DE MADRID, *ses travaux et ses résultats*, un volume in-8° de 80 pages . . . . 3 fr. »

UN POINT D'HISTOIRE CONTEMPORAINE (Le voyage de l'Impératrice Frédéric à Paris en 1891. — Notes et documents. — Deux entrevues avec Liebknecht. — Une visite à Bismarck), un fort volume in-18 de 300 pages. 3 fr. 50

LE CONGRÈS DE LA PAIX A MONACO, une brochure in-8°. . . 2 fr. »

Alphonse XIII. Phot. Franzen.

GASTON-ROUTIER

Le Couronnement D'ALPHONSE XIII Roi d'Espagne

Ouvrage illustré de 109 photogravures et dessins du NUEVO MUNDO et du JOURNAL

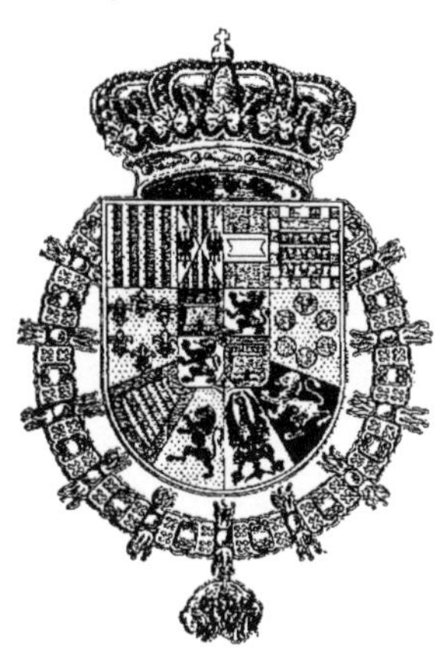

ARTHUR SAVAÈTE, EDITEUR
76, RUE DES SAINTS-PÈRES, 76
PARIS

A SA MAJESTÉ CATHOLIQUE

ALPHONSE XIII

ROI D'ESPAGNE

TRÈS HUMBLE ET TRÈS RESPECTUEUX HOMMAGE

D'UN SINCÈRE ET FIDÈLE AMI DE L'ESPAGNE

GASTON-ROUTIER

Le Palais Royal de Madrid.

CHAPITRE PREMIER

Après une nuit en wagon. — La pluie à Madrid. — Vivent les arbres! — L'Affluence des touristes. — Les Hôtels de Madrid. — Tramways et voitures. — L'Exploitation du bon public.

Madrid, 30 avril 1902.

Six heures du matin ; je m'éveille, si toutefois on peut appeler se réveiller le fait de se secouer et de sortir du pénible engourdissement que procure cet état de demi-sommeil et de cauchemar dont on jouit pendant une nuit en chemin de fer.

Nous approchons de Madrid. Encore une heure de supplice !

Il fait grand jour ; mais, après m'être frotté les yeux et avoir tiré les rideaux, j'ai la surprise et le regret de voir un ciel gris et pluvieux... Nous nous arrêtons une minute à toutes les stations. C'est ce qu'on appelle un train rapide en Espagne ! Enfin, voici Pozuelo : nous arriverons bientôt.

Va-t-il pleuvoir à Madrid ? Je comptais retrouver ce merveilleux ciel limpide et ce soleil aveuglant mais incomparable de *mon* Madrid, ce Madrid si gai, si rieur, si vivant, qui est pour moi si plein de charmes et de beautés ! De la pluie ! Fi ! de la pluie à Madrid ! Que c'est laid ! De grâce, mon Dieu, donnez-moi du beau temps.

Soleil, soleil de Castille, souris-nous du haut des cieux sans nuage !

Mais, en Espagne aussi, il y a un proverbe qui dit : « Il faut prendre les femmes comme on peut, les hommes comme ils sont, le temps comme Dieu le veut. » Un autre poète a écrit : « Le vent souffle malgré toi, tu ne le feras pas changer de route ; rien ne sert de gronder contre les éléments, tu ne commanderas jamais ni aux nuages ni au soleil ; sois philosophe : la pluie console de la sécheresse ; l'une nous trempe, l'autre nous dessèche, mais il faut en rire ; c'est la vie ! »

Je n'en ris pas, mais je m'en console facilement. Mes compagnons de voyage me font d'ailleurs remarquer que l'hiver et le début du printemps exceptionnellement pluvieux, dont l'Espagne a été affligée, lui ont valu une végétation inaccoutumée : les blés et les herbages de toutes parts se lèvent vigoureux et recouvrent le sol d'un tapis de nuances claires et riantes : tout cela promet des récoltes exceptionnelles. Les arbres, si malheureux, si chétifs aux environs de Madrid, prennent leur revanche cette année : ils ont des airs de matamore, des feuilles touffues et d'un beau vert ; ils poussent des branches de tous côtés, et les teintes tendres de leurs cimes prouvent qu'ils veulent grandir et profiter de l'humidité.

J'adore les arbres ; c'est une grande tristesse pour moi de voir des solitudes sans arbres. Les feuillages épais des bois ; le vert jaune des peupliers se mêlant aux verts plus foncés des marronniers, des acacias, des platanes, aux verts sombres des pins, des sapins, des conifères ; tout cet ensemble de couleurs et de formes des arbres me procure toujours une délicieuse impression, une sensation de repos pour les yeux et de quiétude pour l'âme. Les arbres sont les amis des hommes. Gardez-vous bien, Madrilènes, de détruire, d'abîmer, de saccager les arbres ; entourez-les de respect et d'amour, soignez-les et cultivez-les ! Ils vous donneront de la fraîcheur et de l'ombrage, de la joie et de la santé. Rien n'est plus sain que le voisinage des arbres, ils conservent dans le sol, par leurs racines, l'eau des pluies et vous évitent les sécheresses atroces ; ils absorbent par leurs feuilles l'acide carbonique et le transforment en oxygène. Rien n'est plus gai que le voisinage des arbres; ils abritent dans leurs branches des familles d'oiseaux jaseurs et chanteurs, qui nous ravissent par leurs ramages et qui nous délivrent de l'obsession d'une foule de moucherons et d'insectes. Vivent donc les arbres! Et ne maudissons pas trop la pluie!... Mais, maintenant qu'il est tombé assez d'eau, durant ces derniers mois, pour abreuver la terre et couvrir les arbres de feuilles, laissez-moi redevenir égoïste et réclamer du beau temps! J'ai besoin de trouver à Madrid le soleil. Voir des fêtes à Madrid, avec la pluie!!! Ce serait un contre-sens, une ironie du sort. Madrid n'est-il pas synonyme de soleil! Peut-on prononcer ce mot de Madrid sans voir en imagination un ciel bleu, d'une clarté et d'une pureté sans égales?

Voici le pont des Français, la Bombilla, le paséo de la Florida : je boucle ma valise, je mets mon chapeau. Nous sommes arrivés; le train entre en gare : les *mozos* se précipitent.

Nous montons dans un méchant fiacre, dont le cheval est destiné à faire connaissance bientôt avec les cornes d'un taureau. Pauvre vieux cheval qui avance à peine! Va-t-il pouvoir me conduire jusqu'à mon domicile?

« Vous n'avez rien à déclarer, señor...? »

Ce sont les préposés de l'octroi, de l'impôt de *consumos;* ils n'ont pas d'uniformes brillants, mais ils sont fort nombreux, ces agents du fermier de l'octroi de Madrid. Ils voient que je suis un voyageur qui vient de loin; ils me sourient et me laissent passer, mais il faut les voir à l'arrivée d'un train de province ou d'un de ces trains de plaisir que les Espagnols appellent *tren-botijo*. Ils sont alors épiques... et terriblement ennuyeux pour les pauvres voyageurs. Ils leur ouvrent tous les paquets, tripotent les jambons, les saucissons, goûtent le vin des outres, et font payer tous ces malheureux qui avaient espéré faire des économies en apportant leurs *meriendas* (provisions de bouche) avec eux et qui s'aperçoivent qu'il est moins onéreux de déjeuner et dîner au restaurant dans la bonne ville de Madrid que de vouloir y manger ce qu'on apporte de son *pueblo* (village). Aussi les Espagnols crient-ils et protestent-ils contre les octrois : ils crient et protestent aussi fort que les Français ; mais l'octroi, impassible, continue à sévir en Espagne comme en France, tel un fléau divin.

Je suis arrivé sans encombre à mon hôtel. Le cheval de mon *Simon* (c'est le nom qu'on donne à Madrid à un fiacre couvert) a eu plus de vigueur et d'endurance que je ne le supposais. J'ai revu avec plaisir les jardins du Palais royal à travers leur belle grille neuve aux lances dorées. La montée pénible du paséo de San Vicente s'étant effectuée au pas, j'ai pu contempler le beau spectacle du Palais royal vu d'en bas ; sa façade majestueuse, blanche et grave, se détachait sur le ciel qui semblait vouloir se dérider un peu.

Il faut convenir que ce palais, vu du Campo del Moro ou de la Cuesta de San Vicente, est d'un effet aussi imposant que réellement beau (1).

Les jardins du Palais sont plus verdoyants que jamais, et l'odeur des lilas en fleurs montait jusqu'à mes narines.

A sept heures du matin, Madrid est encore endormi ; dans cette bonne ville les balayeurs et les domestiques sont les seuls promeneurs des rues jusqu'à neuf heures ; les boutiques n'ouvrent qu'à huit heures, et se faire servir un café au lait avant neuf heures dans un café de la Puerta del Sol est un tour de force que personne n'a jamais pu accomplir.

J'ai trouvé Madrid aussi calme qu'à son ordinaire à cette heure matinale. Aucun préparatif de fête dans les rues ; pas d'affiches. L'aspect accoutumé... pardon ! je faux, il y a une particularité qui m'a frappé et qui est grosse de conséquences et d'indications : les rues de Madrid, la calle Arenal, la Puerta del Sol, la Carrera San Jeronimo, la rue d'Alcala, la rue de Sevilla elle-même, ne sont pas obstruées en tout ou en partie par des travaux de réfection de la chaussée : il n'y a ni réparation des pavés, ni bitumage nouveau ; l'asphalte est intact, les pavés sont alignés et à niveau. C'est une nouveauté, car depuis douze ans je ne venais jamais à Madrid sans trouver des équipes de travailleurs en train de paver ou d'asphalter une des rues ou un des coins de la Puerta del Sol ; ces braves

(1) Voir à ce sujet : *Deux mois en Andalousie et à Madrid*, 1 vol. in-8° avec gravures hors texte. Le Soudier, éditeur, 174, boulevard Saint-Germain, Paris.

gens posaient un pavé et fumaient plusieurs cigarettes, donnaient un coup de pioche ou un coup de maillet, et leur travail ne se terminait jamais. La réfection du pavage de la rue de Séville était une chose célèbre, une Institution municipale : on y travaillait du 1er janvier à la Saint-Sylvestre et on recommençait ensuite. L'asphaltage de la *Puerta del Sol* a duré deux ans ; il est vrai que la place est très grande et que les ouvriers municipaux sont des privilégiés.

Aujourd'hui tout est en bon état ; il n'y a ni fondrières, ni tas de pavés, ni monceaux de bitume en collines ; c'est l'indice du grand événement qui se prépare... et l'échafaudage qui se dresse en face du ministère de la Gobernacion et qui bouche la rue del Carmen annonce à tous les passants de la Puerta del Sol qu'on va célébrer les fêtes du sacre de Sa Majesté Catholique. A quoi peut bien servir cet échafaudage ? Est-ce un gibet, une tribune, un échafaud, un pavillon à musique ? *Quien sabe ?* Nous allons faire une enquête.

Je viens de déjeuner au Café de Paris, c'est-à-dire correctement et confortablement : un déjeuner à la française. C'est une grosse question que celle de la nourriture à Madrid : elle mérite toute une étude, et nous la ferons un jour.

Mais, en ce moment, il y a pour les étrangers une question capitale et qui prime toutes les autres, question palpitante d'actualité, comme diraient les reporters parisiens : celle du logement. « Où allons-nous coucher, grands dieux ? Connaissez-vous une chambre, un cabinet obscur, un recoin avec un lit propre, où l'on puisse dormir ? Serons-nous obligés de passer la nuit sur la Puerta del Sol ou de dormir sous les arbres du Retiro ? »

Ce n'est pas un, ce sont tous les voyageurs français et étrangers qui se plaignent ainsi et nous accablent de questions. Il est difficile de leur répondre. Heureusement qu'un ami m'a gardé depuis longtemps une chambre, car je serais obligé de faire chorus avec eux, et cette perspective de vagabonder par lés rues de Madrid ne m'enthousiasme pas du tout.

Il n'y a donc pas d'hôtels à Madrid ? me direz-vous. Pardon, il y en a plusieurs, mais il n'y en a pas de vraiment bons. Deux hôtels se dénomment : hôtels de premier ordre ; ce sont *l'Hôtel de Paris* et *l'Hôtel de la Paix,* sur la Puerta del Sol. Ils passeraient inaperçus à Paris ou à Londres et seraient considérés comme hôtels de troisième ordre dans une de nos stations hivernales ou balnéaires. Les autres ne méritent même pas une mention ; ils sont médiocres ou franchement mauvais. Mais, si l'on ne peut admirer le luxe et le bon service de tous ces établissements destinés à l'exploitation des voyageurs, il faut reconnaître cependant qu'ils l'emportent incontestablement sur tous les hôtels du monde entier par leurs prétentions exorbitantes et leur outrecuidance.

Il est cher de vivre à Madrid en toutes saisons : les hôtels y font surpayer leurs chambres et leurs repas ; mais en ce moment il faut être Rothschild ou Van del Bilt pour habiter l'*Hôtel de la Paix* ou l'*Hôtel de Paris.* On y exige des sommes invraisemblables. Les autres hôtels suivent avec zèle ce bon exemple : les *fondas* et les *casas de Viajeros* elles-mêmes tarifent à des prix plus élevés que ceux du *Grand-Hôtel* à Paris des chambres à punaises et des ratatouilles à l'huile rance. Chose inouïe : quelles que soient leurs exigences, tout se loue ; les plus obscurs cabinets se paient aussi chers que des chambres sur le boulevard des Italiens ; on s'arrache le moindre gîte. Les hôteliers triomphent ; les tenanciers de maisons meublées se gonflent d'importance, et tous les Madrilènes ne songent plus qu'à louer leurs appartements à d'illustres inconnus.

Un des écrivains les plus typiques de l'Espagne contemporaine, Luis Taboada, écrit à ce sujet des choses bien amusantes. Je vais essayer d'en traduire quelques lignes ; je dis essayer, car le charme principal des écrits de Taboada réside dans la langue espagnole qu'il manie en maître et dont il emploie des expressions pittoresques qu'il est impossible de rendre en français, car l'équivalent nous manque. Certains mots espagnols veulent dire deux choses, selon la façon dont ils sont employés, et tout leur sel, tout leur piquant, disparaissent dans la traduction. Essayez d'ailleurs de traduire en anglais ou en espagnol les livres d'Eugène Chavette, de Jules Moinaux, les comédies de Labiche ou les articles d'Alphonse Allais... ce sera le sens exact, oui, mais ce ne sera pas cela ; il y manquera toujours un je ne sais quoi, qu'il est difficile de définir.

« Toujours pas de solution au problème du logement : on craint que plusieurs touristes se voient dans la dure nécessité de dormir au grand air.

« Pour leur éviter cet ennui, grand nombre de familles se sont décidées à accepter des *huespedes* (hôtes), en partageant leur lit avec eux, comme on dit. Tous ceux qui ont un lit de trop le font annoncer en termes affectueux, soit dans les journaux, soit au moyen d'écriteaux en lettres gothiques, placés sur le portail : « Pour les fêtes. — On admet un « voyageur propre. On s'expliquera chez le concierge. »

« Ou bien : « Lit décent pour un ou deux touristes, dans le cas où « ils voudraient coucher ensemble. »

« Il y en a qui sont disposés à abandonner leur maison en location et à aller vivre à la campagne pendant les fêtes. Tout d'abord, les dames de Cochifrito ont mis une annonce offrant leur domicile aux excursionnistes, et, si elles parviennent à la louer, elles iront vivre avec leur blanchisseuse, qui demeure à Pozuelo de Alarcon.

« Beaucoup d'autres familles veulent tirer le meilleur parti possible des circonstances en se réfugiant dans les pièces intérieures de l'appartement et en offrant aux voyageurs les pièces donnant sur la rue. »

Je renonce à traduire le reste ; on n'en comprendrait pas la saveur, quand on ne connaît point les appartements à Madrid. Dans les maisons espagnoles, on a la mauvaise habitude de construire une quantité de pièces obscures et sans fenêtres qui s'ouvrent sur un couloir ; il est peu d'appartements qui aient la moitié de leurs pièces avec fenêtres ; la plupart ont le salon et la salle principale qui donnent sur une rue et toutes les autres pièces sans autre ouverture qu'une porte sur un vestibule ou un couloir. On ne peut rien imaginer de moins hygiénique et de plus sale. Des familles entières vivent dans des pièces où l'air ne pénètre que difficilement, où le soleil ne se montre jamais (et pour cause !)... On couche dans des *alcôves* fermées par des portes vitrées et souvent dans des *cabinets noirs* où nos ménagères françaises ne voudraient pas mettre les habits ou le linge.

J'ai vu des maisons à Madrid où il y a trois fenêtres de façade et une profondeur de soixante-dix mètres : les appartements se composent là de deux pièces sur la rue et de vingt pièces obscures donnant sur un couloir intérieur. Je vous laisse à penser si c'est un nid à microbes et à bonnes odeurs : ce qui est extraordinaire, c'est qu'on puisse vivre dans de pareils milieux et que la saleté n'y soit pas plus grande.

Taboada est un écrivain humoristique, mais ce qui fait le charme de ses écrits, c'est qu'il ne dit pas de bêtises incommensurables, comme Alphonse Allais ; il ne fait pas rire avec des pitreries de clowns ou par l'énormité de ses élucubrations. Il se contente de tourner en caricature légère les travers de ses concitoyens : il les voit, il les observe, il souligne leurs ridicules, mais il dit la vérité. Ce que raconte Taboada est toujours pris sur le vif : à peine se contente-t-il d'ajouter un mot drôle de temps en temps. C'est un Henri Monnier !

« Louons tout ce que nous pouvons, dit la maîtresse de maison à son mari, le cabinet de travail, le salon, la salle à manger et les deux alcôves du passage.

— Et nous, où nous mettrons-nous ? demande le chef de la famille.

— Les trois enfants peuvent dormir avec la bonne dans la cuisine, et toi et moi nous nous arrangerons dans la dépense.

— Mais, nous allons être à l'étroit, Isidorita ?

— En dernier ressort, nous pourrons entr'ouvrir la porte et laisser nos pieds à l'extérieur. »

Le projet de cette brave dame se réduit à appuyer la tête du matelas sur le bazar de la dépense et à introduire les pieds dans la cuisine.

Voilà l'agréable perspective qu'envisagent les bons ménages madrilènes qui veulent tirer parti de leurs appartements et qui remplissent la quatrième page de l'*Imparcial* et des autres journaux d'annonces dans ce genre : je traduis textuellement celles de l'*Imparcial* du 26 avril : « Fêtes de Mai. Agence de logements. *T... M...*, 7, 9, carrera San Jeronimo. — Les habitants qui veulent céder leurs logements, avec ou sans service, doivent s'adresser à cet office. Égal avis à ceux qui veulent louer des chambres. Honoraires, une *peseta*. — Guides, interprètes. » C'est l'annonce d'un entrepreneur improvisé d'exploitations des voyageurs. Ces industriels ont à Madrid un toupet extraordinaire : il y en a un qui, dans la même carrera San Jeronimo, a mis sur son balcon : Agence officielle de l'Excelentissimo Ayuntamiento (de la Municipalité) de Madrid pour logements des visiteurs de cette capitale !

Mais n'insistons pas et continuons :

« *Particulière* cède spacieux cabinet avec alcôve, lumière électrique, centre Madrid. S'adresser : Tudescos, 38, charcuterie. »

« *Particulière* cède chambre intérieure avec ou sans (le mot service est sous-entendu). S'adresser... »

« *Balcons* se louent pour les fêtes de mai. Calle Mayor, 23, concierge. »

Il serait fastidieux de reproduire une série d'annonces qui sont semblables. Mais il l'est moins d'aller voir un peu ce qu'on nous offre. Généralement ce sont des chambres plus ou moins propres ; en temps ordinaire, on en demande 2 ou 3 pesetas par jour ; en ce moment 15, 28, 30 pesetas dans les quartiers populaires, 50 et 60 pesetas dans les rues principales. Là où doit passer le cortège royal, calle Mayor, calle Alcala, carrera San Jeronimo, ce sont des prix fantaisistes, de haute fantaisie, mais pas pour le voyageur qui a besoin d'un lit propre pour se reposer.

Dans une de ces *casas de huespedes* improvisées, la maîtresse de maison, veuve assez jeune et jolie, me montre une pièce obscure ; je lui demande si elle n'a pas d'autres chambres à me donner. Tout le reste est déjà loué, me dit-elle ; mais vous ne serez pas à plaindre. Ce cabinet noir est ma propre chambre.

Je n'ai pas insisté ; j'ai pensé que d'autres voyageurs seraient plus ravis que moi de l'aventure, et j'ai cédé la place.

D'ailleurs, grâce au ciel, je n'ai pas besoin de courir tout Madrid à la recherche d'un gîte ; j'ai une bonne chambre depuis longtemps ! Mais mes amis moins prévoyants seront fort à plaindre.

Il est scandaleux — disons le mot — qu'une capitale comme Madrid n'ait pas un grand hôtel, un de ces grands et beaux hôtels comme nous en avons à Paris, à Nice, à Monte-Carlo, comme il y en a à Londres, en Allemagne, en Suisse, partout enfin ! On ne comprend pas que des capitalistes espagnols ne se soient pas décidés depuis longtemps à doter Madrid, leur Madrid, d'un grand hôtel. Ils auraient rendu un grand service à leurs concitoyens et fait une excellente affaire. Madrid, même en temps ordinaire, regorge de voyageurs : les hôtels y sont toujours bondés et gagnent de l'argent. Quand on veut y donner un grand dîner, un banquet officiel, on ne sait où le faire : il faut renoncer à donner un banquet de plus de deux cents couverts, faute de salle ! Celles qui existent sont trop petites et d'ailleurs basses de plafond, laides, mal décorées, indignes de Madrid.

On pourrait croire que toutes ces raisons auraient dû décider depuis longtemps les Madrilènes riches — et il y en a des quantités — à faire une Société puissante et à créer un immense hôtel avec cinq cents chambres, grande salle de fête, grande salle de banquets, jardins d'hiver et d'été, salles de bains, et tout le confort moderne. Il n'en est rien !

Quand cela se fera-t-il? Certainement ce sera bientôt, on peut en être sûr, car, avec le nouveau règne, Madrid va être un centre de fêtes et de cérémonies, et la création d'un hôtel digne des riches étrangers et provinciaux s'impose. Mais il faudra que ce soit des Anglais, des Suisses ou des Français qui fassent cette bonne affaire! Les Espagnols se plaindront ensuite de l'exploitation de leur pays par les étrangers! En vérité, à qui la faute?

Les journaux espagnols ne laissent pas passer un jour sans faire des articles contre les Compagnies de tramways qui sillonnent Madrid. Pourquoi? Pour des futilités, ou des accidents dus à la sottise des promeneurs. Et ne croyez pas que les accidents soient nombreux. Lors de mon séjour en 1901, en deux mois et demi, il y en a eu *un*. Ce n'est pas beaucoup, étant donné la multiplicité des lignes desservies par des quantités de grandes et belles voitures à traction électrique.

Mais les Espagnols crient contre les tramways, parce que ce sont des Compagnies belges : l'*Imparcial* reçoit une lettre d'un Madrilène disant qu'il a dû attendre un quart d'heure un tramway, car toutes les voitures qui passaient devant lui étaient pleines.

Vous croyez que cela signifie aux yeux des journalistes espagnols que la traction électrique a du succès et qu'il faut engager la Compagnie à mettre de nouvelles voitures en service? Que non! Cela, d'après le *Liberal*, c'est une nouvelle contrariété imposée au public madrilène par les Compagnies étrangères qui exploitent Madrid comme *une ville conquise*. C'est amusant, n'est-ce pas?

D'ailleurs tout le monde en rit, voilà ce qui prouve le bon sens des Espagnols. Les journaux crient, mais les habitants sont ravis de prendre les tramways : pour deux sous on traverse tout Madrid, pour quatre sous on va de la Puerta del Sol dans les faubourgs. Ce ne sont pas de petits trajets, croyez-le, car Madrid est une très grande ville, qui se développe énormément à l'est et au nord-est. Jadis on était obligé de prendre de méchants fiacres : il y a donc là un grand progrès.

Les jours de *toros*, les Madrilènes sont ravis d'avoir les trams électriques qui les transportent en quelques minutes. D'ailleurs la cause de ces véhicules est gagnée depuis longtemps devant le public : les tramways sont toujours complets, et les Compagnies doivent gagner de l'argent, beaucoup d'argent!

Grâce à ces Compagnies belges on pourra circuler à Madrid pendant les fêtes sans être obligé de payer un tribut onéreux aux cochers de fiacres. Déjà ces automédons font des manières pour vous prendre dans leur *Simon* (voitures fermées) ou *Manuela* (voitures découvertes); l'alcade leur impose un uniforme neuf à partir du 1er mai, mais eux vont imposer beaucoup de désagréments à leurs clients.

Quant aux voitures de louage, elles seront introuvables, même au poids de l'or. Dès maintenant elles sont toutes louées, et des industriels se sont déjà mis à spéculer sur ces véhicules : ils les ont loués pour les sous-louer, comme des fauteuils d'orchestre un jour de première.

Cette annonce que je traduis à la quatrième page de l'*Imparcial* du 26 avril en dira plus long que tout :

« On loue pour le mois de mai un beau landeau avec bons chevaux et cocher. Calle Genova, 10, pour traiter. *Inutile de se présenter* si on n'est pas disposé à payer *quatre mille pesetas.* »

Un de mes amis vient à l'instant me prévenir qu'une agence de location lui refuse un milord à un cheval pour le mois de mai, parce qu'il ne veut pas payer 3,500 pesetas d'avance.

Ceci se passe de commentaires!

Décidément, le plus simple est de se résigner à prendre le tramway ou à aller à pied... et pour terminer ma journée, je vais après le dîner assister à deux actes à la *Zarzuela*.

Armes Royales d'Espagne.
(L'écusson renferme quatorze blasons royaux ou princiers.)

CHAPITRE II

La zarzuela espagnole. — Le prince Eugène de Suède. — Le 1er mai à Madrid. — La foi socialiste. — Les ouvriers s'amusent. — La veille du « Dos de Mayo ». — Le monument. — Fête de l'anniversaire de 1808. — L'alcalde de Mostolès.

Madrid, 1er mai 1902.

Ces pièces espagnoles ont pour moi un grand charme; je les vois toujours avec plaisir et j'écoute volontiers leur musique pleine de gaieté et d'entrain.

La zarzuela, petite pièce courte et réellement typique, ne saurait en effet être classée dans la catégorie des opérettes à proprement parler; elle constitue, au contraire, un genre bien spécial, qui a tous ses caractères propres et qui tient le milieu à la fois entre le vaudeville français et l'opéra-bouffe italien.

Et la zarzuela espagnole se divise elle-même en deux catégories bien distinctes : la grande zarzuela, qui vise au titre d'opéra-comique et qui comprend trois actes avec de nombreux décors; et la petite zarzuela, en un acte et plusieurs tableaux, que les écrivains espagnols appellent le *genero chico* (petit genre) et qui représente à mes yeux la plus pure et la plus sincère expression de cette sorte de spectacles éminemment espagnols.

L'Espagne est un des rares pays d'Europe où le théâtre ait conservé une allure, un cachet bien particuliers ; aujourd'hui on joue en Angleterr en Allemagne, en Autriche, en Italie, des adaptations ou des traductio de nos vaudevilles et de nos opérettes. En Espagne, on joue bien, d temps en temps, des traductions de nos pièces à succès, mais c'e l'exception ; le Théâtre-Espagnol, à Madrid, et la *Comedia* jouent de imitations ou des traductions de pièces françaises du Théâtre-Françai de l'Odéon, du Gymnase, mais on les compte !

Consultez, en revanche, les affiches des théâtres de Madrid, et vo verrez qu'en dehors de l'opéra ce genre international (qui est chant au Théâtre-Royal), en dehors du théâtre classique espagnol (dont l temple est au *Théâtre-Espagnol*), toutes les autres salles de spectacl de Madrid sont consacrées à la zarzuela. On joue ces petites pièces l'*Apolo*, à la *Zarzuela* (le théâtre classique du genre), au théâtr *Moderno*, à *Roméa* ; le théâtre de *Lara* joue des petites pièces en u acte, qui sont des zarzuelas sans musique, plus littéraires peut-être extrêmement amusantes, mais qu'il faut mettre à part, car elles peuven dans le théâtre espagnol, prétendre plutôt représenter le genre vaude ville que le genre opérette.

Pourquoi la zarzuela, surtout celle en un acte, a-t-elle obtenu e Espagne une si grande popularité ? Sans doute, tout simplement parc qu'en Espagne le *Music-hall* n'existe pas encore, tel qu'il fleurit — beau coup trop, hélas ! — en France et dans les autres pays du monde. Il falla donc aux Espagnols un genre de spectacle démocratique, facile à com prendre, n'exigeant ni les efforts d'intelligence du théâtre classique, ni d grandes dépenses d'argent pour les spectateurs. On en est arrivé ainsi créer ce genre de pièces qui, en une heure et quelques minutes, fon défiler sous les yeux du public trois ou quatre tableaux, qui sont de réelle scènes de mœurs de toutes les provinces d'Espagne, photographiées pou ainsi dire sur le vif et transportées telles quelles au théâtre.

Beaucoup de situations comiques, des mots drôles à toutes le minutes, un peu de sentiment, une intrigue d'amour où la vertu es toujours récompensée et le vice toujours puni ; des duos, des chants des chœurs, une musique endiablée, un peu sauvage, d'inspiration viv et prime-sautière, qui ne sent pas l'effort et qui a gardé une saveu exotique, mi-arabe, mi-européenne, qui produit une impression puis sante ; où les accords les plus tendres et les mélodies les plus suave alternent avec des mélopées criardes et des accents déchirants de passio véritable ; un ensemble, pour tout dire, de qualités et de défauts, d mièvreries raffinées et de brutalités apparentes, qui nous donne la sensation très nette d'une civilisation spéciale, le tableau ressemblant et nullement truqué des mœurs si pittoresques de nos voisins : voilà la zarzuela !

Le théâtre-type de ce genre dramatique, celui qui en conserve les traditions classiques, c'est évidemment le *théâtre de la Zarzuela*. Il a été construit en 1855, par Francisco de Rivas et inauguré en 1856. Il est situé au milieu de la calle de *Jovellanos* dont il a porté le nom à un certain moment, dans un renfoncement qui forme comme une place. Cette rue est derrière le palais du Congrès ; elle est étroite et aboutit à une autre rue étroite, la calle de los Madrazos. Celui qui cherche pour la première fois, le soir, le théâtre de la Zarzuela, risque fort de passer à côté sans s'en douter, et il est nécessaire de se faire montrer le chemin. Mais le fait de se cacher dans cet endroit écarté et hors de la vue du public, qui circule dans les grandes artères de la carrera San Jeronimo ou de la rue d'Alcala, ne cause aucun tort à ce théâtre, car il est toujours plein et on peut dire que c'est un des plus courus de la capitale.

Il faut reconnaître qu'il mérite la vogue dont il jouit ; les pièces qu'il joue sont toujours intéressantes et son orchestre est bon ; les acteurs sont de premier ordre et, comme comiques, j'en connais peu qui les valent.

La salle est très vaste, aérée ; les fauteuils sont bons ; les peintures sont vieilles, mais l'éclairage électrique, bien installé, corrige ce petit défaut, et, en somme, la salle de la *Zarzuela* est une belle salle de spectacle.

Jadis on jouait de préférence sur cette scène la grande zarzuela espagnole en trois actes ; mais, depuis plusieurs années, on n'y joue plus que des pièces en un acte et plusieurs tableaux, petites zarzuelas courtes et amusantes qui ont la faveur du public.

Hier soir, on donnait quatre représentations et une pièce différente à chaque représentation : la première *funcion* (c'est le mot espagnol) commence à huit heures et demie : elle dure une heure environ ; les autres suivent, toutes d'une durée d'une heure environ. La quatrième et dernière représentation commence généralement à minuit et finit à une heure du matin, car il faut compter un quart d'heure d'entr'acte entr chaque pièce pour l'entrée et la sortie des spectateurs. Sur les quatr pièces que l'on a jouées, je n'ai assisté qu'à deux, car j'étais fatigué e j'avais besoin de me coucher tôt. *El Batéo* et la *Manta Zamoran* m'ont procuré de très agréables moments. *El Batéo* est une piécette san prétention, l'histoire d'un baptême dans les quartiers populeux d Madrid; ce sont gens du commun qui s'agitent et se disputent, qui sont l jouet et les victimes de leurs passions, et c'est si naturel, si bien photc graphié sur le vif, que le rire des spectateurs éclate en fusées à chaqu minute et qu'on trouve du piquant et du cachet à des mots d'un comiqu un peu vulgaire, mais approprié à la situation.

La *Manta Zamorana* a une autre allure : c'est une étude de mœur des gens de Zamora, bien présentée, et qui touche et émeut tout e amusant. Le pittoresque de la localité, des costumes, des caractères, tou est bien rendu ; l'action est conduite avec talent ; l'intrigue est plu sérieuse que dans la plupart des zarzuelas en un acte. Je ne raconte pas ce petites pièces : c'est bien difficile, et ce serait surtout trop long et tro oiseux. Mais il y a une musiquette exquise dans cet acte et un *duo* la fin qui m'a littéralement enchanté. C'est mieux que de la musiqu badine, c'est de la musique d'opérette avec une pointe de sentiment e une inspiration franche et vraiment artistique. Je félicite le maëstro.

Le prince Eugène de Suède vient d'arriver : il doit représenter so père, le roi Oscar II, aux fêtes du Couronnement, mais il voyage en c moment *incognito* et va entreprendre une excursion dans le sud d l'Espagne avant de revenir, vers le 10 mai, à titre officiel. C'est un princ érudit et artiste ; sa première visite a été pour le *Musée de peinture* d Prado, musée digne de l'admiration de tous les amateurs et dont j'aura l'occasion de parler longuement. Le prince Eugène a été si enthousiasm par sa visite d'aujourd'hui qu'il a déclaré qu'il reviendrait encore voir l Musée demain, avant de partir pour Cordoue et Séville.

Ce soir, il assiste à la représentation du Théâtre-Espagnol, théâtr qui correspond à notre *Théâtre-Français :* c'est le temple du théâtr national de l'Espagne, des œuvres de Calderon et Lope de Vega, e

S. M. la Reine-régente.

Phot. Valentin.

tant d'autres auteurs célèbres, du drame et de la comédie classiques.

L'antique édifice a été restauré en 1849 et amélioré en 1869; il est bien situé devant la place del Principe, dont le square aux gazons verdoyants et les grands arbres flattent agréablement les yeux des promeneurs aveuglés par la réverbération du soleil sur les façades blanches des maisons.

Premier mai ! Fête des ouvriers ! On finit par la délaisser et la négliger en France, depuis qu'on a voulu la transformer en manifestation socialiste. En outre, chez nous, les ouvriers sérieux préfèrent travailler que perdre leur temps ; ils trouvent qu'il y a bien assez de fêtes comme cela dans l'année et que le dimanche, suivi du lundi, c'est déjà beaucoup ! En Espagne, le 1er mai n'est pas encore tombé en désuétude : ici on aime bien ne rien faire et tous les prétextes de fêtes sont bons. On a compté que les jours fériés en Espagne, y compris les dimanches, fêtes religieuses et civiles, sont aussi nombreux que les jours non fériés, même dans les années bissextiles. Ici la fête du 1er mai est également une manifestation des socialistes, manifestation qu'ils s'empressent de faire avec un grand luxe de discours. Le gouvernement espagnol, ayant eu le bon esprit d'autoriser les réunions socialistes dans les locaux spéciaux et de déclarer qu'il n'empêcherait que les démonstrations dans la rue, les socialistes madrilènes ont voulu prouver qu'ils étaient sages et sérieux, et tout s'est passé le mieux du monde, sans tapage, et sans violence..., sauf les violences de langage des orateurs.

A Madrid, la fête du 1er mai comprenait le programme suivant : le matin, à neuf heures, grand meeting dans la salle très vaste du *Fronton central* (on appelle *Fronton* une salle couverte, très haute et très longue, où se joue le fameux jeu de paume ou de balle des provinces basques). Inutile de dire que la salle était bondée et que les orateurs socialistes ont trouvé des auditeurs enthousiastes : on les a acclamés et un orphéon a chanté l'hymne *Prolétaires unis* (en espagnol naturellement) et la *Marseillaise* (idem).

Je ne veux pas rapporter lés discours de tous les orateurs qui se sont succédé à la tribune : ce serait répéter toujours la même chose avec des variantes. L'analyse très succincte du discours du plus connu des socialistes espagnols, le citoyen Iglesias, donnera une idée des aspir tions de ce parti en Espagne et de ses desseins avoués :

« Nous venons avec plus de confiance que jamais affirmer notre so darité avec tous les exploités et jurer que nous serons tenaces et pers vérants jusqu'à la chute du régime actuel : nous jetterons aussi un rega sur le terrain parcouru.

« En 1890, la condition matérielle et morale des ouvriers était bi différente. On venait à nos réunions par amour de la nouveauté ; ma depuis lors, la volonté a créé une masse énorme, capable de grand entreprises et qui bientôt les accomplira.

« Le socialisme est un élément de progrès. Grâce à lui, la Bisca n'est plus carliste ; Alava est en train de faire de même ; la Navar célèbre le 1er mai, et le Maëstrago aussi ; les socialistes sont ceux q combattent le mieux le carlisme ; car, sans désirer l'incendie des couven ni l'extermination des curés et des moines, il attaque le cœur même l'Église qui constitue son bien le plus précieux.

« Les socialistes combattent les républicains, parce qu'ils se trompe dans le domaine économique et parce qu'ils n'ont pas fait l'éducation d masses. Ils n'attaquent pas les hommes de ce parti, mais leurs erreu

« Les Asturies et la Biscaye sont socialistes, l'Andalousie et la Ca tille vont le devenir et toute l'Espagne le sera, et elle le sera parce q le socialisme vit de la vie de la réalité.

« Les socialistes n'ont éveillé aucune illusion chez l'ouvrier. Ils l ont dit la vérité : qu'ils auraient à travailler beaucoup avec peu profit ; c'est pour cela qu'ils ont obtenu des résultats positifs, sûrs fermes.

« Aveugles ceux qui croient, du haut du pouvoir, que les avantag endormiront le socialisme ; les avantages *seront des acides, seront d apéritifs (sic) !*

« Les socialistes seront les vainqueurs, parce qu'ils ont l'appui d conditions sociales.

« Le 1er mai, c'est le réveil des ouvriers. Aujourd'hui plus de tr cents meetings se célèbrent en Espagne ; dans le monde entier il y en des millions, non pour renverser les régimes qui existent, mais pour l ébranler et les jeter à terre un jour plus facilement.

« Nos efforts n'ont pas été vains. (Iglesias énumère ici les l obtenues des Cortès, qu'il considère comme favorables matériellem pour les ouvriers. Il fait allusion ensuite à la question des subsistanc question grave à Madrid, en ce moment, à cause du renchérissement des aliments.)

« Il faut répondre aux convocations du parti en grand nombre et avec ensemble. La force seule fait peur aux Aguilera (c'est le nom de l'Alcalde de Madrid) et c'est l'unique moyen de les faire marcher.

« Il demande aux ouvriers de suivre toujours, sans cesse, le même chemin, en travaillant, en faisant de la propagande et en instruisant le peuple ; c'est l'unique moyen d'améliorer le sort des ouvriers et d'arriver à être assez puissants pour mettre en miettes les privilèges des capitalistes. »

Ces paroles sont assez claires pour n'avoir pas besoin d'explications : les desseins du parti socialiste y sont nettement démontrés. Ils ne tendent à rien moins qu'à détruire le gouvernement et la Constitution, sans dire par quel régime ils le remplaceront. Dans ces phrases sonores, on ne distingue bien que les idées de destruction et de ruine ; pour le reste, ce sont des promesses de félicités futures qu'on serait bien en peine de définir. L'arrivée du Socialisme au pouvoir sera l'Eden, la terre promise, le paradis : mais pourquoi ? mais comment ? Il est évident que dans tous les pays du monde les socialistes pensent de même, à savoir que de pareilles demandes sont excessivement indiscrètes.

Avez-vous la foi socialiste, oui ou non ? Si vous avez la foi, vous devez vous en contenter. Si vous ne l'avez pas, tant pis pour vous !

Je ne sais si beaucoup d'ouvriers espagnols ont la foi socialiste, mais il faut reconnaître que, pour des simples d'esprit, les belles promesses et la perspective d'un Eden futur sont bien suffisantes. Que leur importe de savoir si l'on peut réaliser ce que les socialistes font espérer ?

Le seul fait de faire fête un jour de plus, voilà ce qui captive les Madrilènes ; et la preuve, je veux la trouver dans l'ensemble parfait avec lequel les familles ouvrières de Madrid se sont rendues sous les frais ombrages de la Bombilla et de la Fuente de la Teja, où, aux accords des orgues de Barbarie, des pianos mécaniques, des violons des aveugles, elles ont dansé, bu et mangé les *meriendas* (provisions) apportées de leurs domiciles. C'était là la seconde partie du programme du 1er mai, et je vous assure que c'est celle qui a eu le plus vif succès. Boire du vin, manger des *chorizos,* crier et rire, acheter aux pâtisseries en plein vent des beignets cuits à l'huile rance et des sucreries, voilà le socialisme du 1er mai, tel qu'il sourit le plus aux ouvriers de Madrid !

« Vive le 1er mai, disent les braves travailleurs ; on s'y amuse autant qu'à la San Isidro ou à la San Anton ! »

Il faut croire que ce sentiment est général en Espagne, car, en parcourant les dépêches de *El Héraldo* et de *La Correspondencia de Espana,* ce soir, à neuf heures, je me rends compte du calme parfait avec lequel s'est passé le 1er mai dans la Péninsule. Partout, comme à Madrid, il y a eu des meetings et des discours incendiaires ; partout aussi la *merienda* a eu le plus grand succès et les *organillos* (1) ont fait fureur.

« Buvez et dansez, mes amis », devaient penser les farouches meneurs ; peut-être se répétaient-ils le mot de Joseph Prud'homme : « Ils dansent sur un volcan ! »

Faut-il en rire ? Faut-il en pleurer ?

Vers trois heures du soir, toutes les cloches se mettent en branle.

Je me demandais pourquoi, lorsque ma voiture passant sur le Prado, un coup de canon fit faire un écart au cheval. Près du Retiro une batterie d'artillerie était installée. « Elle tirera un coup de canon toutes les demi-heures, me dit le cocher en se retournant sur le siège ; c'est demain le 2 mai ! » Ces simples mots expliquaient tout.

Le 2 mai ! C'est une grande date historique pour toute l'Espagne et surtout pour Madrid. Depuis 1808, on fête religieusement cet anniversaire. C'est la fête nationale, la fête de l'Indépendance. Le 2 mai fut, en effet, le signal de cette explosion de patriotisme farouche qui brisa la puissance de Napoléon Ier. Tant de souvenirs et de pensées m'assaillent,

(1) *Organillo,* petit orgue de Barbarie.

en évoquant cette date inoubliable, que je suis forcé d'abandonner la plume pour y rêver un moment. Je tâcherai demain de coordonner quelques idées sur ce sujet.

Je vois en passant, sur la place de *la Léaltad,* le monument du *Dos de Mayo,* obélisque en granit jaunâtre provenant du fameux « Hoyo de Manzanarès ». Cet obélisque, entouré de quatre statues allégoriques, se dresse sur un socle de granit en forme de sarcophage ou plutôt de très grand tombeau, sur les parois duquel sont sculptés les médaillons des héros Daoïz et Velarde, et deux inscriptions commémoratives.

Ce monument, qui devait faire grand effet lorsqu'il était isolé de toute construction et entouré simplement de quelques cyprès au feuillage lugubre, comme nous le montrent les gravures qui furent publiées en 1840, est aujourd'hui à demi caché par les arbres et la verdure du petit square au milieu duquel il est situé. Une grille circulaire entoure ce jardinet bien entretenu et les branches des arbres le dissimulent un peu. Du *Salon du Prado* on l'aperçoit vaguement : on le voit mieux en venant de la rue de la Léaltad.

De près, il ne produit pas une mauvaise impression : il y a là deux saules pleureurs d'un effet mélancolique et touchant. Ce monument funèbre au milieu des fleurs a une poésie qui n'est point brutale : il met comme une note d'héroïsme et de vertu en face de ce palais tout battant neuf et tout bruyant qu'on a élevé à ses côtés, temple du veau d'or, où tout se vend et s'achète, et qui s'appelle *la Bourse.*

A cinq heures, dans l'église de San Isidro el Real, cathédrale provisoire, on chante les *vigilias* (vigiles) en l'honneur des martyrs du *Dos de Mayo.* A neuf heures du soir, les cloches recommencent à sonner pendant quelques minutes.

Autour du monument de la place de la Léaltad, presque sur les gradins de la Bourse et sur le *Salon du Prado,* se dressent des tentes de campagne, et, du soir au matin, vont monter une garde d'honneur autour de l'obélisque, des artilleurs et des *miliciens.*

On appelle *miliciens* les soldats de la *garde nationale :* ce corps, composé de volontaires de toutes les classes de la société, a joué un rôle important dans beaucoup d'événements historiques du XIXe siècle. Il compte dans ses rangs des sommités politiques de tous les partis. M. Sagasta a été un des commandants de ce corps, et on le voyait encore, dans ces dernières années, revêtir l'uniforme et se montrer avec son régiment à la fameuse procession du 2 mai.

C'est que la cérémonie de la procession de demain est une des pl imposantes qu'il y ait en Espagne, et, en dehors des vétérans de la gar nationale, ne figurent dans le cortège que ceux qui ont quelque dr d'y figurer, à titre de parents des victimes de Murat ou comme hau fonctionnaires de l'État.

Madrid, 2 mai 1902.

Décidément cette date du 2 mai me trouble et m'émeut. Cette nu j'ai mal dormi ; ce matin, à six heures j'étais levé. Mon premier act été d'aller revoir le monument du *Dos de Mayo*.

Devant l'obélisque, on a élevé un autel portatif. A sept heures demie, on va célébrer une messe pour les âmes des glorieux mart espagnols ; ensuite, toutes les demi-heures, on dira une nouvelle mes jusqu'à midi. A dix heures, une messe chantée est célébrée à la mê intention dans toutes les paroisses.

Quand j'arrive devant le monument, on est en train d'y installer u belle couronne : c'est un riche Madrilène, D. Lucas Aguirre, qui, testament, a légué une rente à la ville de Madrid pour, tous les a placer une couronne sur le monument du 2 mai.

Je recueille d'intéressants renseignements sur les deux princip héros de cette journée sanglante.

Don Luis Daoïz était né à Séville ; il avait été nommé, en 1802, p mier capitaine du 3e d'artillerie, et, le 2 mai, il était chargé du comm dement des forces d'artillerie de la place de Madrid. Laissé pour m par les Français au pied de son canon, il fut porté à sa maison quelques hommes du peuple qui crurent que les secours de l'art po raient le sauver ; mais il expira quatre heures après, et, à la tombée la nuit, il fut conduit silencieusement et tristement au cimetière cinq ou six amis.

Don Pedro Velarde naquit, le 25 octobre 1779, à Muriedas, village la vallée de Camargo, dans la province de Santander. En 1804, il a été promu, à l'ancienneté, second capitaine du 5e d'artillerie, et, peu temps après, il fut nommé professeur de l'académie de Ségovie. Lorsq s'élança, le 2 mai, à la tête du peuple pour le soulever, il remplis depuis 1806 les fonctions de secrétaire du Conseil supérieur de l'économat de l'artillerie. On retrouva son corps, complètement nu, parmi les cadavres, et on le transporta l'après-midi au lieu où l'on enterrait les martyrs. Il était alors enveloppé dans un morceau de tente de campagne, mais, au moment où on allait l'ensevelir, survint un inconnu qui le revêtit d'un froc de franciscain mendiant.

Au nom de ces deux officiers, les Espagnols ajoutent un troisième, celui du lieutenant des volontaires ou miliciens, Don Jacinto Ruiz, né à Ceuta. Après la mort de Daoïz et de Velarde, les Français remplissaient le patio du parc d'artillerie et allaient en être les maîtres, lorsque le lieutenant Ruiz organisa la défense des appartements et, quoique estropié, lutta jusqu'à ce qu'il fût gravement blessé. Conduit à son domicile, il parvint à s'enfuir de Madrid, mais sa blessure était ouverte et il ne tarda pas à mourir en Extrémadure. On associe son nom à celui de ses compagnons dans les prières funèbres de l'anniversaire.

Voici les inscriptions qu'on lit sur les côtés du sarcophage :

LES CENDRES
DES VICTIMES DU 2 DE MAI 1808
REPOSENT DANS CE CHAMP DE LOYAUTÉ
ARROSÉ DE LEUR SANG.
HONNEUR ÉTERNEL AU PATRIOTISME !

AUX MARTYRS
DE L'INDÉPENDANCE ESPAGNOLE
LA NATION RECONNAISSANTE !
TERMINÉ PAR LA M. H. VILLA DE MADRID
EN L'ANNÉE 1840

On croit rêver quand on songe que des événements d'une importance exceptionnelle, capitale même, ont parfois pour cause des motifs d'une futilité ridicule, des stupidités, des niaiseries, des choses qui serai insignifiantes en toutes autres occasions !

Quelques femmes du peuple qui pleurent devant les portes du Pal royal et qui s'écrient : *On nous les enlève!* Et voilà un peuple qui se n à rugir et à s'insurger.

Il avait vu partir Charles IV, la reine Marie-Louise, Ferdinand V il avait vu les troupes françaises s'installer à Madrid..., et il n'avait ri dit. Mais, le 2 mai, il apprend que l'infant Don Francisco, âgé de tre ans, va rejoindre sa famille à Bayonne, avec la reine d'Étrurie et enfants, et cette nouvelle, qui aurait passé inaperçue six semaines p tôt, suffit à faire éclater une tempête, à allumer une révolution !

Il faut ajouter aussi que le caractère arrogant de Murat, son manq de tact et ses actes de despotisme brutal avaient certainement exasp ce noble peuple espagnol ; il est avéré que l'accueil, curieux mais c rect, qui avait été fait à nos soldats, lors de leur arrivée en Espagne surtout à Madrid, n'avait pas tardé à se modifier par la faute même nos troupes qui se comportaient un peu trop comme des vainqueurs pays conquis. Le peuple espagnol avait surtout de terribles ressentime contre les lanciers polonais et les mameluks de Murat, qui se cond saient comme des brutes et des soudards. Pour qui connaît le caract espagnol, il n'est pas douteux que rien ne pouvait lui être plus insupp table que les manques d'égards des étrangers vis-à-vis des femmes leur insolence vis-à-vis des hommes ! L'Espagnol était trop fier pour pas se révolter.

Il est évident que c'est là la vraie cause, la véritable raison l'explosion populaire du 2 mai ! Le départ d'un enfant de treize ans pouvait être qu'un prétexte.

Murat, qui manquait en tout de mesure, qui était outré de coura de vanité et de cruauté, fit réprimer à coups de fusils une manifestati qui n'était que bruyante et tumultueuse.

On connaît le reste ! Attaqué par les troupes, le peuple espag crie : *Aux armes !* Une foule de patriotes se précipite vers le p d'artillerie de Montéléon, dans le quartier des Maravillas, demandant fusils. Un officier, le capitaine Velarde, emporté par la fougue de ses vingt-huit ans, se met à la tête de quelques soldats, parlemente avec le capitaine Daoïz, qui commandait le parc d'artillerie, et le décide à se joindre à l'insurrection. Ils font prisonniers les quatre-vingts soldats français qui gardaient le parc et arment quelques hommes du peuple.

Mais rien ne les seconde : ils n'ont presque pas de munitions, le parc d'artillerie est un vieux palais impossible à défendre. Les autres troupes espagnoles restent dans leurs casernes : la partie du peuple qui bouge se fait sabrer et mitrailler sur le Prado et la Puerta del Sol. C'est un mouvement insurrectionnel raté, une grande émeute, et pas plus.

Au lieu de parlementer avec les insurgés du parc d'artillerie, de les convaincre et de les amener à se rendre, à rentrer dans le devoir, Murat veut user de la force, il veut les écraser et les anéantir.

Contre eux, il lance des colonnes : on les canonne pendant trois heures, on les attaque à la baïonnette, on prend d'assaut, on extermine ces braves. Velarde, Daoïz, meurent ; Ruiz fuit mortellement blessé ! Le parc d'artillerie est repris. Mais la rébellion est plus vive que jamais. L'émeute est devenue la guerre !

Velarde, Daoïz, Ruiz, ont donné un exemple immortel : la fureur de Murat a déchaîné le patriotisme espagnol. Les coups de canon tirés contre les défenseurs du parc d'artillerie vont retentir dans toute la Péninsule. Et c'est avec raison que les Espagnols datent du *Deux mai 1808* la guerre de l'Indépendance.

Il est une anecdote historique — et pourtant peu connue — que cette date évoque dans ma mémoire ; la voici telle qu'elle m'a été contée.

Mostolès est un petit village des environs de Madrid qui n'aurait rien que de banal sans la prouesse de son alcalde en 1808. Pour être plus exact, on devrait dire de ses alcaldes, car cette bourgade avait, non pas un, mais deux alcaldes, ce qui peut passer pour du luxe.

C'étaient deux paysans très simples et très illettrés. L'un s'appelait Don Andrès Torrejon et l'autre Don Simon Hernandez. Esprits naïfs et exaltés, cœurs pleins de fierté et de patriotisme, nos alcaldes étaient de la trempe de ces modestes fils de la glèbe dont les périls font des héros.

En la circonstance d'ailleurs, leur héroïsme se borna à « un be geste » et à une déclaration de guerre à l'Empire français, déclarati que Napoléon Ier ignora sans doute toujours.

Mais allons aux faits ! A Mostolès, habitait un haut fonctionna espagnol en retraite, Don Juan Pérez Villamil, *fiscal* du Conseil suprêı de Guerre et ancien secrétaire de l'Amirauté, homme d'un esp cultivé et d'un noble caractère, qui avait su inspirer la plus gran vénération à tous les habitants du village. On le considérait comme grand homme, on l'écoutait comme un oracle.

Plus clairvoyant que les humbles laboureurs qui l'entouraient da ce village, où il prenait plaisir à venir se reposer dans une belle mais de campagne et les jardins qu'il possédait, D. Juan Pérez Villamil éta fort préoccupé par les événements politiques qui se succédaient Espagne.

Il sentait instinctivement que des dangers imminents menaçaient se pays ; le départ de la famille royale, les mouvements des troupes fra çaises, la prise de possession des principales places fortes de la Péni sule, tout cela l'attristait et l'inquiétait. En relations avec Madrid, il tenait au courant des incidents de chaque jour et avait coutume d' recevoir des lettres.

Le 2 mai, il se promenait vers les 5 heures du soir avec quelqu amis, lorsqu'il vit venir à grande allure, sur la route de Madrid, un cav lier étranger ; il se rapprocha de lui et lui demanda des nouvelles. Inv quant ses titres et imposant respect à l'émissaire, il parvint à obter communication de quelques notes où étaient relatés les troubles de capitale.

Bouleversé par ces nouvelles, il se rendit avec ses compagnons à maison de l'alcalde ; mais à peine commençaient-ils à commenter l faits révélés par l'émissaire français, que se précipita dans la salle, to tremblant et exténué, la soutane couverte de poussière, un jeune prêtr D. Fausto Fraile, né à Mostolès. Il avait pu s'échapper de Madrid grâ à ses vêtements sacerdotaux et, d'une voix vibrante d'indignation entrecoupée de sanglots, il raconta tout ce qu'il avait vu le matin mên à Madrid, les fureurs de l'insurrection du peuple et de la répressic sanglante des troupes, les massacres du Prado et de la Puerta del Sc Il dut probablement se livrer à des exagérations bien naturelles de part d'un patriote et excusables chez un prêtre voué à l'amour du pr chain et effrayé par les excès qu'il venait d'apercevoir.

L'effet fut grand sur ces paysans; au récit du jeune prêtre répondirent des cris de colère et de mort. On tue, on massacre les patriotes espagnols à Madrid : Vengeance! vengeance! Mort aux Français! Mort aux étrangers! Ce fut une explosion de fureur et de haine.

A l'église on sonne le tocsin; les conseillers municipaux se réunissent en hâte à la maison de ville; les habitants du village accourent et se pressent autour de la mairie. Les lugubres nouvelles sont proclamées et de tous les côtés s'élèvent des clameurs indignées.

Une pareille situation exige des résolutions. Que faire? Les deux alcaldes sont prêts à tout, mais n'ont aucune idée. D. Juan Pérez Villamil prend la parole; on se tait, on l'approuve d'avance. Il recommande le calme et le sang-froid. « Le meilleur moyen de lutter contre l'ennemi, dit-il, c'est de répandre à travers la Péninsule la nouvelle des massacres qu'il commet à Madrid; c'est d'appeler tous les Espagnols à s'unir dans une guerre sainte contre les envahisseurs, contre les oppresseurs de l'Espagne. »

Une acclamation unanime lui répond.

Mais qui va prendre l'initiative de signer une proclamation? C'est jouer sa vie, si les Français vous saisissent. Appeler aux armes les Espagnols! C'était le devoir des corps constitués, des Cortès... Hélas! les autorités sont muettes et effarées. D'ailleurs, les autorités de Madrid sont sous la main des troupes françaises. Qui donc va déclarer la guerre?

C'est l'alcalde de Mostolès, Andrès Torrejon, l'humble laboureur. Il n'hésite pas, il se lève, il est transfiguré. « Allons, s'écrie-t-il, qu'on rédige la proclamation, je la signe. Je n'ai pas peur de Napoléon. Je lui déclare la guerre à mort! »

Séance tenante, D. Juan Pérez Villamil rédige la proclamation suivante : *La patrie est en danger. Madrid se meurt « victime de la perfidie française ». Espagnols, accourez tous pour le sauver! 2 mai 1808. — L'alcalde de Mostolès.* Torréjon signe le papier; on le confie au fils du second alcalde, Antonio Hernandez, qui, postillon de son métier, monte à cheval et court répandre la proclamation de l'alcalde de Mostolès à travers l'Espagne.

Il put, grâce au concours des maîtres de poste, ses collègues, parcourir en un jour la distance très grande de Mostolès à Trujillo; en peu de jours, il put répandre le cri de guerre de l'alcalde de Mostolès dans l'Extrémadure et l'Andalousie.

Dans la salle des séances de l'*Ayuntamiento* de Mostolès, une belle plaque commémorative a été placée, dont voici l'inscription : « A mémoire de D. Juan Pérez Villamil, *initiateur* de la guerre de l'Ind pendance, et aux alcaldes de cette ville, D. Andrès Torrejon, et D. Sim Hernandez, qui l'aidèrent dans ce dessein si patriotique. — L'assembl révolutionnaire de 1868. »

Il est évident que la proclamation de l'alcalde de Mostolès peut prêt à sourire : un pauvre maire d'un village de quatre cents âmes déclar la guerre à Napoléon Ier, au vainqueur de l'Europe, c'était de la fol On me permettra de ne pas me moquer d'une folie de ce genre ; ce de guerre, poussé dans un moment de délire patriotique, c'est tout si plement un acte de devoir, de ce devoir sacré qui s'impose à tous citoyens : la défense de la patrie en danger !

Quand les grands de la terre se taisent et tremblent, quand ministres trahissent, quand les assemblées se prostituent, il est b qu'une humble voix s'élève du peuple et ramène les nations à l'honne et au devoir. C'est d'un grand et bel exemple, on ne saurait tr l'admirer.

Moi, Français, je ne ris pas de l'alcalde de Mostolès : je ne puis q rendre à sa mémoire l'hommage de mon salut !

Château Royal de Rio-Frio.

CHAPITRE III

Descendant des victimes! — Souvenir patriotique et plus de haine. — La procession. — La mantille espagnole. — Griefs et plaintes des Madrilènes. — Questions d'hygiène. — L'Eau du canal de Lozoya. — Trop d'impôts et pas assez de sollicitude pour Madrid.

Madrid, 3 mai 1902.

La journée d'hier a été bien remplie : j'ai déjà parlé des messes célébrées toutes les demi-heures sur la place de la *Léaltad*, devant le monument du *Dos de Mayo*. Mais il faut décrire la fameuse procession traditionnelle.

A 9 heures et demie, toutes les personnes invitées par la municipalité à figurer dans le cortège se réunissent à l'Hôtel-de-Ville. Il faut, en effet, pour figurer dans le cortège du 2 mai, avoir un titre officiel ou être l'un des descendants des victimes de cette journée historique. C'est donc un titre de gloire pour bien des gens, et pouvoir dire qu'ils ont fait partie de la procession du 2 mai, comme descendants des héros de l'Indépendance, est très flatteur pour la vanité de beaucoup.

Aussi paraît-il que les compétitions sont grandes pour obtenir des cartes d'invitation. Luis Taboada, dans une de ses amusantes « chroniques joyeuses » du *Nuevo Mundo*, nous raconte à sa manière les tribulations des parents des victimes. On me pardonnera de cherche traduire sa chronique.

« Cette année, la fête civique du 2 de Mayo a revêtu plus gran importance que de coutume, car y ont pris part les touristes qui, nombre effarant, viennent voir les fêtes du couronnement royal.

« Les trains arrivent, tous ces jours-ci, comblés de provinciaux im tients, qui n'ont pas voulu attendre les tarifs réduits des trains spécia et qui s'élancent, dès maintenant, vers les plaisirs auxquels les convie capitale.

« Une fois ici, il est tout naturel qu'ils aient voulu connaître da tous ses détails notre glorieuse fête, et, pleins de curiosité, ils acc rurent dès le matin au Retiro, ensuite à la procession, ensuite au défi et enfin à la *Carrera San Jeronimo*, où viennent faire étinceler le beauté, toutes les après-midi, les demoiselles de Palomino, et où le maman réalise des efforts d'Hercule pour arriver à les marier.

« Que les éternelles mauvaises langues disent ce qu'elles voudro la fête du 2 mai est la plus belle que nous ayons !

« Dès les premières heures de la matinée commence la canonnade Pum ! Puumm ! Puuuummmm ! Vers les onze heures passent les ré ments chin... chin... tachin... chin... chin...

« Immédiatement la foule envahit les trottoirs de la rue d'Alcala, Puerta del Sol et le Prado. Vous voulez traverser une rue et on ne vo le permet plus ; vous cherchez à vous glisser parmi la cohue et vous le pouvez pas. — La procession, la procession ! entendez-vous crier p les masses.

« Et apparaissent les sapeurs de la Garde civile et, derrière eux, l autorités, le clergé, et des messieurs très tristes, aux yeux baissés e la bouche tordue par la douleur. Ce sont les parents des victimes, par lesquels il y en a toujours un qui dit à haute voix, comme s'il se parl à lui-même : « Il y a *deux cents ans*, à cette date, un illustre ancêtre ma femme a payé de sa vie son amour de l'Indépendance. Je viens représenter la famille, car mon beau-père n'a pas pu venir à cause d' furoncle. »

« J'ai eu un ami — il est déjà mort le pauvre ! — qui tous les ans p tendait figurer parmi les parents des susdites victimes et qui all trouver l'alcalde et lui disait :

« Je viens solliciter la permission de Votre Excellence pour assist à la procession.

— A quel titre?

— A titre de gendre de dona Atilana Gomez.

— Quelle est cette dame?

— Vous allez voir. Ma belle-mère, qui repose en paix dans sa tombe, était mariée en secondes noces avec un nommé Camacho, descendant d'un pharmacien à qui l'on brisa toutes les vitres de sa boutique le 2 mai 1808. En outre, les Français pénétrèrent dans la pharmacie et burent tous les rafraîchissements, lui causant ainsi des dommages de considération. Rien qu'en farine de lin il perdit près de soixante-dix douros (1).

— Bien, vous êtes autorisé à figurer dans le cortège. »

« Mon pauvre ami, ivre de félicité, courait à sa maison et, après avoir embrassé sa femme et lui avoir fait part de l'heureuse nouvelle, il prenait son papier et sa plume et rédigeait la circulaire suivante pour ses connaissances :

EUDOSIO MERMELADA Y PÉREZ, B. L. M.

A Monsieur..............................

et a le plaisir de lui faire part que cette année il aura l'honneur de figurer dans la procession du 2 mai dans la catégorie des parents du côté de sa belle-mère.

A cette occasion il donnera une soirée littéraire à son domicile, Cajo, 95, 4°, pour rendre un hommage de souvenir à son malheureux parent et lire diverses poésies dédiées à ses honorables restes.

« En effet, la nuit du 2, mon ami et sa femme recevaient dans leur maison toutes les personnes qui voulaient les honorer de leur visite, et cela faisait compassion de voir ce ménage, vêtu de noir, qui se tamponnait les yeux de temps en temps et soupirait, comme s'il était la proie de la plus grande douleur.

« Avant de commencer la lecture des poésies, Don Eudosio et son épouse rendaient un tribut d'éloges à l'héroïque pharmacien et recevaient les condoléances, profondément émus, comme s'ils avaient vécu toute leur vie sous le même toit que le défunt.

« Nous partageons tous votre peine — disaient les amis.

— Merci » — répondait le ménage, en montrant le blanc de ses yeux.

(1) On appelle *douro* la pièce espagnole de 5 francs en argent.

« Ensuite on procédait à la lecture de vers larmoyants ; ensuite on distribuait aux invités quelques brioches à l'huile... et jusqu'à l'ann prochaine ! »

Cette chronique amusante de Taboada, bien qu'elle ne soit qu'u charge spirituelle des travers de ses contemporains, dénote toutefois état d'esprit qu'un écrivain sérieux décrit dans les termes suivants :

« D'année en année la fête qu'on célèbre aujourd'hui va perdant to son aspect de fête patriotique. On cueille des lilas au Retiro, on joue on folâtre sous les arbres verdoyants, on jouit du spectacle militaire la journée ; mais, patriotisme, souvenir de la date mémorable, prièr pour les héros qui succombèrent, tout cela disparaît à pas alarman Presque personne ne sait l'histoire, et la légende a perdu presque to son charme et toute sa force. Il a plu tant de sang, tant de larmes s ces lauriers, et ils sont, pour tout cela, si flétris que personne ne l reconnaît plus. »

Je cite ces opinions d'écrivains espagnols, parce qu'elles confirme bien mon impression. La fête du 2 mai à Madrid n'est plus qu'une fê populaire, ce n'est plus la commémoration farouche d'une date sa glante. Elle réveille des souvenirs patriotiques, mais plus de haines, de colères. Jadis les Français couraient des dangers à se promener da les rues de Madrid le 2 mai ; mais il y a bien longtemps de cela. Dep douze ans que je fréquente Madrid, je n'ai jamais vu le moindre mauv regard adressé à un étranger pendant cette fête.

Hélas ! il y a eu trop de malentendus entre les Espagnols et no jusqu'à ces derniers temps ! Mais nous sommes arrivés à des distanc assez éloignées des querelles et des guerres fratricides pour pouvoir l contempler avec calme et les juger avec sérénité. Dieu soit loué q permet à deux nations sœurs de ne plus penser aux épreuves passé aux heures lugubres, que pour les regretter de tout cœur et puiser da leur mutuelle estime la ferme résolution de ne plus laisser troubler p rien leur solide et franche amitié !

La note juste a été d'ailleurs parfaitement donnée par l'alcalde Madrid, M. Alberto Aguilera, dans la proclamation qu'il a adressée peuple et fait afficher sur les murs hier matin :

Le Roi en 1892.

Phot. Castellanos.

Madrilènes,

Rappeler la date du Deux Mai, page ineffaçable d'un passé glorieux, ce n'est pas renouveler des haines, par bonheur déjà éteintes. Ceux qui luttèrent jadis vivent aujourd'hui unis dans une constante et réciproque cordialité d'affections et d'intérêts ; et même quand arrive jusqu'à nous l'écho de la valeur de nos pères, nous devons prendre surtout pour guide dans l'avenir l'exemple de leur constance, de leur abnégation et de leurs vertus.

Si en elles, et à l'aurore d'un nouveau règne, nous savons inspirer notre conduite à l'avenir ; et si, nous tous qui commémorons le deux mai, peuple et armée, nous fondons nos desseins dans la généreuse aspiration du bien de la patrie, en lui procurant des éléments de paix et de progrès, nous rendrons ainsi le plus précieux tribut d'admiration à ceux qui ont su si héroïquement la défendre.

Alberto Aguilera.

Madrid, 2 mai 1902.

Le cortège officiel sort à dix heures de l'Hôtel de Ville et, par les rues Mayor et de Ciudad-Rodrigo, la place de la Constitution et la rue de Tolède, se rend à l'église-cathédrale de San Isidro, où se célèbre une messe solennelle de *Requiem*. L'archevêque-évêque de Madrid-Alcala officie lui-même.

Les obsèques terminées, le cortège se remet en marche dans le même ordre, suit les rues qui mènent à la Puerta del Sol et, par la rue d'Alcala, descend au Salon du Prado, où il rencontre le Chapitre des curés de toutes les paroisses de Madrid qui, en grande pompe, prend place dans le cortège, devant les Massiers de la Municipalité. Sur tout le parcours du cortège les troupes de la garnison font la haie et présentent les armes aux autorités.

Le cortège arrive enfin, au milieu de la foule de plus en plus compacte et maintenue par les soldats, devant le monument du *Dos de Mayo*, où les détachements des troupes de la garnison, désignés pour cet honneur, sont rangés en bataille ; toute la procession se range respectueusement autour du monument et on chante solennellement les prières des morts.

La colonne d'honneur fait, immédiatement après, les décharges d'artillerie d'ordonnance, qui sont les mêmes qu'aux funérailles d'un capitaine-général mort au champ de bataille dans l'exercice du commandement en chef.

La cérémonie se termine par le défilé devant le monument de to les troupes qui ont pris part, de près ou de loin, à la fête funèbre. Et milieu des citadins enthousiastes, c'est une véritable parade milit qui passe dans les rues de Madrid.

La veille au soir, au café de la Bourse, les vétérans de la Mi avaient célébré la date historique par un banquet, qui fut, paraît-il, réussi, et où de patriotiques discours furent prononcés au dessert, n dans une note aussi noble et élevée qu'éloignée de toute allu fâcheuse à des haines qui, comme l'a bien dit l'alcalde de Madrid, s éteintes depuis longtemps... et pour toujours !

A cinq heures de l'après-midi, on m'emmène voir une autre pro tion dans le quartier des *Maravillas :* c'est l'Ordre humanitaire d Santa-Cruz et les victimes du *Dos de Mayo* qui célèbrent la fête. Ils fait chanter le matin une grand'messe dans l'église des Saints-Juste et sor; l'après-midi, ils font une procession dans les rues décorées et pa sées. Je revois dans le cortège presque toutes les figures que j'ai vue matin : on me signale le Comité de la Croix-Rouge. Cette process moins solennelle que celle du matin, est très curieuse, surtout à c du public. Le quartier est très populacier et les notes typiques et p resques abondent. Je remarque que beaucoup de femmes ont la man et même des élégantes viennent se faire remarquer avec cette coiffu jolie et si coquette. Quand on voit une mantille bien portée par belle Espagnole, une mantille posée sur les cheveux avec ce chic plutôt cet art des femmes de Séville et de Valence, on reste absolu ravi. Comme c'est gracieux, ce voile de dentelles noires ou blanc qui semble auréoler et caresser les cheveux et où l'œillet ou les r mettent une note vive et gaie ! Que le plus élégant chapeau de nos n daines paraît lourd et laid à côté d'une mantille !

Mais il faut savoir placer une mantille sur sa coiffure, et il n'est donné à toutes les femmes de porter avec grâce une mantille ! Il s de regarder autour de soi ; même en Espagne, même à Madrid, la m des jolies femmes portent maladroitement leur mantille !

En vérité, je vous le dis, c'est plus que du chic, c'est un art !

Madrid, 4 mai 1902.

Les préparatifs des fêtes continuent. Le grand échafaudage de la *Puerta del Sol,* devant la rue del Carmen, se recouvre de toiles : ce sera un *arc de triomphe*. Voilà le mot de l'énigme. On a renoncé à placer au milieu de la place un *farol monumental,* lisez : un lampadaire monumental. Pourquoi? Je l'ignore.

La nécessité de ce « petit phare » de trente-cinq mètres de haut en carton et en bois qu'on parlait d'installer au centre de la Puerta del Sol ne se faisait d'ailleurs nullement sentir. Moins on touchera à la *Puerta del Sol* et mieux cela vaudra : je regrette bien qu'on lui ait enlevé son petit bassin toujours à sec et son jet d'eau qui ne jaillissait que deux fois l'an !

Madrid s'est beaucoup embelli et transformé depuis quelques années : on ne peut que s'en féliciter et s'en réjouir. C'est une ville qui pourrait être une des plus belles du monde et qui le deviendra certainement. Pour ma part, j'aime Madrid... jusque dans ses verrues, et, quand j'ai parcouru les grandes et belles rues plantées d'arbres des quartiers neufs, il me semble très doux, très agréable d'aller revoir les rues étroites et pittoresques des vieux quartiers, des alentours de la rue de Tolède, par exemple : là grouille le peuple, là tout a un cachet particulier, une couleur locale !

Les Madrilènes ont une députation et une municipalité qui se préoccupent beaucoup de leurs intérêts matériels et qui travaillent sans cesse à obtenir des pouvoirs publics toutes les améliorations, tous les progrès que Madrid réclame. Mais l'État, c'est-à-dire le gouvernement, se soucie aussi peu de Madrid que si cette capitale n'existait pas. Les députés espagnols, qui viennent à Madrid assister aux séances des Cortès, logent dans les *Casas de Huespedès* (pensions de familles) et se considèrent à Madrid comme des hôtes passagers. Toutes leurs sollicitudes sont pour leurs villes et leurs provinces, et c'est aux intérêts de leurs électeurs qu'ils pensent avant tout. C'est de l'égoïsme, car Madrid est la capitale de l'Espagne, elle les réunit et leur sert de résidence plusieurs mois de l'année, et, en somme, tout ce qui peut parer et embellir Madrid doit être un sujet de légitime plaisir et d'orgueil pour l'Espagne entière. Les Madrilènes ne sont pas contents de cet abandon et de ce dédain ; ils se plaignent et ils réclament. Un de mes amis m'a communiqué un long

Mémorandum, que toute la députation de Madrid vient de publier qui énumère les principales requêtes de la capitale.

Je l'ai lu avec un vif intérêt et je tiens à en résumer les points pr cipaux, car ils montreront au lecteur ce que j'appellerai les défauts Madrid. Comme je serai souvent obligé de vanter les beautés de ce cité, il est bon que je ne passe pas sous silence ce qu'on y peut critiqu et il m'est particulièrement agréable de constater que les Madrilè sont les premiers à s'apercevoir de ce qui manque et de ce qui est déf tueux chez eux.

« Notre première requête aux Pouvoirs publics, dit le *Mémora dum*, sera en faveur de l'enseignement public, car, selon une statistiq récente, Madrid compte un cinquième de ses habitants *ne sachant p lire*. Il nous paraît difficile, si ce n'est impossible, qu'on laisse p longtemps Madrid figurer comme une aussi monstrueuse excepti parmi les capitales de sa catégorie et de son rang. »

« Un peuple qui pense et qui sait est apte à sentir la nécessité l'hygiène privée et publique. La mortalité de Madrid n'est égalée l'étranger que par Alexandrie et dépassée que par Le Caire, Madras Bombay, et à l'intérieur que par Séville, car les autres grandes vil d'Espagne, Barcelone, Valence, Malaga, Murcie et Saragosse, présente un tableau démographique plus satisfaisant. »

Les questions d'hygiène ont donc besoin de la sollicitude de tous Madrid. Tout est à réformer à Madrid, les maisons, leur constructi vicieuse, où il y a trop de pièces sans air et sans lumière, les cabin où la saleté égale l'incommodité, les magasins, les boucheries ; il fa surveiller les étables, les abattoirs, les halles, les marchés... Et tous c lavoirs qui encombrent, qui accaparent complètement les rives et cours même du Manzanarès depuis le Pont des Français jusqu'au Po de Ségovie, voilà ce qui devrait être inspecté, réglementé et... purifi

L'eau, cette chose si précieuse et si utile, l'eau manque à Madrid. « est notoire que, en ayant construit à 680 mètres au-dessus du niveau la mer l'unique réservoir du Lozoya qui fonctionne, on a rendu diffic le service de l'eau pour toute une partie de la population qui habite une altitude égale à celle du Dépôt des eaux ; et qu'il est impossible po tous les endroits situés à 690 et 710 mètres d'altitude.

« Il y a des milliers de maisons et d'habitants qui ne disposent p de ce liquide précieux et indispensable, ce qui engendre des cons quences déplorables pour la santé publique et constitue un obstac insurmontable pour l'essor des constructions urbaines qui se voient forcément emprisonnées dans la sphère où parvient l'eau potable. »

Le Roi portant le Grand Cordon de la Légion d'Honneur.

Le troisième dépôt des eaux, qui est en construction, devait être achevé à demi en 1900 et livré en totalité au service des eaux en 1903, mais les vices de construction déjà reconnus et la perméabilité du terrain font craindre qu'il ne soit pas prêt avant plusieurs années. En outre, ce troisième et immense réservoir est construit aussi à une altitude de 680 mètres, comme celui qui fonctionne en ce moment : il aura donc les mêmes inconvénients.

Le *Mémorandum* signale aussi les boues rouges et grises qui depuis 1892 ont commencé à troubler les eaux du canal de Lozoya. Avant cette époque, on vantait partout la pureté des eaux de Madrid, aussi pures et aussi cristallines que celles des Alpes ; mais, depuis dix ans, elles sont presque toujours terreuses et sales. Le laboratoire municipal a enregistré que, pendant les mois de décembre, janvier, février, les eaux du Dépôt n'arrivent pas un seul jour limpides et transparentes, mais trente-trois fois à peine claires, vingt-trois fois plus ou moins opalines, et trente-quatre fois complèt troublées, presque de la boue.

Il faut à cela un remède immédiat; le reboisement des bo canal est évidemment une excellente mesure, mais il vaut mieu longer le canal de 24 kilomètres, de Navarejos à Villar, et profit autres projets de canalisation d'eaux potables, qui sont à l'étude o cédés, pour installer de nouveaux réservoirs. Comme le dit fort b *Mémorandum*, ces travaux d'adduction d'eaux peuvent se fair grever le Budget ni de la Ville ni de l'État, car les forces hydrau qui en résulteront trouveront un emploi rémunérateur et les ab ments des particuliers et de la Municipalité au service des eau une source de profits capables de fournir de quoi payer les rent obligations à émettre pour entreprendre et achever les travaux.

« Il importe également beaucoup, au point de vue sanitaire, de vrer le Manzanarès de l'horrible tribut des égouts. Le Manza depuis la bouche d'égout dite *del Rey*, qui est la première, jusqu'à de *Atocha*, qui est la dernière qui lui déverse ses résidus organ n'est tout bonnement qu'un *collecteur à ciel ouvert*, où coulent c jour 40,000 mètres cubes d'immondices et d'eaux sales, qui inf toute cette zone et les rives des villages voisins. »

A l'exemple des grandes cités d'Europe et d'Amérique, le *Mém dum* demande que Madrid canalise et déverse ses eaux d'égouts des terrains d'épandage. Ce serait d'autant plus utile pour Madri les environs de cette ville ont le plus grand besoin d'être utilisés des plantations et des cultures verdoyantes et qu'il y a des m d'hectares de terrains sablonneux où l'adduction des eaux d'égouts duirait une transformation merveilleuse. Ce serait permettre la c maraîchère à des milliers de pauvres diables qui meurent de fai Manzanarès emporte et perd un véritable trésor, car on calcule chacun des 1,000 kilos d'eau d'égout représente 2,750 kilos de fu

Il existe des projets de canalisation des eaux des égouts de M qui sont parfaitement étudiés et que les Pouvoirs publics ne dev pas laisser dormir plus longtemps dans les cartons des Ministère solution de cette question est des plus pressantes, absolument urg car la santé publique de Madrid en dépend, et une capitale qui ren la famille royale, la Cour, les autorités, le Parlement, ne peut pas impunément un foyer de maladies pestilentielles et contagieuses.

Le *Mémorandum* se plaint que l'État ne vient jamais en a

Madrid, mais qu'au contraire il ne tient pas ses obligations envers la capitale : il ne construit pas les grandes routes votées par les lois de 1896 et 1898 et l'impose chaque jour de nouveaux impôts et de nouvelles contributions.

« Les Cortès du Royaume, le 29 juin 1821, ont décrété que l'État fasse avec la Municipalité de Madrid la liquidation des nommées *Sisas nacionales*, impositions qui furent établies au profit du Trésor public et ont été payées et se paient encore par le Trésor municipal ; et par décret de la Régence en 1841, on créa une Commission de trois hauts fonctionnaires des Finances et de deux Conseillers pour vérifier la liquidation qui se terminait le 31 décembre de ladite année, liquidation qui donna un solde de 227 millions de *réaux* (0,25 cent.) en faveur de la Municipalité.

« L'État n'a jamais payé cette dette sous prétexte qu'il se refuse à approuver la liquidation. »

Le *Mémorandum* réclame de l'État le règlement de ce vieux compte et d'autres encore, ce qui prouve que la responsabilité de la situation embarrassée des finances municipales de Madrid incombe principalement à l'État espagnol.

Ce document réclame aussi la création d'une *halle aux grains* qui a été décidée par décret royal du 20 novembre 1885 et dont la construction a été adjugée le 3 février 1890 ; mais, malgré un ordre royal du 2 juin 1892, rien n'a été fait ni par l'Administration ni par la Municipalité. Doux pays !

« La modification des tarifs des chemins de fer a été retardée par une égale torpeur, dit le *Mémorandum*, et pourtant ces tarifs augmentent à Madrid le prix de beaucoup d'articles, entre autres le pain et la viande. Une tonne de blé, de Valladolid à Barcelone, pour un parcours de 735 kilomètres, paie 35 pesetas, et de Valladolid à Madrid, pour un parcours de 242 kilomètres, 24 pesetas au lieu des 11,50 qu'elle devrait payer *proportionnellement*. Un wagon de farine, de Saragosse, ou de quelqu'autre endroit, à Madrid, paie le même prix qu'un wagon de blé, alors qu'un wagon de blé ne contient que les trois quarts de farine ; et voilà comment un quintal métrique de farine, de Saragosse à Madrid, coûte par chemin de fer 79 centimes de moins qu'un quintal métrique de blé. »

Le *Mémorandum* signale les mêmes anomalies pour les viandes de boucherie et le bétail vivant. Mais il semble que ce sont là des abus faciles à réprimer en modifiant les tarifs des Compagnies de chemins fer, et le gouvernement espagnol n'aura certes pas de peine à fa comprendre aux Compagnies que c'est leur propre intérêt de pren l'initiative de ces réformes.

Le *Mémorandum* insiste enfin sur la distribution des impôt Madrid : il est évident que Madrid est imposé avec une rigueur exc tionnelle et que c'est la ville d'Espagne qui paie le plus de contributio Dans mon livre : *L'Industrie et le Commerce de l'Espagne* (1), j'ai d signalé que Madrid, ville moins peuplée et pour ainsi dire pas ma facturière ni industrielle, paye plus d'impôts que Barcelone, qui com plus d'habitants et infiniment d'industries grandes et petites.

Le commerçant à Madrid est écrasé d'impôts, les particuliers le s aussi, et c'est une des raisons qui font que la vie matérielle est p chère à Madrid qu'à Paris, et sans comparaison avec les autres vi de la Péninsule.

Cet excès de charges contributives arrête l'essor de Madrid à tous points de vue et il importe d'y remédier par une distribution plus é table. L'État ne saurait, en outre, refuser son concours et son appu plus puissant à une capitale qui a tant de titres pour mériter ses fave et sa bienveillante sollicitude.

Cet appel aux Pouvoirs publics est daté du 15 avril 1902 et est si par les sénateurs : Rafaël Reig, Candido Lara, Pablo Ruiz de Velas José de la Présilla, et les députés : Ramon Sainz, Angel Pulido, Mari Sabas Muniesa, Venancio Vasquez, Mariano Munoz Rivero, Juan J Clot, José Rivera y Artéaga, et Joaquin Ruiz Jimenez.

(1) Nous ne saurions trop recommander la lecture de cet ouvrage à tous ceux qui veulent conn les ressources et les richesses de tous genres de l'Espagne : 1 vol. in-8°, avec huit tableaux s tiques, chez H. Le Soudier, éditeur, 174, boulevard Saint-Germain, Paris.

CHAPITRE IV

L'Exposition d'aviculture. — La Cour en deuil. — Le roi François d'Assise. — Un monarque sans couronne. — La vie d'un philosophe et d'un homme de bien. — Son mariage avec la reine Isabelle II. — Simplicité et grandeur. — La mort d'un juste. — Banquet en l'honneur du marquis de Tovar. — Le tir aux pigeons. — Scandaleuses manifestations de Barcelone. — Le drapeau espagnol sifflé !

Madrid, 5 mai 1902.

HIER a eu lieu l'ouverture de l'*Exposition d'aviculture* dans les jardins du Buen Retiro. Elle a été solennellement inaugurée par LL. MM. le Roi, la Reine régente, et LL. AA. RR. le prince et la princesse des Asturies, les Infantes Marie-Thérèse et Isabelle, et par le Ministre de l'Agriculture, Industrie et Commerce, M. Cañalejas. Le corps diplomatique et la haute société madrilène assistaient à cette cérémonie.

De nombreux exposants étrangers et espagnols ont envoyé à cette Exposition des couples de volailles très remarquables de toutes les races et espèces connues, entre autres les poules et coqs espagnols de Prat de Catalogne, de Castille noirs ; des coqs de Padoue ; les races françaises de Crèvecœur ; les races belges de Malines ; les coqs et poules de Chine ; les races anglaises de Dorking, les races indoues de Brahmapoutra, les japonaises de Yokohama. Poules, poulets, coqs batailleurs, dindes et dindons majestueux, canards et canes, oies de toutes tailles, c'est une collection des plus curieuses. Il y a aussi des lapins de tous les pays qui font bon ménage avec la gent ailée.

Un des coins les plus intéressants est celui où sont exposés pigeons et surtout les geons voyageurs, dont doit faire quelques lanc

Le Roi portant le Grand Cordon du Lion Néerlandais.

Cette Exposition, somme, ne laisse pas d'ê amusante autant qu'instr tive : elle est bien insta dans les beaux jardins Buen Retiro, au centre Madrid pour ainsi dire ; y entend de bonne m que, on y voit des femr charmantes et des plus gantes. C'est un rend vous de bonne compagr vers les cinq heures l'après-midi. Elle a donc succès mérité.

Ajoutons qu'elle ren me aussi des échantill d'instruments et d'ust siles utiles à l'avicultu et à toutes les cultures ag coles en général, qui sont ni assez connus assez répandus dans pays comme l'Espagne, l'agriculture est si en tard.

Le *canon contre grêle* de l'inventeur B est le clou de cette par industrielle de l'Expositi

Après les discours et visite de l'Exposition, roi a tenu à examiner de près ce canon et en a fait tirer plusieurs cou en se faisant expliquer minutieusement le fonctionnement et l'utilité cet appareil. Le roi, d'ailleurs, prouve chaque jour davantage le fond sérieux de son caractère en manifestant le désir de tout connaître et de ne rien négliger de ce qui lui semble digne de sa curiosité.

La Cour est en deuil.

Le 17 avril dernier, vers une heure du matin, le roi Don François d'Assise a rendu le dernier soupir, en son château d'Épinay, près de Paris.

S. M. le Roi Don François d'Assise.

Depuis plusieurs jours son état de santé avait empiré à tel point qu'on désespérait de le sauver ; on avait prévenu les membres de la famille royale, et ce doux et triste monarque sans couronne a expiré au milieu des siens, entouré de la reine Isabelle, qui le veillait depuis deux nuits, et de ses augustes filles, l'infante Isabelle, arrivée d'Espagne la veille, et les infantes Eulalie et Paz. Le nonce apostolique était venu lui apporter la bénédiction du Saint-Père.

Le corps a été embaumé et transporté en Espagne : à la frontière d'Irun il a été reçu solennellement par le prince des Asturies et une délégation de S. M. le Roi d'Espagne. Une escorte de hallebardiers du Palais-Royal, venus de Madrid, a accompagné le train funèbre, en montant une garde d'honneur près du cercueil.

Ce n'est pas à Madrid, mais dans le fameux Palais-Monastère de l'Escurial, que Don François d'Assise est allé dormir son dernier sommeil.

Chaque fois qu'un cadavre royal est amené à l'Escurial, le cérémonial est le même.

Le train arrive en gare le matin : des troupes de toutes armes et un bataillon de carabiniers rendent les honneurs d'ordonnance au cercueil sur les quais de la station, et une batterie d'artillerie tire les salves de rigueur. Toutes les autorités, toute l'administration locale sont, présentes, et le clergé du village de l'*Escurial de Abajo* chante les prières des morts.

Puis on place la bière sur le carrosse traditionnel et le cortège se met en route à travers le parc jusqu'au Palais de Philippe II. On remarque toujours dans le cortège le ministre de Gracia y Justicia, dont la présence est obligatoire, car c'est lui qui, en qualité de *premier notaire du royaume*, doit signer l'Acte authentique qui certifie l'inhumation du royal défunt.

Arrivé devant la façade du Monastère-Palais, les moines Augustins viennent recevoir le cercueil, qui est remis au Prieur de l'Ordre et porté, au milieu des prières, dans la cathédrale, où une messe solennelle dite *de cuerpo presente* est célébrée. Le cercueil est ensuite descendu, par un grand escalier de 25 marches de granit, dans une vaste antichambre souterraine qui s'appelle le « Putridero ». C'est là qu'il restera pendant cinq ans, avant d'être placé définitivement dans le Panthéon des Rois ou le Panthéon des Infants, selon son rang dans le monde des mortels.

Don François d'Assise ira dans le *Panthéon des Infants*, ainsi qu'il l'a demandé lui-même et ainsi que l'exige l'étiquette espagnole, car il ne fut que *prince consort* et non prince régnant.

Sa mort a plongé la Cour d'Espagne dans un deuil officiel de six mois, dont trois mois de grand deuil et trois mois de demi-deuil. Il faudra que la reine régente décrète que le deuil est suspendu du 12 mai au 17 mai, jour du couronnement, et que le roi prolonge cette suspension de deuil jusqu'au 26 ou 28 mai, afin que les fêtes puissent avoir lieu officiellement au Palais-Royal.

Cette ombre de roi qui vient de disparaître comme un fantôme, sans faire plus de bruit à sa mort que de son vivant, mérite qu'on s'arrête un instant et qu'on salue les grandes et belles vertus dont sa vie donna toujours l'exemple. Don François d'Assise a été, dans la force du terme, un *homme de bien*.

Il naquit le 13 mai 1822, à Aranjuez; son père était l'infant Don François de Paule, duc de Cadix, frère du prétendant Carlos V.

Il fut l'aîné d'une nombreuse famille, car, en outre de son frère cadet, l'infant Henri, duc de Séville (qui aurait pu prendre à juste raison le surnom de « Desdichado » et qui finit ses jours par son malencontreux duel avec le duc de Montpensier), il eut quatre sœurs du premier mariage de son père avec la princesse Louise de Bourbon-Sicile. J'ignore si le second mariage du père, qui fut considéré comme une mésalliance, fut stérile ou fécond.

Les premières années de la vie de Don François d'Assise sont obscures... plus obscures encore que son existence de roi qui cependant le fut étrangement! Tout ce que j'en sais, c'est qu'il reçut une excellente instruction et une éducation des plus soignées, mais qu'il subit aussi d'une façon extrême l'influence religieuse.

A vingt-quatre ans, quand on le maria à la reine Isabelle II, il était un jeune homme pâle et doux, presque imberbe et timide. Dédaigneux de tout ce qui était pompe et faste, acclamations populaires ou rumeurs de fêtes, de tout ce qu'il considérait comme incompatible avec sa dignité recueillie et calme, il voulut toujours vivre en philosophe et en sage, éloigné du pouvoir et soucieux seulement de remplir ses devoirs d'homme et de bon catholique.

Ce prince, qu'on a accusé d'être un soliveau, un inutile, un mannequin — et je ne veux pas citer toutes les épithètes dont l'ont qualifié ses ennemis — fut tout simplement et tout bonnement doué d'un esprit très solide et très juste, d'un cœur bon et sincère, d'une âme pure et pieuse, et tous les actes de sa vie furent inspirés par le culte du *Devoir*. François d'Assise fut, avant tout, l'*homme de devoir*, et il sut mieux que personne apprécier quelle était la grandeur de ses devoirs envers la société, envers l'Espagne sa patrie, envers sa famille et le bonheur des siens, envers Dieu... et on peut dire qu'il a toujours sacrifié toute sa vie à l'accomplissement de ses devoirs.

Lorsqu'il fut question de son mariage avec la reine Isabelle II, il n'écouta que la voix de sa conscience et n'accepta cette union avec une jeune et belle souveraine de seize ans que par des raisons dictées par son patriotisme et non par son cœur.

En 1846, la guerre carliste semblait finie : Don Carlos V, son oncle, venait de renoncer publiquement au trône en faveur de son fils aî Carlos-Luis, auquel il conférait le titre de comte de Montemolin. *Gazette de France* plaidait l'apaisement et l'union : les causes de gue sont disparues, disait-elle ; la reine Christine de Bourbon rentre da l'ombre par l'avènement de sa fille, le prétendant Carlos disparaît par renonciation ; il ne reste plus en présence qu'un jeune homme et u jeune fille qui sont trop jeunes pour avoir pris aucune part dans l luttes sanglantes passées. Mariez-les, unissez l'héritier et l'héritière réconciliez ainsi solennellement toute la famille de Bourbon. Plus question de *loi salique* ou de testament de Ferdinand VII, plus de co testations dynastiques !

Et le plus chaleureux et le plus sincère partisan de cette solutio qui aurait pu, — il faut le reconnaître — éviter bien des torrents de sa et de larmes à l'Espagne, ce fut... Don François d'Assise ! Il sav qu'on avait jeté les yeux sur lui, comme l'aîné des enfants de Bourb d'Espagne ; mais il était peu enclin au mariage et n'écoutait que la vo du devoir. Avant d'accepter la flatteuse proposition qui lui fut faite devenir l'époux de la reine Isabelle, il obéit à sa conscience et écrivi son cousin, Don Carlos, comte de Montemolin, la belle lettre q voici :

« Je crois qu'en levant les yeux sur toi on a fait faire un grand pas la réconciliation que tu dois désirer ardemment, soit comme chréti soit comme prince. Je sais aussi que, pour obtenir un si heureux résult on exigera de ta personne de coûteux sacrifices, et jamais, ni com homme ni comme prince, je ne te conseillerais de consentir à des chos qui puissent tacher ton nom ; mais je ne puis néanmoins que te fa observer que tu ne dois, en aucune manière, laisser échapper des oc sions qui, une fois perdues, ne reviennent plus jamais... Aujourd'h les circonstances te favorisent. Tu comptes avec un pouvoir qu'auc être humain ne peut t'ôter ; et jamais on ne considérera comme u humiliation le fait de céder à la force. Si tu résistes, si tu t'acharne tout avoir, tu perds tout ; et il n'y aurait rien d'étonnant que ceux q te soutiennent, en voyant ton obstination, se retournent vers moi, me considérant comme le premier après toi. Que ferais-je dans ce ca Perdrais-je cette occasion et laisserais-je la place libre à un étrange Jamais je ne me déciderai à cette conduite. Tant que mon cher cousi en qui je reconnais des droits supérieurs aux miens, sera en avant moi, je resterai tranquille comme jusqu'à présent. Mais si ton maria devenait impossible par les raisons que j'indique, je crois que ma CONSCIENCE *(je ne parle pas de mon intérêt, car le trône n'a rien de séduisant pour moi)* m'ordonne, m'oblige à ne pas exposer l'Espagne à un nouveau conflit. Résigne-toi donc à faire un sacrifice coûteux à la vérité, mais absolument nécessaire. Sinon, ne m'accuse jamais de t'avoir enlevé, si les circonstances me l'offrent, un poste que tu aurais abandonné toi-même et que je ne voudrais voir occupé par aucun autre que par toi, que j'aime de tout cœur. »

S. M. la Reine Isabelle II.

Ne voilà-t-il pas un noble langage ? Combien loin de ressembler à celui d'un ambitieux ! Quelle force de caractère, quelle grandeur d'âme ne fallait-il pas à un prince de vingt-quatre ans pour plaider ainsi la cause de son rival auprès de son rival lui-même ! Et quelle simplicité charmante, quelles phrases sincèrement dévouées et affectueuses !

Le comte de Montemolin, mal inspiré, ne voulut pas suivre les sages conseils de son cousin : et pourtant l'histoire dit qu'une proposition formelle fut *officieusement* faite par le gouvernement espagnol au fils de Don Carlos, à l'instigation de François d'Assise, qui, appelé à Madrid par son père, refusait de s'y rendre et désirait rester à Pampelune jusqu'à la fin des négociations. On offrait à Montemolin les mêmes conditions qu'à François d'Assise : « la concession de la main de l'infante Louise au duc de Montpensier et pour lui le titre de *mari de la reine* ». Le comte de Montemolin répondit qu'il voulait être roi et non prince consort. Ce fut la rupture.

Cette fois, François d'Assise n'avait plus qu'à obéir à sa conscience ; lui, le résigné, le tendre et bénin prince, il n'écouta que son devoir et il consentit à être le mari de la reine !

On me permettra de ne pas insister ; je n'écris pas l'histoire d l'Espagne, et c'est une œuvre qui sera bien difficile et bien délicat même quand la mort, le silence, l'apaisement des passions, l'éloign ment donneront aux historiens futurs la sérénité nécessaire pour ét dier tous les documents, apprécier tous les faits et juger avec équité.

Je ne crains pas pour la mémoire de François d'Assise le jugeme de l'Histoire. Il fut un faible, un doux, et on ne peut que lui reproch l'exagération de ces qualités. Mais il a donné trop de preuves éclatant d'abnégation et de sacrifice de tous ses sentiments et de toutes ses op nions personnelles devant l'intérêt supérieur de sa patrie et de dynastie pour qu'on ne lui pardonne tout le reste... ou mieux enco pour qu'on ne lui en fasse pas un titre de gloire !

Dans sa vie privée, François d'Assise fut aussi peu bruyant, aus effacé que dans sa vie publique : il vécut simplement et plutôt comm un religieux que comme un prince. Très instruit, il aimait la lecture les études ; il était un pratiquant fervent de l'Église catholique, viva dans la société des prêtres et des moines.

La reine lui avait conféré le grade de capitaine général des armée mais il avait pour les choses militaires une antipathie absolue. Il éta très religieux et vivait le plus souvent au cloître de Calatrava. D'ailleu il s'occupait peu de la reine, à laquelle il était fort opposé de caractè et de sentiments. Leur union passait pour assez malheureuse.

En septembre 1868, le roi accompagna à Saint-Sébastien la souv raine, qui se proposait d'y rencontrer Napoléon. Mais l'insurrecti éclata, de Cadix gagna toute l'Espagne, et la reine passa la frontièr s'installa d'abord à Pau, d'où elle adressa sa protestation à Madrid, pu à Paris, où elle abdiqua en faveur d'Alphonse XII, son fils. A cet époque, le frère de Don François d'Assise, l'infant Henri, duc Séville, fut tué en duel par le duc de Montpensier.

A Paris, l'existence devint plus difficile encore entre l'ancienne rei et son mari. Ils se séparèrent, et Isabelle consentit à verser à Don Fra çois d'Assise une pension annuelle. L'ancien roi acheta une résidence Épinay, près de Saint-Denis, et s'y installa, tandis que la reine Isabe acquérait le vaste hôtel de l'avenue Kléber qu'elle habite toujours. D François d'Assise vécut à Épinay dans une retraite absolue.

La nouvelle de sa mort surprit grandement la plupart des bouleva diers de Paris : ils croyaient le roi Don François d'Assise mort depu longtemps. En Espagne, on ne parlait plus de lui, et bien peu de gens

Alphonse XIII en tenue de campagne, à Saint-Sébastien
(en 1901).

Phot. de Roig de Lluis.

pensaient encore. On ne connaissait son existence que par la célébration toute discrète de sa fête annuelle par le Palais-Royal. Il avait si bien fait le silence autour de lui ; il s'était entouré de tant d'obscurité et de calme ; il s'était pour ainsi dire si strictement cloîtré, loin du monde et de tout, dans son château d'Épinay, que l'oubli était venu.

Mais cette retraite austère était digne d'un grand seigneur, d'un noble prince. Le château d'Épinay est d'un goût sobre, d'une architecture sévère, mais le parc est splendide ; les serviteurs étaient aussi discrets et bien stylés que respectueux et pleins d'affection pour leur vieux roi.

Don François d'Assise vivait sans luxe, mais entouré de la chaude amitié de la famille de son secrétaire particulier, Palomino. Autour de ce vieillard si bon, si charitable, doué de toutes les vertus d'un pieux serviteur de l'Église, on rivalisait de dévouement et de soins.

A part quelques intimes, le roi ne recevait personne ; seules les Infantes ses filles venaient de temps en temps passer quelques jours auprès de lui, ce qui lui causait une grande joie. Il aimait surtout S. A. l'Infante Eulalie, si jolie et si gracieuse.

Tous ceux qui ont approché le roi François d'Assise en ont conservé un souvenir ému et sympathique. Il savait se faire aimer de tous ; il était très affable, très bienveillant et sans aucune morgue. Mais, même dans ses moments de plus grande familiarité, il gardait cette allure si difficile à préciser et si particulière qui révèle le sentiment du rang et de la naissance. Don François d'Assise avait en effet, au plus haut degré, l'orgueil, bien légitime d'ailleurs, de sa race, de sa haute situation, et il se conduisit toute sa vie comme un roi doit le faire. Un petit détail à ce propos fera bien voir la préoccupation de François d'Assise d'être toujours le protecteur et non le protégé de qui que ce soit. Il voulait absolument payer toutes les faveurs et ne jamais recevoir un cadeau sans le rendre. Tous les Espagnols dans la misère à Paris savaient qu'il n'y avait qu'à aller à Épinay pour recevoir une charité. Mais les plus malins ne demandaient pas l'aumône : ils se recommandaient auprès du roi de tous leurs titres, réels ou imaginaires, et lui apportaient un cadeau quelconque, un livre ou une estampe, ou des fruits d'Espagne. Le bon roi leur faisait immédiatement un cadeau plus ou moins important : ils apportaient un œuf et recevaient un bœuf.

Vers la fin de ses jours, François d'Assise avait beaucoup maigri ; sa belle figure pâle, émaciée et fine, d'un blanc d'ivoire, semblait comme éclairée par un reflet de l'autre monde. Il aimait, ne pouvant presque marcher, à se faire promener dans un fauteuil roulant et, sur la ter du château d'Épinay, il s'amusait à partager les miettes de son pain petits oiseaux de ses volières.

Il conversait bonnement avec ses domestiques et surtout av femme du concierge du château, une nommée Juliana, dont la franc et la naïveté lui plaisaient. Une de ses distractions était de faire tou après-midi une partie d'échecs avec son médecin. C'était une cout établie.

Le Dr Monribot avait la plus grande vénération pour son aug client et avait été séduit par la bonhomie de grand seigneur de ce d'Espagne « pour lequel accepter le trône avait été un devoir ».

On conte qu'appelé pour la première fois pour soigner le ro Dr Monribot accourut auprès de l'auguste malade, le salua, tât pouls, puis voulut poser quelques questions pour baser son diagno Peu familiarisé avec l'étiquette des Cours, le brave docteur se tr subitement fort embarrassé. Comment devait-il appeler le roi ? Dev le traiter de : Sire, de Majesté ? Et son trouble se devina à ch phrase. Ce fut un déluge de : « Monseigneur », « Votre Altess « Sire », Votre Éminence », « Votre Grandeur ». Chaque question posait amenait un nouveau qualificatif. Don François d'Assise v désarroi de son médecin et se mit à sourire, en lui disant avec grâ « Docteur, appelez-moi *citoyen !* »

N'est-ce pas, à la fois, plein d'esprit et d'une haute philosop François d'Assise n'attachait aucune importance à ces petitesses des lificatifs, à cette vanité des mots ; il savait que la véritable gran réside dans le cœur, dans la noblesse de l'âme. Il était plein d'indulg et de sérénité. Il n'était pas seulement un philosophe, il était un fi disciple de Jésus-Christ, un serviteur de Dieu.

Sur le lit de parade du grand salon de son château d'Épinay tr formé en chapelle ardente, on l'avait revêtu d'un froc de bure ; e prince, qui ne fut jamais qu'un roi de convention, mais qui sut jusq bout se sacrifier à son devoir, fatigué des vanités de ce monde, s endormi de son dernier sommeil dans la paix des consciences tranquilles et des âmes bienheureuses, comme un de ces moines dont il avait toujours envié la vie de pénitence et la retraite.

Madrid, 5 mai 1900.

On vient de donner un grand banquet de plusieurs centaines de couverts à mon ami le marquis de Tovar, dans les jardins du *Retiro,* et la fête a été des plus réussies et des plus cordiales.

Le marquis de Tovar, une des figures les plus sympathiques et les plus populaires de l'aristocratie madrilène, est un des fils du marquis de Villamejor, qui a laissé une énorme fortune. Il est le frère du comte de Romanonès, ministre de l'Instruction publique, un des chefs du parti libéral, et fait lui-même grande figure dans ce parti politique.

On peut dire que la famille de Villamejor a toujours été célèbre en Espagne par la charité de ses membres; ils ont fait énormément de bien et leur nom se trouve à la tête de toutes les listes des bonnes œuvres. Pour ne pas démériter de ses ancêtres, le marquis de Tovar tient à faire autant qu'eux, je n'ose dire plus, et il s'est signalé à diverses reprises par la sollicitude qu'il porte à la ville de Madrid. Son dernier acte de bienfaiteur est tout simplement d'avoir fait construire un asile de nuit de quatre-vingt-quatorze lits dans le quartier de *La Latina* et d'en faire un don absolument gracieux à la ville de Madrid.

Des générosités de ce genre ne sont pas banales... et lorsqu'un homme comme le marquis de Tovar en est coutumier, on comprend qu'il soit acclamé du peuple de Madrid et que près de mille personnes se disputent l'honneur d'assister à un banquet en son honneur. Je me joins à tous ceux qui félicitent le marquis de Tovar et suis très heureux de le compter au nombre de mes amis.

La *Casa de Campo,* — ce beau parc qui s'étend devant le Palais-Royal, de l'autre côté du Manzanarès, — est très fréquentée en ce

moment, car elle est le rendez-vous du monde *select* de Madrid. Le
aux pigeons y attire toute la société, et les belles dames se font un gra

Alphonse XIII en 1898.

plaisir d'aller voir massacrer d'inoffensives bêtes, ces doux et bea
pigeons... Je déteste ce jeu cruel et barbare, je n'irai donc pas. Il pa
que les meilleurs tireurs de Monte-Carlo sont venus disputer aux tire
espagnols des prix très importants. On cite les noms des vainque
des grands prix de tir aux pigeons de Paris, Londres, etc., l'Austral

Mac-Intosh, l'Anglais Roberts, le Français Fournu, plus connu sous le pseudonyme de *Galfon*, etc. Mais le tireur espagnol, qui a toutes les préférences des parieurs est le sympathique marquis de Villaviciosa de Asturias, déjà classé et hautement considéré dans le monde des sports.

L'événement du jour — événement politique s'entend — ce sont les incidents de Barcelone. La capitale de la Catalogne fait beaucoup parler d'elle depuis deux ans et elle ne manque pas une occasion de témoigner un état d'esprit inquiétant envers la mère-patrie. Les Catalans sont et se proclament séparatistes, ce qui est bien maladroit de leur part, car on ne voit pas, en vérité, quelle figure ferait la Catalogne dans le monde si elle était abandonnée à ses propres forces.

Hier, à l'occasion de la célébration des *Jeux floraux*, l'assemblée, composée de l'élite du peuple catalan qui assistait à cette fête toute pacifique et toute littéraire, a cru devoir *siffler* le drapeau espagnol. Vous avez bien lu : *siffler le drapeau espagnol!*

C'est inouï. Vous figurez-vous, lecteurs français, des Marseillais ou des Bordelais sifflant le drapeau français! Jamais pareille monstruosité, pareil crime, ne pourrait impunément se commettre à Marseille, à Bordeaux, sur n'importe quel point de notre territoire.

Je plains les Catalans d'en arriver à cette folie. Leur province est la plus riche, la plus industrielle de l'Espagne; mais qu'ils n'oublient pas qu'elle vit et s'enrichit de l'Espagne qui est son grand marché commercial, et qu'elle ne devrait pas s'enorgueillir trop d'un état de choses qui fait son éloge, mais qui tient à des causes spéciales. La Catalogne a été jusqu'à ce jour considérée et traitée par l'Espagne en *enfant gâtée ;* on lui a tout donné et on lui a peu demandé. Je comprends l'indignation de tous les Espagnols quand ils voient les Catalans siffler le drapeau de la patrie, drapeau qui est aussi bien le drapeau de la Catalogne que celui de tout le reste de l'Espagne.

Vouloir faire du séparatisme, du particularisme, à notre époque, alors que tous les peuples de même race doivent au contraire s'unir et se fondre les uns dans les autres, c'est de l'aberration! Les Catalans jouent avec le feu ; ils sèment de la haine et ils récolteront des tempêtes

et la mort. Dieu veuille les éclairer et les arrêter sur une pente si c
table !

Quelle que soit la crise industrielle qui règne en Catalogne — (e
est moins aiguë qu'on se plaît à le dire), — quels que soient les suje
mécontentement, la véritable solution de la *question catalane* — pu
question il y a ! — ne se peut trouver que dans les moyens législat
pacifiques, dans une entente féconde et intime des représentants
Catalogne avec le gouvernement et le Parlement de l'Espagne !

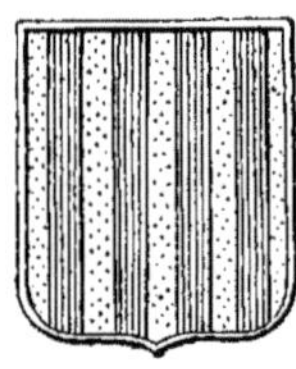

Armes royales d'Aragon.

Armes royales de Castille.

Palais Royal d'Aranjuez.

CHAPITRE V

Les appartements des princes des Asturies. — Le Palais-Royal de Madrid. — L'Antique Alcazar des Maures devient le palais de Philippe III. — Son incendie et sa reconstruction par Philippe V. — L'Œuvre des Bourbons. — Admirable décoration des salons. — Les théâtres de Madrid. — Un peu d'histoire. — D'Alphonse Ier, « le Catholique », à Alphonse XII. — Règnes glorieux pour l'Espagne.

Madrid, 6 mai 1902.

L'INFANTE Isabelle vient de déménager de ses appartements du Palais-Royal et d'aller habiter son propre palais, dans la rue de Quintana. Toute l'aristocratie espagnole et une foule de personnes de toutes les classes de la société sont allées lui offrir leurs respects. Grande est la popularité de l'Infante Isabelle à Madrid. Nous aurons l'occasion d'en reparler.

Si l'Infante Isabelle quitte le Palais-Royal, par contre le prince et la princesse des Asturies vont prendre possession de leurs nouvelles habitations dans la demeure royale. On sait que le ministère d'Estado (Affaires étrangères), qui était installé au rez-de-chaussée du Palais-Royal, a été transféré dans l'ancien ministère des Colonies, où il se trouve beaucoup mieux. Les pièces occupées par le ministère d'Estado ont été transformées et restaurées pour le jeune couple, dont le mariage a été célébré en 1901.

Les tapissiers travaillent en ce moment à l'installation des meub et des tentures, et dans quelques jours tout sera prêt.

L'appartement de Leurs Altesses sera complètement indépendant autres appartements du Palais-Royal : il donne sur le grand *pa* intérieur du palais par trois portes sous la colonnade ouest, à gau de la bibliothèque.

Ces trois portes s'ouvrent sur trois vestibules conduisant à une la galerie sur laquelle donnent les salons d'apparat et, sur la droite, pièces privées. Les chambres de Leurs Altesses donnent sur le *Cam del Moro* et jouissent d'une vue féerique sur la campagne, les bois Pardo et, au lointain, les cimes neigeuses du Guadarrama !

On pénètre d'abord dans le cabinet du prince Charles, qui est grand salon aux murs peints en marron et meublé sévèrement. P vient la chambre à coucher des princes, vaste pièce tendue de s bleue; à côté sont : la chambre de leur premier-né, tapissée de s rose, meublée dans le style Louis XVI, et la chambre de la nourrice l'Infant Don Alfonso.

De l'autre côté du cabinet de Son Altesse Royale se trouvent salons d'apparat, composés d'un boudoir tendu de soie verte, d'u grande pièce appelée l'*antecamara*, aux murs recouverts de dam jaune brodé des classiques médaillons de lauriers du style Empire, enfin de la *camara*, ou salon de réception, qui est très grand et dont murs sont recouverts de quatre superbes tapisseries anciennes rep sentant les aventures de Don Quichotte.

Nous aurons l'occasion plus loin de dire quelques mots du prince de la princesse des Asturies, quand nous parlerons de la famille roya Mais il nous semble bon de consacrer maintenant quelques pages à beau Palais-Royal de Madrid, dont nous aurons si souvent à parler qui va être le témoin de tant de réceptions et de fêtes pendant ce m de mai 1902.

Le Palais-Royal est évidemment le plus magnifique monument Madrid, qui compte si peu de souvenirs antiques.

Il est admirablement situé, à l'occident de Madrid, et, vu de la prom nade de la Florida, ou de la gare du chemin de fer du Nord, son aspe est des plus imposants et, réellement, produit un effet grandiose. Sa haute façade blanche de granit domine tous les environs et se dresse, nettement découpée, sur le ciel bleu avec, à ses pieds, les verdures et les fleurs du jardin du Campo del Moro.

Il a fallu de grands et très solides travaux pour asseoir sur des bases solides cet énorme édifice. Du côté du Campo del Moro, on a dû l'étager sur des terrasses et des voûtes et de colossales murailles de pierres et de briques. Des rampes permettent de monter et de descendre en voiture du Palais-Royal aux jardins réservés du *Campo del Moro*. Au-dessus de la dernière terrasse, s'élève le palais proprement dit et sa façade a près de 60 mètres de hauteur. Par suite de la disposition même du terrain, les façades qui donnent sur la place de *Oriente* et sur la *place d'Armes* sont moins hautes et ont environ 28 mètres seulement.

En somme, ce palais de proportions considérables est construit sur l'emplacement d'un antique Alcazar, qui devait avoir été placé au haut de la colline de Madrid, dans cette situation naturellement forte et escarpée, qui ressemble à la proue d'un vaisseau de guerre. Pour transformer peu à peu le terrain et arriver à l'état actuel, d'immenses travaux ont été nécessaires pour consolider et aplanir tout le versant occidental de la colline.

Le palais actuel est l'œuvre de l'architecte de Turin, Jean-Baptiste Sachetti : il mesure 132 mètres de côtés, sans compter l'immense place d'Armes qui se trouve sur sa façade du sud et que S. M. la Reine régente a fait entourer de deux ailes et fermer par une immense grille de fer aux lances dorées.

L'esplanade, dont les murs de soutènement du côté des jardins du *Campo del Moro* sont presque achevés, ira jusqu'à la nouvelle cathédrale de Nuestra Señora de la Almudeña, qui va se dresser en face de la façade du sud, qui est la façade principale du Palais-Royal.

Cette esplanade, bordée d'une grille de fer du côté des jardins royaux, les dominera environ de 50 mètres. La grande cour grillée, qui s'étend devant le palais et qu'on nomme *place d'Armes*, forme un carré oblong de 160 mètres de long sur 140 de large. L'esplanade, une fois terminée, aura une superficie de quatre hectares environ.

En 1808, le Palais-Royal avait déjà coûté 75,000,000 de pesetas; avec les travaux qui y ont été entrepris depuis et, en y joignant les grandes dépenses faites par la Reine régente pour terminer la place d'Armes et l'esplanade, enclore les jardins réservés du *Campo del Moro* de murailles et d'une grille dorée, etc., on atteint le chiffre de plus *cent millions* qui ont été payés pour ce superbe palais.

L'origine de l'Alcazar de Madrid se perd dans la nuit des temps; commence à en entendre parler vers le IXe siècle. Ce fut probableme au début quelque forteresse isolée, servant surtout de rendez-vous chasse aux Mores, car il paraît que Madrid était alors entouré de foré où l'on chassait cerfs et chevreuils et même les ours.

Alphonse VI le restaura peu ou prou et Pierre le Cruel l'agrand Détruit par un incendie ou un tremblement de terre, il fut réédifié p Henri II, habité quelque temps par Léon V, roi d'Arménie, et co mença à devenir en faveur du temps d'Henri III, qui trouvait dans séjour un apaisement à ses souffrances et qui fit construire des tou épaisses et hautes pour y cacher les trésors qu'il obligea les nobles à restituer. Un nouveau tremblement de terre en 1466 renverse une part de l'Alcazar, mais Henri IV le reconstruit et en rend les fortificatio plus fortes que jamais.

Charles-Quint, souffrant de fièvres quartes, vint habiter Madrid se guérit grâce à la salubrité du lieu et à la pureté de son air; il en gar reconnaissance à l'Alcazar de Madrid et le reconstruisit et l'agrandit da le style Renaissance en 1537; Philippe II, dès son avènement au trôn fit modifier les travaux, et la partie qu'il construisit fut sombre et sévè comme l'exigeait son goût. Mais il abandonna l'Alcazar de Madrid po se consacrer à l'Escurial et laissa Philippe III terminer la façade palais.

Les contemporains de ce dernier prince vantent fort l'aspect gra diose et imposant du palais de Madrid, bien qu'il réunît tous les sty et tous les genres d'architecture les plus disparates; c'était un ensemb de tours, de toits pointus, de terrasses Renaissance, de façades nues de façades ornées de chapiteaux, de colonnes et de statues. Dans cet enceinte ou cette réunion de palais tout différents, il y avait, dit la chr nique, cinq cents salons et chambres. Dans le premier corridor, on rema quait la chapelle royale aux murs de marbre et couverts de tapisseri des Flandres; trois immenses salles précédaient le grand salon où l' recevait les Ambassades et où s'assemblaient les dix conseillers de la Couronne. Il y avait un salon de cinquante mètres de long où l'on jouait la Comédie et célébrait les tournois. J'en passe... Citons seulement les deux galeries secrètes qui conduisaient dans le *Campo del Moro :* des souterrains qui, dit-on, s'étendaient sur plusieurs kilomètres de longueur. Un auteur espagnol, Gil Gonzalez Davila, nous donne une fort curieuse description du Palais-Royal tel qu'il était du temps de Philippe IV dans son livre : *Teatro de las grandezas de Madrid.*

Il y avait naturellement des mobiliers somptueux et de grandes richesses artistiques, des tableaux du Titien et des meilleurs peintres d'Italie, d'Espagne et des Flandres, des tables d'onyx et de jaspe, ornées de pierreries, des mosaïques, des tapisseries des Flandres, et enfin plusieurs salles étaient réservées à la garde du Trésor des rois et contenaient d'innombrables richesses, en métaux d'or, d'argent, en pierreries, en bijoux; entre autres, Davila cite un diamant évalué à 200,000 ducats, une perle grosse comme une noisette estimée à 30,000 ducats, et un Lys d'or d'environ $0^{m},45$ de large et autant de hauteur, qui avait appartenu jadis aux ducs de Bourgogne, puis fut prêté à l'Angleterre et enfin pris par les Français, et recouvré par Charles-Quint qui en fit une des conditions de la délivrance de François Ier. Entre nous, cette histoire du *Lys d'or* me paraît apocryphe et surtout quand l'écrivain espagnol affirme que ce bijou historique fut pris par les Français à Calais : la prise de Calais par le duc de Guise eut lieu en 1558, et le traité de Madrid fut signé en 1526.

Ce Lys d'or fut sans doute détruit par les flammes — à moins qu'il n'ait existé que dans les *fumées* de l'écrivain, — qui dévorèrent complètement le fameux Alcazar dans la nuit de Noël de 1734.

Au lieu de chercher à en relever les ruines, Philippe V voulut en effaçer complètement le souvenir par la construction d'un édifice entièrement neuf et bien plus somptueux. C'est pourquoi le palais actuel est uniquement l'œuvre de la dynastie des Bourbons et a son histoire liée à celle des successeurs du petit-fils de Louis XIV.

Le premier plan fut fait par un célèbre architecte de Turin, l'abbé Jubarra; celui-ci, appelé à Madrid, conçut un projet tellement grandiose qu'il remplit d'étonnement tous ceux qui le virent. Il ne s'agissait de rien moins que de réunir les hauteurs de San Bernardino, où s'élève actuellement l'asile de ce nom, avec celles où se trouve l'école d'agriculture, et d'édifier là un colossal palais, formant un carré de 1,700 pieds de côté (environ 420 mètres), avec 32 entrées, 2,000 colonnes, 23 *patios* intérieurs, dont le principal devait avoir 700 pieds de long et 400 de large; en somme, un de ces palais tels que les rois de Babylone, de Ninive et d'Égypte en élevèrent jadis.

Le coût en eût été si élevé que Philippe V regarda à la dépense, et, comme l'abbé Jubarra mourut sur ces entrefaites en désignant pour successeur Jean-Baptiste Sachetti, ce fut ce dernier qui fut chargé de dessiner les plans du futur palais que le roi voulut élever sur l'emplacement même de l'antique Alcazar.

Commencés immédiatement après que les dessins furent approuvés, le 7 avril 1737, les travaux ne furent achevés que sous le règne de Charles III qui fit venir d'Italie des artistes peintres et décorateurs.

L'entrée la plus fréquentée du palais se trouve sur la façade orientale ; sous la voûte à main droite, est un escalier par où passent toutes les personnes, ministres, ambassadeurs, nobles ou autres, qui sont appelées aux audiences royales.

La façade principale, sur la place d'Armes, compte cinq portes, généralement fermées et donnant sur des vestibules, voûtés et aux larges baies vitrées, dont celui du centre est de forme elliptique et très vaste. C'est sur ce vestibule que s'ouvre le grand escalier du Palais-Royal, qui est un des plus beaux et des plus vastes du monde, mais qui, en dehors des grandes réceptions et galas, est exclusivement réservé au roi et à la famille royale. En face de cet escalier, on avait primitivement eu l'intention d'en faire un second semblable, mais ce projet fut abandonné et la cage de l'escalier projeté fut transformée en la vaste et sévère Salle des Colonnes.

Le grand escalier du palais mérite l'admiration de tous ceux qui y pénètrent, non seulement par ses dimensions, mais par son grand style : les larges marches de beau marbre blanc et noir qui s'élèvent d'abord tout droit entre deux parois de marbre luisant et qui au premier palier se divisent majestueusement en deux branches parallèles bordées de deux rampes ornées à leur début de deux grands lions de marbre blanc à demi dressés sur leurs piédestaux ; la hauteur extraordinaire de la voûte où une superbe fresque de Conrado Giaquinto nous montre la monarchie espagnole rendant hommage à la religion ; la largeur et l'amplitude de la cage, tout contribue à frapper l'esprit du visiteur.

Le grand escalier du Palais Royal.

Il existe encore d'autres escaliers privés dans les ailes droites et gauches du palais, ainsi que des escaliers de dégagement pour le service un peu partout ; il serait trop long de les mentionner. On m'a également montré quelques escaliers secrets ; on m'a affirmé, en outre, que l'épaisseur des murs du palais — (qui est construit avec des murailles énormes et où toutes les pièces sont voûtées, car il n'y a pas une seule poutre en bois ou en fer dans cet immense édifice) — cache une grande quantité d'escaliers absolument invisibles pour ceux qui ne les connaissent pas et que plusieurs de ces escaliers donnent dans des souterrains aboutissant aux jardins du *Campo del Moro* et même plus loin. Je ne veux pas en dire plus sur ce sujet.

L'escalier *royal* (pour le désigner par son nom) donne sur la *Salle des Gardes,* au toit peint par J.-B. Tiepolo et représentant « le pieux

Énée chez les dieux » : cette salle est divisée par des cloisons de bois il s'y trouve toujours des faisceaux de hallebardes et quelques halleba diers en train de causer ou de se reposer.

L'étiquette de la Cour exige qu'on se découvre dès les premièr marches de l'escalier royal, lorsqu'on est reçu à quelque réception : l hallebardiers, qui sont toujours de service au palais, montent c jours-là une garde d'honneur à toutes les quatre marches de l'escalier saluent les visiteurs au passage d'un coup sec de la hampe de leur hall barde sur les dalles.

La Salle des Gardes conduit au *Salon des Colonnes*, immense sall la plus vaste, je crois, de tout le palais, qui remplace le second escalie on a utilisé pour cette salle le toit de l'escalier, ce qui donne une granc hauteur. Les colonnes qui soutiennent les médaillons des angles so semblables à celles du grand escalier et la voûte a été peinte aussi p Conrado Giaquinto. Le pavé de cette salle est de marbres choisis et fo beau. Cette salle, qui n'est décorée que par ses médaillons, sa cornicl de trophées et de feuillages et les quatre grandes figures allégoriques q la couronnent, est très belle et fait un vif contraste avec les autres salo qui n'ont, eux, aucun mérite architectural et doivent tout leur attrait la richesse des décorations, des peintures, des tapisseries, des glaces de leur mobilier de soie et de velours.

Mais il faut ajouter que nul palais au monde n'est plus somptueus ment meublé et plus merveilleusement décoré que celui-ci : depu Charles III, tous les rois d'Espagne se sont plu à entasser des chef d'œuvre d'art et les plus beaux spécimens de tous les styles et c tous les genres d'ameublement. Les révolutions ont respecté ce pala et nous y trouvons des salons qui sont restés tels qu'ils furent meubl par leurs fondateurs ; et nous admirons les salons de Gasparini, c Charles III, de porcelaine, japonais, chinois, etc. Le plus grand de to est le fameux *Salon des Ambassadeurs*, où se dresse le trône sous u dais de velours cramoisi brodé d'or, sur une estrade aux gradins c velours gardés par deux grands lions de bronze doré.

Ce qu'il y a de plus beau au Palais-Royal, c'est, sans contredit, la sal à manger d'apparat, qui est la plus grande et la plus riche du monc entier. J'en ai donné une description dans un autre ouvrage (1).

Il serait oiseux d'énumérer toutes les fresques qui ornent les voût

(1) *Le Congrès hispano-américain de Madrid, ses travaux et ses résultats*, 1 vol. in-8°. Le Soudi éditeur, 174, boulevard Saint-Germain, Paris.

salles et qui sont dues à Maëlla, nzalez Velasco, Valleu, Tiepolo, ngs, Lopez et Rivera. Ces salons tiennent aussi un grand nombre toiles de grands maîtres, des leaux signés par Mengs, Güero, Murillo, Rubens, Jordan, nrado, Goya et plusieurs bons ntres modernes.

Le défaut de ces salons est tre mal distribués et de se nmander tous les uns les autres ; sont trop étroits dans les grandes eptions et on s'y étouffe. Il n'y a vraiment grands que la Salle s Colonnes et le Salon des Amssadeurs et la *salle à manger* :

Salon de Charles III.

Salon dit : de Porcelaine.

les autres salons ont des portes un peu étroites.

Néanmoins, tel qu'il est, le Palais-Royal est une demeure absolument royale sous tous les rapports, digne de ses hôtes illustres, et qui peut soutenir la comparaison avec la plupart des palais du monde.

Durant la maladie de Ferdinand VII, on fit vitrer toutes les galeries supérieures du *patio del Principe*, ainsi que les vestibules et la galerie d'entrée du rez-de-chaussée. Depuis lors, on a conservé ces vitrages qui préservent des coups d'air très vifs de Madrid et ne nuisent pas à l'aspect de ce grand patio qui est vraime imposant. Le sol en est dallé de grandes plaques de granit de Colmen semblable aux murs : les pilastres sont très larges et très sobres d'orn ments. Cette grande cour blanche, où le soleil nous aveugle de s rayons, est décorée de quatre grandes statues de pierres représenta les empereurs nés en Espagne : Trajan, Adrien, Honorius et Théod sius. On m'a dit que le roi avait l'intention de créer au milieu de patio une pelouse avec des corbeilles de fleurs et quelques petits pa miers. Ce ne serait peut-être pas une mauvaise idée, car un peu verdure et surtout un bassin avec un jet d'eau ne pourraient que donn de la gaieté et du charme à cette cour trop vaste et trop nue.

Madrid, 7 mai 1902.

Le mois de mai sera certainement marqué d'une pierre blanche, p tous les directeurs de théâtres de Madrid. Grâce à l'affluence des vis teurs de l'étranger et des provinces, grâce au mauvais temps qui règne qui est tout à fait anormal, les salles de spectacle ne désemplissent pa

J'ai déjà dit quelques mots de la *zarzuela* espagnole, pièce *type* d'u genre qui n'est pas ennuyeux ; il faudrait écrire un livre pour décri tous les théâtres de Madrid. L'inauguration du nouveau *Teatro-Liri* vient d'avoir lieu avec succès : ce serait une bonne occasion pour pass en revue les théâtres de Madrid, mais je ne me sens pas la force d'entr prendre cette œuvre. Chaque théâtre a son histoire et ses traditions : faudrait des chapitres pour y étaler de l'érudition, et des recherches Bénédictin pour trouver des détails curieux et des anecdotes neuve J'y renonce.

Nous nous bornerons à un simple coup d'œil sur les théâtres actue lement en fonctions et nous les signalerons en quelques lignes.

Le *Théâtre-Royal*, situé en face du Palais-Royal, sur la place d'Orien est une grande construction et contient une fort belle salle, dont no aurons l'occasion de parler, car on y donnera une représentation de ga en l'honneur du Couronnement du Roi.

Le *Théâtre-Espagnol* est le berceau du drame espagnol et correspon

La salle du Trône au Palais-Royal de Madrid.

Phot. Laurent.

à notre Théâtre-Français : il est situé sur la place del Principe ou Santa-Ana. C'est le plus vieux de Madrid; il fut détruit par un incendie en 1804 et reconstruit deux ans après. Mais, en 1849, on le restaura de fond en comble et de nouvelles améliorations y furent apportées en 1869. La salle est grande et bien décorée : l'interprétation est toujours excellente.

Le *Théâtre de la Princesa* est une jolie et coquette salle de spectacle qui fut inaugurée en 1885; la décoration en est luxueuse. On y représente beaucoup de traductions de vaudevilles et de comédies de nos théâtres de Paris, surtout du Gymnase. C'est la scène préférée de la *Maria A. Tubau*, une actrice célèbre, qui a autant de réputation en Espagne que Réjane chez nous. Le directeur de ce théâtre est un lettré qui a d'ailleurs monté aussi avec succès des œuvres purement espagnoles.

Le *Théâtre de la Comedia*. — C'est le temple de la comédie espagnole et on y donne aussi des traductions de pièces étrangères. Jolie salle restaurée en 1898 et qui fut inaugurée en 1875 par le fameux acteur Mario et sa troupe. Il est situé calle del Principe, 14.

Le *Théâtre Lara* est une bonbonnière tendue de velours rouge, où l'on joue de courts vaudevilles espagnols en un ou deux actes, mais sans musique ni chants. C'est le genre de notre Déjazet ou Cluny. Les acteurs sont très bons et les pièces toujours fort gaies. Malheureusement ce théâtre est bien loin du centre, dans la *Corredera de San Pablo*; ce qui ne l'empêche pas de gagner de l'argent.

Le *Théâtre de la Zarzuela*, dont nous avons déjà parlé, et le *Théâtre d'Apolo* sont les plus beaux théâtres consacrés à ce genre d'opérette espagnole : celui d'*Apolo* est très luxueux, avec une belle salle, blanc et or, située dans la rue d'Alcala. Il y manque seulement des dégagements et on tremble à l'idée d'un incendie dans ce théâtre.

Les autres théâtres sont moins importants : le *Théâtre Eslava* est une vieille salle qui a besoin de réparations, mais où l'on joue de bonnes pièces; le *Théâtre Moderno*, jadis l'*Alhambra*, possède une des meilleures salles de Madrid pour un café-concert; le *Théâtre Comico* est petit et plus digne d'un concert que d'un théâtre; le *Théâtre Roméa* et le *Théâtre Barberi* sont aussi de petites salles utilisées pour des spectacles fantaisistes. Enfin il y a deux théâtres populaires qui sont fort grands et toujours fréquentés, ce sont le *Théâtre-Martin*, calle de Santa Brigida, et le *Théâtre de Novedades*, devant la place de la Cebada, en face des Halles.

Dans tous ces théâtres, on joue le *Genero chico*, c'est-à-dire *zarzuela* en un acte.

Mais revenons au *Théâtre Lirico*. C'est une salle grande et décor avec goût, qui a dû coûter cher à son propriétaire et où on veut repr senter l'*Opéra espagnol*. Tentative des plus louables et à laquel j'applaudis des deux mains. On a inauguré ce théâtre avec *Circé*, opéra du maëstro Chapi, qui a obtenu un grand succès et contient belles choses.

Je ne ferai aucune critique de la salle qui est gaie et claire, l'escali et le petit foyer sont convenables, mais la scène paraît bien petite et bi peu profonde surtout pour y représenter des pièces à grand spectacl Enfin, c'est là un inconvénient qui sera surtout sensible aux machinist et au metteur en scène. Mais ce que je trouve bien mal choisi, c'e l'emplacement où l'on a construit ce théâtre. Il faut perdre un temps pr cieux pour le trouver, car il est situé dans un coin écarté, entre les ru de Genova et dona Barbara de Braganza, derrière le Palais de justic Puisqu'on l'a construit si magnifiquement, on aurait dû le placer sur u grande artère, bien passagère et d'un accès facile. C'est une gran erreur commise par les créateurs de ce théâtre et qui leur nuira bea coup.

Je vais indiquer le plus brièvement possible les règnes des r d'Espagne qui ont porté le nom d'Alphonse.

Alphonse Ier, dit *le Catholique*, fut le gendre du Grand Pélage, héros de la lutte contre les Maures, qui entreprit le premier la reconqu de la Péninsule. Alphonse Ier suivit ce bel exemple et fut un roi plein valeur et de hardiesse dans les combats, sage et réfléchi durant la pai il sut faire triompher les armes chrétiennes en Galice et en Portugal s'empara de nombreuses villes, entre autres Salamanque, Zamora, Léo Simancas, Avila et Ségovie. Il mourut à Cangas en 757. Ses restes fure ensevelis dans le monastère de Santa Maria de Covadonga, dont il av été le fondateur.

Alphonse II, dit *le Chaste*, devint roi, le 14 septembre 791, par l'ab cation de Bermudo et obtint de grands triomphes sur les Maures; porta ses drapeaux jusqu'à Lisbonne. Pour lutter contre le fameux vi

Abd-El-Kerim, il fit alliance avec les Francs; mais tous ses efforts ne purent empêcher les Maures d'entrer deux fois dans Oviédo et de mettre cette ville à sac. Il obtint toutefois par ses victoires une paix durable, car son règne fut marqué par des œuvres importantes. Il embellit Oviédo, convertit l'église de San Salvador en cathédrale, fit construire le monastère de San Pelayo et les églises de San Julian, San Tirso et nombre d'autres. Il fonda aussi le sanctuaire de Santiago de Compostella. Ce prince, qui vécut comme un moine, mourut à l'âge de quatre-vingts ans, après cinquante-deux ans de règne.

Alphonse III, dit *le Grand,* fut élu roi à quatorze ans, en 866, et donna de suite de grandes marques d'habileté et de courage, en sachant déjouer et vaincre une conjuration des comtes d'Alava contre sa personne. Ce fut un prince guerrier : il vainquit et mit en déroute deux armées musulmanes qui envahirent le royaume des Asturies, gagna plus de trente batailles et, après avoir pris Coïmbre et repeuplé Braga et Oporto, il poussa ses troupes jusqu'au-delà du Guadiana, dans la Sierra Morena, chassant l'ennemi devant lui. Il fit bâtir beaucoup d'églises, obtint du Khalife de Cordoue les corps des saints martyrs Eulogio et Léocadie qui furent transportés en grande pompe à Oviédo. Sa capitale de prédilection fut Zamora, où il mourut, fatigué par ses campagnes, le 19 décembre 910.

Alphonse IV, dit *le Moine,* fut, selon l'usage, élu roi par les nobles, en 924. Il régna cinq ans seulement; de caractère très doux et d'une dévotion extrême, il préféra abandonner le trône à son frère Ramiro II et se retira dans un couvent. Mais, au bout d'un an, on lui suggéra la sotte pensée d'en sortir et de réclamer le pouvoir : Ramiro II, qui était alors en expédition contre les Maures, marcha sur Léon avec ses troupes, se saisit d'Alphonse IV et lui fit arracher les yeux. On le réintégra, aveugle et dolent, dans le monastère de San Julian de Ruiforcos, où il mourut deux ans après.

Alphonse V, dit *le Noble,* commença son règne, en 999, à l'âge de cinq ans, sous la tutelle de sa mère la reine Elvira. Arrivé à sa majorité, il s'efforça de venger les déprédations commises par les Maures durant son enfance au cours de leurs nombreuses incursions sur ses territoires. Il rebâtit la ville de Léon et l'agrandit considérablement. Il réuni en 1020, à Léon, un célèbre Concile, où se rendirent tous les Prélats e Grands du royaume, et où fut rédigé le premier code écrit, connu sous l nom de *Fuero de Léon* et qui fut en vigueur durant plusieurs siècles.

Il avait préparé une armée et se disposait à entreprendre une guerr sérieuse contre les musulmans, lorsqu'au siège de Visco, ayant voul reconnaître lui-même l'état des murs de la place, il fut frappé d'un flèche et mourut le 5 mai 1027.

ALPHONSE VI, dit *le Brave,* avait été désigné par son père Ferdi nand Ier comme roi de Léon, la Castille revenant à Sancho II. Il fut aus sitôt en guerre avec son ambitieux frère qui le battit à *Slantada* et *Golpejar;* à cette dernière bataille, se révéla le grand chevalier Rodrig Diaz de Vivar, l'illustre *Cid Campéador*. Obligé de fuir, Alphonse all s'enfermer dans le château fort de Burgos, et il s'y trouvait, lorsqu Sancho II, en assiégeant Zamora pour dépouiller ses sœurs de leur pa d'héritage, fut assassiné par Bellido Dolfos. A cette nouvelle, Alphonse V se rendit en grand équipage à Zamora et les nobles le proclamèrent roi d Castille et de Léon. Mais la mort de Sancho II, malgré les aveux du cr minel, semblait si nettement préméditée et complotée par Alphonse VI que les nobles lui imposèrent comme condition d'aller à l'église de Sant Gadéa, à Burgos, et de jurer solennellement qu'il était étranger à l'assas sinat de son frère.

L'histoire nous dit qu'Alphonse VI, au jour dit, se présenta à l'églis de Santa Gadéa, où tous les nobles étaient réunis; nul n'osait, tant cel était humiliant pour le roi, lui demander le serment, lorsque, rompant l cercle des nobles, le *Cid* s'avança fièrement vers Alphonse et, avc autant de force que d'arrogance, lui dit : « Alphonse, jurez-vous n'avoi pris aucune part à la mort de votre frère, Don Sancho? »

Le roi se tourna vers l'autel où sur des reliques avaient été posés le saints Évangiles, et, mettant la main droite sur le livre, il dit : « Je l jure! » Et, pour bien accentuer son indignation d'être obligé de faire u tel serment, il répéta trois fois les mots : « Je le jure! »

Les vivats et les acclamations des seigneurs lui répondirent.

Le fait capital de ce règne fut la conquête de Tolède, dont l'importance était énorme à cette époque et que sa situation rendait inexpugnable. Après un très long siège, cette ville, privée de tout, dut se rendre sans condition. Alphonse VI en fit sa capitale et y réunit un grand concile : il concéda à l'archevêché de Tolède la dignité primatiale qu'il a gardée depuis lors.

Pour assiéger Tolède, Alphonse VI avait fait appel à toutes les puissances chrétiennes et des chevaliers de tous les pays étaient accourus sous sa bannière. Parmi eux se trouvaient deux membres d'une très puissante famille : Raymond de Bourgogne, qui épousa la fille d'Alphonse, Dona Urraca, et Henri de Bourgogne, qui fonda la maison royale de Portugal.

Alphonse VI mourut de chagrin à Tolède, le 30 juin 1109, après avoir appris la déroute de ses troupes par les musulmans et la mort de son fils Sancho qui était à leur tête, sur le champ de bataille d'Uclès ou de *Los Siete Condes*.

ALPHONSE VII, dit *l'Empereur*, commença à régner en 1126, à l'âge de vingt et un ans, après la mort de sa mère, Dona Urraca. Il parvint rapidement à rétablir la paix dans son royaume, troublé par des séditions de grands seigneurs, et se fit rendre hommage par les comtes des Asturies, de Castille et de Léon, et réduisit à l'état de vassaux les nobles d'Extrémadure et de Galice. Il conduisit des expéditions contre les musulmans jusqu'aux confins de l'Andalousie et s'empara d'Alméria.

A la mort du roi d'Aragon, il obligea le roi Don Ramiro, *le Moine*, à lui abandonner Saragosse et tout le pays à la droite de l'Èbre et à le reconnaître comme suzerain. Le roi de Navarre fut également obligé de devenir son vassal.

Parvenu au comble de sa puissance, il convoqua un concile à Léon en 1135 et se fit proclamer *Empereur*.

Il se mettait à la tête d'une armée pour aller au secours d'Alméria menacée par les Maures, lorsque, près de Fresneda, une attaque de fièvre infectieuse l'obligea à s'aliter; il mourut et fut enseveli à Tolède, en l'an 1157.

Alphonse VIII, dit *de Las Navas*, fut déclaré majeur par une assem blée de nobles à Burgos, en 1170, à l'âge de quinze ans. Son premie soin fut de reconquérir les places fortes que lui avait enlevées durant s minorité le roi de Navarre ; il y réussit assez vite et alla assiéger la vill de Cuenca, au pouvoir des Maures, et la prit après neuf mois de siège

Ayant ainsi obligé tous ses ennemis à la paix, il se dédia à so royaume et apporta des réformes et des améliorations au régime d toutes les provinces qu'il visita en personne. Il fonda, entre autres, l cathédrale de Plasencia et le fameux monastère de Las Huelgas de Bu gos. Il transforma des mosquées en églises et s'empara de plusieur places fortes des musulmans. On lui doit la création de l'Université d Palencia.

Aidé par ses vassaux, les rois de Navarre et d'Aragon, il appela tou les chrétiens à une grande croisade contre les Maures et, ayant réun une forte armée catholique, il alla venger la défaite d'Alarcos, subie e 1195. Il reprit cette place et joignit les armées musulmanes le 16 jui let 1212, au lieu dit *Las Navas de Tolosa*. Ce fut une bataille acharnée les chrétiens, moins nombreux que les Maures, les vainquirent et le massacrèrent ; les historiens parlent de 200,000 Maures tués ; le cam et les richesses des Maures tombèrent entre les mains des vainqueur Cette victoire eut un retentissement immense et fut un grand coup port à la domination mauresque.

Deux ans après, Alphonse VIII mourut après quarante-quatre an de règne ; il fut enseveli au monastère de Las Huelgas de Burgos.

Alphonse IX, roi de Léon à dix-sept ans, en 1188, passa ses premièr années à étouffer des guerres civiles. Mais il sut s'occuper aussi de lettres et des arts et fonda l'*École des études de Salamanque*, qui fut l point de départ de la célèbre Université.

Contre les Maures, il poussa ses troupes jusqu'à Séville, prit Badajc et Cacérès ; il remporta une grande victoire sur les infidèles, grâce, dit l légende, à l'appui de l'apôtre saint Jacques qui apparut pendant le com bat. Il s'empara enfin de Mérida, mais mourut en se rendant de cett ville à Santiago de Compostella : son cadavre y fut transporté et ense veli en 1230.

Il faut dire qu'il avait commis la félonie d'abandonner Alphonse VI sur le champ de bataille d'Alarcos et avait été cause ainsi de la défait de ce prince. Il le jalousa et le combattit ouvertement ou sourdeme durant toute sa vie.

Alphonse X, dit *le Savant*, succéda à son père, Ferdinand III, *le Saint*, en 1252. La reconquête était déjà fort avancée et il la poursuivit avec ardeur; il prit Jérès, Arcos, Médina-Sidonia, Lebrija, Nieblas et plusieurs points fortifiés des Algarves. Nous ne voulons pas parler des multiples événements de son règne, ni de la révolte des Maures d'Andalousie, ni de ses discordes sanglantes avec les grands seigneurs et avec son fils Sancho IV. Tous ces événements attristèrent surtout les dernières années de son règne et empoisonnèrent sa vie.

Nous voulons mentionner seulement l'œuvre admirable de ce roi lettré, savant et doué d'un véritable génie de législateur. On lui doit les ouvrages : *El Espéculo, El Fuero Real* et le *Code de las siete Partidas*, qui sont des monuments du droit et de la langue castillane. Ses œuvres littéraires, *Romances*, et ses vers, *Cantiques à la Virgen*, sont d'un charme véritable. Enfin, comme savant, ses *Tables astronomiques* (appelées *Alphonsines*) étaient, pour l'époque, absolument remarquables.

Il mourut en avril 1284 et fut enterré à l'église Santa Maria de Séville.

Alphonse XI, dit *le Justicier*, proclamé roi le 7 septembre 1312, à quatorze ans, prit le sceptre pour mettre le holà parmi les grands du royaume et convoqua des Cortès à Valladolid qui approuvèrent sa décision; il parcourut tout son royaume à la tête de troupes nombreuses et réprima tous les abus des seigneurs et tous les brigandages. Il exerça sa justice avec tant de sévérité mais de droiture qu'il fit grande impression sur le peuple et obtint son surnom de *Justicier*.

Une fois les affaires de son royaume remises en état, il se tourna vers les Maures et leur fit une guerre acharnée : il prit Olvera, Pruneda, Ayamonte, puis revint se reposer à Séville.

En 1340, il apprit dans cette capitale la défaite d'une flotte espagnole et le débarquement d'une grande invasion sarrasine qui assiégea Tarifa; il appela le roi de Portugal à son aide, et les deux monarques alliés entrèrent en campagne le 20 octobre. Ils rencontrèrent les armées sarrasines à deux lieues de Tarifa et sur les ruines du *Salado* se livra une des plus glorieuses batailles de l'histoire d'Espagne.

Riches d'un butin extraordinaire, les vainqueurs rentrèrent en triomphe à Séville. Un an après, Alphonse reprit la campagne contr les Maures de Grenade auxquels il enleva Alcala-Real, Priego, Rute. E 1344, il assiégea Algéciras et, après vingt mois de siège, il y planta l bannière de Castille.

Enfin il réunit, en 1348, les célèbres *Cortès* d'Alcala, où il fit décrét la *Loi de Ordenamientos* et fit déclarer solennellement le *Code de la siete Partidas* comme loi du royaume et mis en vigueur. Il demanda e obtint de ces Cortès le vote d'un nouvel impôt pour combattre les inf dèles; cet impôt s'appela les *Alcabalas* du royaume et fut frappé su toutes les ventes et tous les achats.

Il avait réuni une armée et se dirigeait sur Gibraltar, lorsque la pest se mit dans son camp et il mourut le 26 mars 1350.

Plus de cinq siècles après, le 28 novembre 1857, naissait à Madri dans cette ville dont l'Ayuntamiento avait été institué par Alphonse X un prince de la dynastie des Bourbons, qui allait porter de nouveau nom d'Alphonse et continuer la série de ces rois dont les règnes furen en somme, glorieux pour la plupart et toujours profitables à l'Espagn

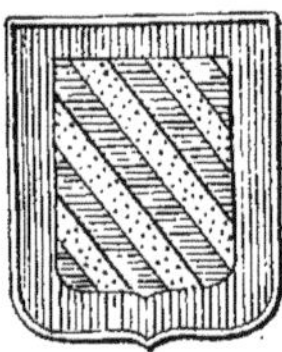

Blason des Ducs de Bourgogne.

Blason des Comtes de Flandre.

CHAPITRE VI

La Société coopérative de la Presse madrilène. — Un exemple à imiter par les Associations françaises. — La « Féria » du Retiro. — Les corridas de toros du mois de mai 1902. — Cent vingt toros et trois cent soixante chevaux massacrés. — Les Bourbons en Espagne. — Du petit-fils de Louis XIV au père d'Alphonse XIII. — Notes historiques sommaires.

Madrid, 8 mai 1902.

Un bon point à la presse espagnole : elle vient d'organiser et d'inaugurer hier une *société coopérative* des plus intéressantes. Au numéro 15 de la rue de *Recoletos*, l'association de la presse a ouvert un superbe magasin où ses membres trouvent à bon marché tous les articles d'épicerie et de comestibles : les produits sont excellents, le service admirablement fait, les livraisons en ville bien assurées, et il n'est prélevé sur les prix de gros obtenus par la société coopérative que les frais nécessités par les employés et les locaux.

J'ai admiré beaucoup cette installation, dont tout l'honneur revient à nos confrères madrilènes, à la tête desquels se trouve le très actif et très sympathique directeur de *la Epoca,* M. le marquis de Valdeiglesias.

En lui adressant mes félicitations, je dois joindre à son nom ceux de MM. Novo, Estéban-Collantès, Garrido, Mesa, Gonzalez, Diaz, Artunedo, Romero, Castellanos, Vallejo et Bravo, qui l'ont si bien secondé

et qui ont contribué puissamment au succès de cette entreprise... qu
les *Associations de la Presse française devraient bien imiter...*

Les préparatifs des fêtes continuent : dans le parc du *Retiro* on
installé une *féria* (foire ou petite exposition) qui ne laisse pas d'avoi
beaucoup de cachet et d'offrir un bien curieux spectacle aux prome
neurs.

Les allées sont envahies par des constructions légères, châlets
kiosques, restaurants, boutiques, qui vendent et présentent une foule d
produits exotiques. On se plaint de tous côtés de ne pas trouver de l
main-d'œuvre pour terminer les installations : les charpentiers de Madri
sont les héros du jour : *on se les arrache*. Il y a tant de tribunes offi
cielles à construire, d'arcs de triomphe, de décorations de tous genres
que la municipalité leur donne dix pesetas par jour et n'en trouve pa
assez. Quant aux industriels et exposants du *Retiro,* ils paient cent e
deux cents pour cent des tarifs habituels des ouvriers, et... malgré cela
sont obligés de faire travailler leurs employés et de mettre la main à
l'ouvrage.

Il y a au Retiro 386 exposants, et le prix d'installation de leur
baraques et pavillons est évalué à 400,000 pesetas. La municipalité gagn
sur la location des emplacements 70,000 pesetas. Ce sont des chiffre
qui témoignent de l'activité industrieuse et des ressources de ce beau
pays.

Notez bien qu'il ne s'agit pas d'une exposition, mais seulement d'une
féria, fête très répandue en Espagne. N'allez pas d'ailleurs la comparer
avec la *foire de Neuilly,* qui n'est qu'un ramassis de spectacles
forains : ici c'est une fête discrète et de bon goût, et les kiosques et
pavillons sont tous coquets et artistiques. Le *Casino* et les grands
cercles de Madrid se sont fait élever, dans la grande allée des voitures

du parc, des pavillons qui leur coûtent des sommes énormes. Celui du Casino lui revient à 150,000 pesetas : il est fort joli et fait honneur à ce club.

Les amis des arbres se plaignent qu'on ne les ait pas respectés autant qu'on aurait dû ; ceux de la solitude et de la rêverie gémissent de voir le parc du *Retiro* envahi par des foules de promeneurs. En vérité, je crois qu'ils exagèrent tous et que la *Féria du Retiro* n'a pas fait de grands dégâts ; toute une partie du jardin est d'ailleurs laissée à ceux qui veulent s'isoler et penser. Je suis un des admirateurs et des grands amis du parc du *Retiro :* je l'ai toujours trouvé trop négligé par les Madrilènes. Si la *Féria* leur en révèle le charme et la poésie, cette fête populaire aura un heureux résultat.

Il est malheureux que le temps soit incertain et pluvieux. Quelles belles soirées nous aurions passées dans ce *Retiro* au milieu d'une foule joyeuse, parmi ces souples, fines et ravissantes Madrilènes, avec leurs mantilles et leurs fleurs dans les cheveux, leur éventail toujours en mouvement et leurs mignons petits pieds qui ne demandent qu'à danser !

Aimez-vous les taureaux ? Je devrais écrire les toros. Il s'agit en effet des fameuses *corridas*. Dans l'affirmative, vous serez servis à souhait ce mois-ci. Depuis quelques jours la *plaza des toros* ne désemplit pas et des affiches nous convient à un vrai massacre de bêtes à cornes par les *picadorès* et les *matadorès* les plus en renom de l'Espagne.

Voulez-vous la liste sommaire de ces représentations ? Du 1er au 4 mai, trois *corridas* d'abonnement où l'on tue six taureaux par *corrida* et une moyenne de dix-huit à vingt malheureux chevaux ;

Le 8 mai, fête de l'Ascension, grande *corrida* de huit chevaux tués par Conejito, Bombita *chico* et le grand Bombita, et Quinito ;

Le 11 mai, course d'abonnement : six toros ;

Le 15 mai, course extraordinaire : huit toros ;

Le 16 mai, course extraordinaire : huit toros ;

Le 17 mai, course extraordinaire : huit toros ;

Le 18 mai, *deux* courses de six toros chaque, l'une le matin et l'autre l'après-midi ;

Le 19 mai, course extraordinaire de huit toros ;

Le 20 mai, course extraordinaire de *huit* toros ;

Le 21 mai, grande corrida de gala sur invitation officielle du gouve nement : les plus célèbres et les plus habiles *caballeros en plaza* s feront applaudir ce jour-là. On parle de *dix toros ;* mais, dans le sty officiel, les *toros* sont à la disposition de Sa Majesté, c'est-à-dire qu doit y en avoir autant que le Roi voudra. Cette course est le *gre event* du mois de mai ; on ne parle que d'elle dès maintenant dans le cercles et les salons. On en parle autant que de la cérémonie de la *Ju* (serment) et bien plus que des représentations de gala au Théâtre Roya Il n'y a pas de démarches qu'on ne tente pour obtenir des invitations il y a environ 20,000 places dans la plaza, mais on peut être sûr que ministre de l'Instruction publique, qui est chargé des invitations, au beaucoup de mal à ne pas faire 100,000 mécontents. Chaque jour l apporte des milliers de demandes : il a dû consigner les portes de so cabinet au ministère et de sa villa de la *Castellana ;*

Le 22 mai, course extraordinaire de *huit* toros ;

Le 23 mai et le 24 mai, *probablement* courses supplémentaires d six toros ;

Le 25 mai, course d'abonnement de six toros ;

Le 27 mai, course extraordinaire de huit toros.

Cela fait dix-sept *corridas* avec un total de *cent vingt toros* et, av une moyenne de trois chevaux par *toro, trois cent soixante chevaux*

Quelle boucherie ! Si les *aficionados* ne sont pas satisfaits, ils sero difficiles. Quant aux visiteurs étrangers, s'ils viennent à Madrid po voir le spectacle *national,* ils en auront certainement une indigestio

Pour ma part, je n'assisterai qu'à la *corrida real,* dont le specta sera des plus curieux et qui sortira de la banalité.

Madrid, 9 mai 1902.

Le 17 novembre 1700, Louis XIV présentait à sa Cour le second du Dauphin, Philippe, duc d'Anjou, par ces mots : « Messieurs, vo le roi d'Espagne. Sa naissance l'appelait à cette couronne, le feu roi l'a ainsi fait par son testament; les grands l'ont souhaité et me l'ont demandé instamment; c'était l'ordre du ciel, je l'ai accordé avec plaisir. » Il ajouta en se tournant vers son petit-fils : « Soyez bon Espagnol, c'est présentement votre premier devoir, mais souvenez-vous que vous êtes né Français pour entretenir l'union entre les deux nations; c'est le moyen de les rendre heureuses et de conserver la paix de l'Europe. »

Dangeau nous raconte que l'ambassadeur d'Espagne, qui venait d'apporter à Louis XIV les vœux de l'Espagne et le testament de Charles II, dit ces paroles : « Le voyage devient aisé et présentement les Pyrénées sont fondues. » Le *Mercure* du lendemain (nov. 1700, page 237) les rapporta en ces termes : « Quelle joie! il n'y a plus de Pyrénées, elles sont abîmées et nous ne sommes plus qu'un. » C'est là l'origine de la fameuse phrase : « *Il n'y a plus de Pyrénées* », qui fut attribuée à Louis XIV et que ce monarque ne prononça pas. Mais elle exprimait si nettement la situation et les aspirations de tous qu'elle fit fortune.

Carrosse de Jeanne la Folle.

L'année 1700 reste une des plus grandes dates de l'histoire d'Espagne : elle voit mourir de langueur, de consomption et de mauvaise constitution, le dernier des descendants de Charles-Quint. Avant de mourir, Charles II, sans énergie et pâlot, se ressaisit, devient clairvoyant et par son testament appelle au trône d'Espagne le petit-fils de Louis XIV, dont les droits étaient supérieurs à ceux de la maison d'Autriche, car Anne d'Autriche et Marie-Thérèse, entrées dans la maison

Philippe V.

de France, étaient les aînées de Marie Anne et de Marguerite-Thérèse, entrée dans la maison d'Autriche. Quant à l renonciation de Marie-Thérèse au trôn d'Espagne, elle était nulle, car la dot d l'Infante n'avait pas été payée, et le Cortès d'Espagne n'avaient jamais sanc tionné son acte.

L'Espagne appelait d'ailleurs de toute ses forces un prince de Bourbon au trôn d'Espagne : la domination de la dynasti autrichienne avait été si dure, si mortelle ment étouffante pour les libertés publ ques, si ruineuse pour la nation, que peuple haïssait tout ce qui était autrichie La noblesse, humiliée souvent par les faveurs dont jouissaient les noble venus jadis avec Charles-Quint, était lasse d'un régime où la gloi avait été payée de tant de sacrifices et qui avait épuisé la Péninsule e hommes et en argent pour soutenir des combats lointains, sans jama se préoccuper du développement du bien-être et de la prospérité leur patrie.

La réception que les Castillans firent à Philippe V à sa premiè entrée à Madrid, l'affection que le peuple espagnol ne cessa de lui témo gner, l'ardeur avec laquelle les Espagnols soutinrent sa cause contre les armées étrangères, sont la meilleure preuve de ce sentiment de sympathie qui poussait la nation espagnole entière vers les Bourbons.

Louis Ier.

Philippe V, vainqueur à Villaviciosa et couché par le duc de Vendôme sur un lit de drapeaux pris à l'ennemi, rentra de nouveau et définitivement à Madrid au milieu du plus grand enthousiasme ; et la dynastie des Bourbons d'Espagne a depuis lors donné à cette nation des rois qui se sont acclimatés et sont devenus de véritables Espagnols, dévoués au progrès et à la grandeur de leur peuple.

Je ne veux pas écrire l'histoire des deux siècles pendant lesquels la dynastie des Bourbons a régné à Madrid : c'est une œuvre qui mériterait d'être entreprise et faite à loisir ; il faudrait plusieurs années de travail pour élever en dix ou douze volumes ce monument historique impartial et juste.

En quelques mots seulement, je mentionnerai les règnes de ces souverains qui ont tous attaché leurs noms à quelques palais, quelques monuments, à des routes, à des canaux, à des œuvres utiles à leur pays.

Ferdinand VI.

PHILIPPE V régna de 1700 à 1746, ayant cédé le pouvoir pendant quelques mois à son fils LOUIS Ier, qui mourut on ne sait trop comment.

Son second fils, FERDINAND VI, qui lui succéda, s'efforça de donner encore plus que son père sa sollicitude aux arts de la paix, et fit beaucoup pour le développement et la richesse de l'Espagne, qui, sous ces deux règnes, commença à jouir d'une véritable prospérité.

Il mourut tôt, après treize ans de règne, et sans enfant.

Charles III.

Son frère Charles, roi de Naples et de Sicile, monta sur le trône d'Espagne le 19 juillet 1760 sous le nom de CHARLES III.

Ce souverain a laissé dans l'histoire une trace des plus brillantes et mérité

Charles IV.

presque le nom de Grand. On peut dire que l'Espagne atteignit sous son règne à un apogée de grandeur et de prospérité matérielle. Ayant signé le *Pacte de famille*, il unit les destinées de l'Espagne à celles de la France, et cela lui valut plus de gloire que de profit ; mais, en définitive il contribua beaucoup aux progrès de tous genres que fit la Péninsule, ainsi que l'attestent les annales de l'époque et les monuments d'utilité publique qui, sur tous les points du royaume, portent son nom.

Il mourut en 1788, après avoir aidé l'Amérique du Nord à conquérir sa liberté sur l'Angleterre et avoir vu les vaisseaux et les troupes de l'Espagne et de la France se couvrir de gloire.

Charles IV (1788 à 1808) était un prince faible et fut un roi malheureux. On connaît trop les événements qui entraînèrent ce prince et son ministre Godoy et auxquels ils ne surent même pas se soumettre.

Ferdinand VII, adoré de son peuple quand il était en exil, trouva le moyen de s'en faire détester quand il rentra en Espagne et reprit le trône de ses ancêtres, grâce à l'héroïsme de ses sujets. Il commença par abolir la Constitution de 1812 et par établir un régime despotique, « l'absolutisme », qui ensanglanta la Péninsule et l'obligea à appeler une intervention française en 1823. Il perdit les colonies américaines qui s'érigèrent en Républiques indépendantes.

Ferdinand VII.

Son dernier acte fut de rétablir, le 31 décembre 1832, la *pragmatique sanction* de

Charles IV, qu'il avait abolie le 17 septembre 1832 sous l'influence des intrigues et des manigances du parti absolutiste et *obscurantiste* qui voulait pour roi son frère Don Carlos. Ferdinand VII, inspiré sans doute par cette clairvoyance qu'ont les moribonds, institua comme héritière de la couronne sa fille, Marie-Isabelle-Louise, née en 1830.

Il mourut le 29 septembre 1833, et la reine ISABELLE II commença, sous la régence de sa mère, la reine Christine de Bourbon, un règne qui fut agité par les guerres carlistes.

La Reine Cristine de Bourbon.

Don Carlos réclamait la couronne d'Espagne en vertu de la *loi salique*, que Charles IV avait déjà abolie en 1789 par sa *pragmatique sanction*; mais Ferdinand VII avait très clairement manifesté sa volonté en rétablissant la *pragmatique sanction*, et en faisant reconnaître solennellement sa fille comme *princesse des Asturies*, malgré la protestation de Don Carlos et du roi de Naples, le 20 juin 1833 dans l'église de San Jeronymo de Madrid.

La reine Christine de Bourbon, chargée de la régence, avait donné des preuves de libéralisme, dès que son influence avait commencé à prévaloir dans les conseils du défunt : elle eut pour elle toute la nation espagnole dans cette lutte contre les Carlistes. Avec la reine Isabelle II la monarchie espagnole devint de plus en plus libérale, et, sous son auguste fils, Alphonse XII, elle fut populaire et absolument conforme aux nécessités modernes.

S. A. R. la duchesse de Montpensier.

Les vicissitudes du règne d'Isabelle II,

son exil, le retour triomphal d'Alphonse XII sur le trône de ses ancêtr tout cela touche à l'histoire contemporaine : nous nous contenterons consacrer quelques pages au roi si bien doué sous tous les rapports ramena la paix et la prospérité en Espagne et dont la mort, beauc trop vite survenue, causa un deuil général dans la Péninsule.

Le cœur de ses sujets n'a pas encore oublié et n'oubliera jamais noble et aimable monarque qui fut le père d'Alphonse XIII.

Armes de la Maison royale de Sicile.

Blason antique du duché de Brabant.

Le Château Royal du Pardo, où mourut Alphonse XII.

CHAPITRE VII

La vie à Madrid. — Les travailleurs et les oisifs. — Le moyen de tuer le temps. — Clubmen et bourgeois. — Les chevaliers du « Sablazo ». — Distractions d'un parasite. — La « Parade ». — Les cérémonies religieuses. — Les concerts des aveugles. — Ovations à Sarasate. — La Restauration et Martinez Campos. — L'Œuvre du grand Canovas. — Le règne d'Alphonse XII. — Un roi libéral et moderne. — Son mariage avec Marie-Christine d'Autriche. — Sa mort plonge l'Espagne dans la douleur et les angoisses de l'avenir.

Madrid, le 9 mai 1902.

Que vous êtes donc curieuse, ma chère cousine! Et me croyez-vous chez des Iroquois ou des peuplades barbares de l'Afrique, pour me venir faire dans vos si charmantes lettres une aussi fréquente question? La vie qu'on mène à Madrid? De quelle vie voulez-vous bien parler? De la mienne ou de celle de tout le monde? — La vie ordinaire, la vie de tous les jours, le train-train habituel des existences... Est-ce là ce qui vous intéresse? Mais on vit à Madrid, ma chère cousine, un peu comme partout dans les pays civilisés, on y vit selon ses moyens et ses goûts, un peu comme on veut et beaucou comme on peut.

Je suis un imbécile!... Je ne vous comprends pas : c'est bien possible Mais comment voulez-vous que je vous réponde? La vie d'un chacu n'est pas la vie du voisin. On ne peut rien généraliser sans commettr une erreur et, bien pis, une sottise. Tous ceux qui, de près ou de loin ont un rôle quelconque dans les fêtes du couronnement, soit comm spectateurs ou comme acteurs, comme invités ou comme organisateurs mènent en ce moment, je vous prie de le croire, la vie la plus agitée, l plus remplie et la plus fatigante qu'on puisse rêver! Et que sera-c dans deux ou trois jours, quand le grand moment sera arrivé, quand le trois coups auront annoncé la levée du rideau sur la représentation offi cielle?

Ce n'est donc pas notre vie actuelle que vous voulez connaître : c'es la vie qu'on mène ordinairement à Madrid, lorsqu'il n'y a ni fêtes ni illu minations, ni revues, ni expositions, ni concerts, ni arrivées de princes Eh! bien, mais cette vie-là, laissez-moi vous le dire tout franchement c'est une vie bien tranquille, bien réglée, qui a son charme ; mais il es impossible de croire que tout le monde la mène.

Voyez-vous, ma chère cousine, à Madrid comme à Paris, il y a toute sortes de gens : des ouvriers qui travaillent, des boutiquiers qui venden des marchandises, des domestiques et des cuisinières, des cochers d fiacre et des conducteurs d'automobiles. Et tous ces gens-là sont trè occupés... chacun à leur manière.

Vous riez! vous vous moquez de moi. La vie de ces gens-là, de ceu qui travaillent, qui courent, qui suent et qui gagnent leur pain quoti dien, cette vie-là est la même, dites-vous, dans presque tous les pay du monde. Ce que vous voulez connaître, c'est la vie des gens qui n font rien, des désœuvrés, des oisifs et... des amateurs de farniente. D ces gens-là, il y en a beaucoup à Madrid!

Vous voyez que nous arrivons à nous comprendre : le tout est d s'expliquer. Il est évident que Madrid est une ville exceptionnelle : ell a peu ou pas d'industries, beaucoup de fonctionnaires et d'employé budgétivores, la Cour, la noblesse, le gouvernement, les rentiers grand et petits, des banquiers et des... gens sans profession en assez grand quantité! C'est donc une ville de plaisirs et de luxe bien plus qu'un cité commerçante ou qu'une ruche industrielle.

Est-ce à dire que, parmi tous ceux que je viens de vous nommer, i n'y ait que des gens qui s'amusent ? Non, votre erreur serait grande de croire cela ; il y a, à Madrid, des gens riches et occupant de grandes situations qui travaillent beaucoup ; il y a aussi — par compensation — des employés qui fument des cigarettes et des huissiers de ministères qui dorment sur leurs fauteuils. Prétendre que tout le monde danse et chante à Madrid, parce qu'on aura vu, un matin, un *organillo* s'arrêter dans une rue pleine d'ombre et faire danser quelques fillettes et quelques gamins, ce serait aussi ridicule que de dire comme cet Anglais, qui avait rencontré une servante d'auberge rousse, que toutes les femmes de France sont rousses !

Il n'y a rien qui me fasse autant rire que les excellents voyageurs qui prétendent connaître un pays, une race en trois semaines, et qui, avec une méthode vraiment simpliciste, généralisent tous les détails qui les ont frappés par leur nouveauté ou leur étrangeté.

Moi, qui ai vécu à Madrid et qui, depuis dix ans, y passe une bonne partie de chaque année, je n'oserai, chère cousine, que vous indiquer quelques-unes des observations que j'ai recueillies sur la vie que peuvent mener les oisifs de Madrid, qu'ils soient millionnaires ou sans la moindre peseta.

La vie du clubman à Madrid est aussi banale qu'à Paris : il se lève tard, va chez son coiffeur, son tailleur ou son bottier, déjeune à son cercle, fait une petite partie, lit les journaux, bâille, va faire son tour en voiture au paséo de *Recoletos* et à la *Castellana*, quelquefois au Retiro, dîne en ville ou au Cercle, passe sa soirée dans les salons amis ou le plus souvent au théâtre, doit se montrer *obligatoirement* à un ou deux entr'actes du Théâtre-Royal quand il y a représentation, et enfin finit sa nuit au Cercle ou dans des établissements de nuit, avec des danseuses et des filles faciles.

Cela n'a rien de bien attrayant, n'est-ce pas, chère cousine ? Et les Parisiens sont blasés sur cette existence-là !

Les gens sérieux, les familles honnêtes de rentiers ou de fonctionnaires, vivent très simplement : peu ou pas de fêtes, pas beaucoup de dîners ni de soirées. On se couche tard et on se lève tard, mais on déjeune et dîne chez soi. Madame va toujours ou presque toujours à l'église ou le matin ou l'après-midi ; Monsieur lit ses journaux, va à ses affaires ou à son ministère ; on fait un petit tour dans Madrid ; à une heure, quelquefois deux heures, on déjeune chez soi. De trois à quatre heures repos pour les dames, partie de dominos au café pour Monsieur. A cinq heures, tout le monde sort et va se promener en grande toilette sur les Recoletos, la Castellana, dans la rue d'Alcala, et de six à sept heures *obligatoirement* dans la *Carrera San Jeronimo*, dans la partie qui va de la calle de *Sevilla* à la *Puerta del Sol*. Là on se bouscule, on avance à petits pas, on salue ses amis et connaissances, on dénigre la toilette des bonnes amies et on fait remarquer la sienne.

A huit heures on dîne, quand on ne va pas voir la première ou la deuxième *funcion* (représentation) d'un théâtre, c'est-à-dire assister à une *zarzuela* de huit heures et demie à neuf heures et demie, ou de neuf heures à demie à dix heures et demie. Ce sont les heures du bon public bourgeois. La troisième *funcion*, de dix heures et demie à onze heures et demie, est déjà plus mondaine, moins fréquentée par les familles ; quant à la quatrième pièce, on la donne de minuit à une heure, devant le public des viveurs, des gens très lancés, et les cocottes et les demi-mondaines s'y montrent surtout dans les loges.

Une famille bourgeoise à Madrid est généralement couchée à onze heures ou minuit. Quand on ne va pas au théâtre, il arrive souvent que des intimes viennent faire une petite *tertulia*, réunion sans la moindre cérémonie où l'on boit une tasse de thé et où l'on joue des parties de *trésillo*, jeu de cartes qui ressemble au whist.

En somme, une famille bourgeoise vit à Madrid aussi paisiblement que nos familles de province, ce qui est tout à l'éloge des mœurs castillanes.

La vie de Madrid semble, d'ailleurs, pleine de charmes surtout pour ce type de désœuvré, spécial à Madrid, qui vit au jour le jour d'un emploi problématique, de revenus incertains ou, pour mieux dire, de l'exploitation de ses contemporains sous le couvert de la charité ou en exerçant avec talent le métier de parasite. On les appelle à Madrid d'un joli nom : donneur de sablazo (*sablazo* veut dire coup de sabre). En espagnol, *donner un coup de sabre* à quelqu'un, c'est lui emprunter de l'argent : on donne des coups de sabre de 1,000 francs ou de un douro (5 francs), selon son rang et celui des personnes auxquelles on s'adresse. Au-dessous de deux pesetas, ce n'est plus un *sablazo* mais une *limosna*, c'est-à-dire une aumône. Celui qui cherche à vous donner un *sablazo* d'un douro finit souvent par vous demander une *limosnita*, ou petite aumône d'un réal (25 centimes).

Ces chevaliers du *sablazo* — il y en a dans toutes les classes de la société madrilène — sont d'aimables garçons la plupart du temps, qui, nobles ou gueux, prennent la vie du bon côté et cherchent à passer agréablement le temps... à ne rien faire. Ils connaissent mieux que personne toutes les distractions gratuites que Madrid peut offrir.

S'ils se lèvent de bonne heure, ils vont à la messe pour entendre chanter ou prêcher : ils savent les qualités de tous les organistes d'églises, apprécient les voix des chantres, le talent plus ou moins grand des prédicateurs. En outre, à l'église, ils voient de jolies femmes : les jeunes, ceux qui sont de bonne naissance, cherchent à faire naître une bonne fortune ou à se créer une *novia* de bonne famille. L'emploi de *novio* (fiancé) est très facile à tenir en Espagne, où toutes les jeunes filles qui se respectent ont un *novio* avec lequel les parents les laissent flirter *en tout bien tout honneur*, et qui, dès qu'il est admis dans la maison, en devient le commensal assidu, déjeunant et dînant chez sa fiancée.

Il y a des donneurs de *sablazos* qui à quarante ans se disent encore *étudiants* (?) et ont eu une douzaine ou une vingtaine de novias.

Les vieux *sabladores*, à l'église, trouvent le moyen de s'attirer les sympathies des dévots et des vieilles dévotes : on leur vient en aide et ils savent se recommander à la charité des bonnes âmes.

Après l'église, ou s'ils se sont levés trop tard, ils vont, vers dix heures du matin, au Palais-Royal ; là, sous les arcades de la place d'Armes, ils assistent tranquillement au spectacle quotidien mais toujours intéressant et plein de pompe guerrière de la *Parade*. Cette *Parade* n'est autre chose que la cérémonie de la relève de la Garde. En France, nous en avons perdu l'habitude, mais dans tous les autres pays d'Europe on l'a conservée... de chez nous.

A Madrid, cette cérémonie militaire est des plus curieuses : les jou. naux de la veille au soir vous indiquent toujours l'ordre du jour du lei demain matin. Vous les consultez et vous apprenez que, le 8 mai pa exemple, la Parade sera exécutée par des détachements du régiment de Asturies, que le chef de parade sera le commandant du régiment de l Reine, Don Léopoldo Torrès ; que le chef de l'*Imaginaire* (on appel ainsi celui qui commande des détachements qui ne figurent pas en réalit sera le commandant du régiment de Vad-Ras, Don Lucio Riaza ; que Garde du Palais-Royal sera fournie par le régiment des Asturies, par 4e batterie du 2e d'artillerie montée et par vingt-deux chevaux du rég ment des hussards de Pavie ; le commandant du jour sera le lieutenan colonel du régiment de San Fernando, Don Ignacio Arco ; l'*imaginai* sera le lieutenant-colonel des hussards de la Princesse, Don Jo Zabalza.

La cérémonie, qui a lieu de dix à onze heures du matin, peut résumer en quelques mots : les détachements formant la Garde, q est là depuis la veille, s'en retournent dans leurs casernes respective les détachements formant la Garde du jour viennent prendre possessic de leur poste. La Garde descendante et la Garde montante, ayant ch cune leurs musiques et leurs drapeaux, se saluent et, tandis que les dét chements qui vont s'en aller sont rangés en bataille et présentent l armes sur la place d'Armes, les détachements qui arrivent font, par grande grille qui est en face du Palais, une entrée pompeuse au son de Marche Royale jouée par leurs musiques. Cette *Marche royale,* lente grave, compassée, et d'un rythme semblable à celui de la *Marche d Rois Mages,* convient admirablement à cette cérémonie ; les sold font deux pas par minute, avec un mouvement du corps et des jamb cadencé : les chefs et les porte-drapeaux saluent le Palais-Royal, souvent le Roi apparaît au balcon, et se font ensuite des saluts solenn réglés par une étiquette immuable. Avant de terminer la Parade, chefs se donnent les mots de passe et les troupes qui avancent s'arrête à plusieurs reprises pour porter les armes, au Palais ou au Roi, aux d peaux des détachements qui vont partir, aux chefs, puis à leurs cam rades. Enfin une suspension ou un repos a lieu pour permettre aux m siques des régiments d'infanterie, installées l'une à droite et l'aut à gauche devant la façade du Palais, de jouer quelques-uns des pl brillants morceaux de leur répertoire.

Cette partie de concert terminée, les troupes se saluent une derni fois aux sons de la Marche Royale, puis les détachements sortants s'en vont, tambours, clairons et musique en tête, à travers les rues de Madrid rejoindre leurs casernes, tandis que les autres se rendent aux différents postes qui leur ont été assignés autour du Palais et de la place d'Armes.

Sous l'éblouissante clarté du soleil, sous ce ciel d'un bleu d'azur où se profile toute blanche l'imposante façade du Palais-Royal, sur cette immense place d'Armes au sable d'or, cette Parade, pompeuse et grave, qui semble évoquer tout le passé des splendeurs de la monarchie espagnole, offre aux regards d'un public toujours nombreux un spectacle qu'on ne se lasse jamais d'admirer et dont on ne perçoit pas la monotonie.

S. M. la Reine-régente en 1886.
Phot. Calvet.

Après le déjeuner, qu'il va chercher où il peut, notre brave *sablador* peut aller se reposer sous les ombrages du *Retiro* ou sur les bancs des *paséos des Recoletos* et de la *Castellana*, ou encore il peut pousser sa promenade jusqu'à *San Antonio de la Florida*, sous les arbres et les gais ombrages de la *Bombilla*, où il trouvera toujours des *organillos* pour lui déchirer le tympan avec des *jotas*, des *boléros*, voire même des valses et des polkas.

Je ne parle pas des Musées, bien qu'ils soient si nombreux et si beaux à Madrid, car il faut payer pour y entrer 50 centimes et nos *sabladores* ne sont pas gens à payer un centime. Il est d'ailleurs étrange de constater que les Madrilènes ne vont jamais visiter leurs Musées, imitant en cela beaucoup de Parisiens. Le *Musée de peinture du Prado,* qui est la plus riche et la plus admirable *collection* du monde entier, n'est fréquenté que par des étrangers ou des artistes; il est rare d'y voir un Espagnol amateur. Moi, j'en raffole, et je voudrais bien, ma chère cousine, pouvoir vous en parler longuement. Mais il faut remettre cela à d'autres moments, car c'est un livre qu'il faut consacrer au *Musée du Prado*... ou bien il vaut mieux n'en rien dire.

Le *Musée de l'Académie de San Fernando* (rue d'Alcala) renferme des toiles merveilleuses de Goya, de Murillo, de Mengs, de Zurbaran, etc.; je ne veux pas davantage vous en parler. Les musées de peinture moderne et archéologique sont des plus intéressants. Mais ce n'est point le lieu de parler des musées !

Notre parasite n'est généralement pas capable d'apprécier les consolations et les joies qu'un érudit ou un artiste trouve dans les musées et il aime mieux d'autres distractions.

S'il rencontre un ami, et s'il peut se faire payer un café, il va passer son après-midi dans un de ces établissements si nombreux à Madrid : là on lui verse une tasse de café, plus la moitié d'un grand verre, et il se fait remplir le verre avec du lait ; dans un autre verre immense, on lui met trois doigts d'un liquide alcoolique qu'on baptise rhum ou cognac et qui s'appelle à Paris du *tord-boyaux*. Si son ami est généreux, il lui paiera en outre une *media tostada*, c'est-à-dire un pain de deux sous fendu en deux et beurré, puis passé sur le gril. Tout cela ne coûte que 60 centimes.

En buvant d'abord son café au lait, et en mangeant son pain beurré et grillé, notre homme passe une bonne demi-heure ; ensuite il boit sa tasse de café, puis il se fait un brûlot avec du sucre qu'il arrose de son *alcool* dans une soucoupe, puis enfin il met du sucre et de l'eau dans le verre où il reste du soi-disant rhum, et il trouve ainsi le moyen de boire et de reboire toute l'après-midi, en causant politique, femmes, toros, théâtres, etc.

Vers les cinq heures, il consulte les journaux et choisit l'église où il va aller entendre les chants du mois de Marie. A l'église cathédrale, il y a la neuvaine de San Isidro ; là on exécute une musique de premier ordre et les chœurs sont dignes des maîtrises de Saint-Sulpice et de Rome.

A Santiago, neuvaine de N. S. de la Salud ; il y a un prédicateur éminent, Don Miguel Barragan.

Les journaux, à la suite de la liste des théâtres et spectacles, donnent la liste des églises, avec les cérémonies, messes, chants, et les noms des prédicateurs. Je traduis l'annonce ci-dessous textuellement dans l'*Imparcial* :

« La paroisse de Santa Cruz est toutes les après-midi très courue par les fidèles ; on y continue la solennelle neuvaine de la Vierge de *los Desamparados* (Abandonnés), sainte patronne des gens de Valence ; les *senores* Calpena et Caminals, le premier pour ses très éloquents sermons et le second pour les belles œuvres musicales qu'il fait exécuter tous les jours sous sa direction, sont très félicités par tout le monde.

« Le dimanche 11 mai aura lieu la *funcion* principale, où l'on chantera la grandiose messe de *Pontifices* avec le concours des artistes du Théâtre-Royal et de la Société des Concerts, et samedi à sept heures du soir, après la clôture de la Neuvaine, on interprétera le solennel *Salve* du maëstro allemand Sigismond Neukomm, la *Litania*, œuvre posthume du maëstro Eslava. Le Maître de Chapelle, Don Julian Caminals, si renommé dans les églises de Madrid, démontrera une fois de plus ses talents d'organisateur et de directeur de Concert. »

Si je tiens à signaler ce procédé peu banal pour attirer du monde dans les églises, ce n'est, certes, pas pour le blâmer ; si la véritable dévotion n'a point besoin de musique et de cérémonies pompeuses pour prier Dieu, les chants et les concerts sacrés des églises espagnoles ne sont pourtant pas de vaines distractions offertes aux fidèles ou aux désœuvrés. Ce sont des façons de louer le Seigneur et de rapprocher les esprits des hommes des sublimes sujets que l'Église catholique offre à leur méditation et à leur amour, et, quels que soient les moyens, le but est toujours admirable et sacré.

Sans doute, les désœuvrés, les *sabladores*, les gens qui ne font rien, peuvent en profiter, mais qui oserait dire que les heures passées dans les églises, à écouter des chants religieux, à entendre des paroles inspirées par les plus nobles sentiments, soient pour eux du temps perdu ou du temps mal employé ? Ils peuvent trouver un jour dans ces églises le dégoût de leur propre existence et le courage de se créer une vie de travail et d'honnêteté. Ils pourraient faire plus mal en tous cas que d'aller entendre la musique si belle et si consolante d'Eslava !

La nuit venue, les gens qui n'ont rien à faire trouvent à se distraire avec les *Concerts des aveugles*, qui, par bandes de cinq ou six, vont par les rues et à tous les carrefours, exécutent des morceaux d'opéra ou d'opérette, et souvent avec beaucoup de goût et de talent.

Puis, par les belles nuits d'été, les promenades du Prado sont aussi fréquentées que dans le jour ; il est doux d'aller à la clarté blafarde de la lune et des lampes électriques respirer un peu d'air frais et pur sous les grands arbres agités par la brise. On se délasse de la chaleur du jour, on trouve toujours à écouter quelques chanteurs ou quelques musiques. Et ceux qui ne font jamais rien sont surtout ceux qui ont le plus besoin de se reposer et de reprendre des forces dans l'atmosphère tiède des nuits d'été.

Quand ils n'ont pas d'autre distraction, les désœuvrés de Madrid parlent politique, et, dans la rue d'Alcala et sur la Puerta del Sol, on peut les voir par groupes, jusqu'à quatre heures du matin, faire et défaire les Cabinets, donner des leçons de libéralisme à Sagasta et des conseils à Silvela, brouiller la République de Venise avec le grand Turc et dire du mal de l'Angleterre.

Il leur reste encore une suprême ressource, s'ils ne savent où aller coucher, c'est de manifester devant le *Ministère de la Gobernacion* en criant n'importe quoi : il y a toujours là des *gardes civils* et des agents de police pour les mener passer la nuit au *violon*, et, avantage très grand qu'ils ont sur les gens de Paris, on ne les passe jamais à tabac s'ils sont dociles, et ils ne font avec les agents assaut que de courtoisie castillane !

Madrid, 10 mai 1902.

Sarasate a donné hier un concert au Théâtre-Royal : ce n'est plus du succès qu'obtient le grand violoniste, ce sont des ovations qui touchent au délire. On connaît trop cet homme célèbre, artiste vraiment admirable, fils de Pampelune dont il est la gloire, pour qu'il soit utile d'en parler beaucoup. Il devient vieux et compte se retirer du monde : voilà la seule chose qui est regrettable, car il porte allègrement les années.

Le 29 décembre 1874 compte parmi les dates les plus mémorables de l'histoire d'Espagne : ce jour-là, un général fameux, rentrant dans la vie politique, se présentait devant les troupes de la brigade du général Daban, rangées en bataille à Sagonte, dans la province de Valencia, et proclamait Alphonse XII roi d'Espagne, aux acclamations des chefs et des soldats. La Restauration, préparée de longue main par Antonio Canovas del Castillo, allait triompher grâce au capitaine-général Martinez Campos.

S. M. Alphonse XII.

Le 30 décembre, le Cabinet de Madrid, incapable de résister à la force de l'opinion populaire qui réclamait la fin de la guerre civile, abandonnait le pouvoir ; son président, le duc de La Torre, qui commandait l'armée du Nord, faisait accepter le nouveau roi par ses troupes ; l'armée du Centre, commandée par le général Jovellar, acclamait Alphonse XII ; un nouveau Cabinet, constitué par Canovas del Castillo, qui avait reçu les pouvoirs du Roi depuis plus d'un an, proclamait officiellement la restauration de la monarchie des Bourbons.

Alphonse XII était tout jeune : de taille moyenne, mais bien constitué, élégant, svelte, tout indiquait chez lui la vigueur, l'énergie et l'intelligence. Né en 1857, le 28 novembre, au Palais-Royal de Madrid, il avait été emmené en exil par son auguste mère la reine Isabelle II, quand elle dut quitter l'Espagne, après la révolution de septembre : il resta sous la garde de sa mère et de sa grand'-mère jusqu'à sa majorité, ainsi que la reine Isabelle II l'avait stipulé formellement dans l'acte d'abdication qu'elle signa en sa faveur, en 1870.

Admirablement élevé, il obtint d'aller terminer ses études au Collège Thérésien de Vienne, accompagné de son professeur le comte de Morphy, qui fut plus tard son secrétaire particulier, et confié à la garde du duc de Sexto. De Vienne il alla, pour se perfectionner dans l'anglais, à York-Town, et c'est de là qu'en 1874, il lança un manifeste admirablement rédigé par Canovas, qui fut son premier acte politique et qui lui concilia tous les bons esprits, tous les amis de l'ordre public, qui lui rallia la grande majorité des Espagnols fatigués des guerres civiles, las de l'anarchie gouvernementale, désireux à tout prix d'en finir avec les Carlistes et avec toutes les causes des malheurs et des souffrances qui épuisaient la Péninsule.

Dès que les nouvelles des événements d'Espagne parvinrent au Palais Basilewski (depuis lors Palais de Castille) qu'habitaient la reine Isabelle II et son auguste fils, Alphonse XII fit ses préparatifs de départ.

Le 6 janvier 1875, il quittait Paris avec sa sœur aînée l'infante Isabelle, alors princesse des Asturies, salué par le général de Geslin, commandant de la place de Paris, au nom du maréchal de Mac-Mahon, Président de la République ; à Marseille, reçu avec les honneurs militaires par le général, le préfet et le maire, il s'embarqua, au bruit des salves d'artillerie, sur la frégate de guerre espagnole *Navas de Tolosa*.

A Barcelone, un accueil enthousiaste l'attendait : ses premiers mots et ses premiers actes sur la terre espagnole furent heureux ; il serra la main d'un délégué ouvrier, il porta un toast à la Catalogne et à la prospérité du pays ; il fut simple, avenant, et gagna toutes les sympathies.

A Valence, où il arriva, le 10 janvier, dans le port de *El Grao*, il est reçu par les acclamations du peuple, et il va déposer aux pieds de la Vierge de los Desamparados (Abandonnés), son bâton de maréchal en disant : « L'offrande est de peu de prix, parce qu'elle est d'un pauvre émigré ; mais que l'excuse la foi avec laquelle le roi l'offre à la Vierge. »

Enfin, le 14 janvier, c'est Madrid tout entier qui lui fait des ovations et lui jette des fleurs : son allure fière, mais sans raideur, sa jeunesse souriante, son abord séduisant et affable, lui ont conquis tout de suite les cœurs des Madrilènes.

« Je veux que mon fils soit appelé par la nation entière, avait dit la reine Isabelle, qu'il soit un roi espagnol et le roi de tous les Espagnols. » Alphonse XII allait réaliser son désir.

Son premier ministère fut composé par le grand homme d'État qui fut son conseiller toujours écouté, par Antonio Canovas del Castillo (1) : il est bon de donner les noms des premiers ministres de la Restauration. Don Alexandre de Castro eut le ministère de Estado (Affaires étrangères) ; Don Francisco de Cardenas, celui de Gracia y Justicia ; le général Don Joaquin Jovellar, la Guerre ; Don Pedro Salaverria, les Finances ; Don Mariano Roca de Togores, marquis de Molins, la Marine ; Don Manuel de Oravio, le Fomento (Travaux Publics) ; Don Adelardo Lopez de Ayala, les Colonies ; et enfin, Don Francis Romero Robledo, la Gobernacion (Intérieur). Tous sont morts ; seul le dernier, Romero Robledo, républicain converti par Canovas, vit encore et prononce de remarquables discours aux Cortès : nous sommes heureux de le saluer en passant et de lui souhaiter de continuer longtemps à défendre brillamment cette monarchie qu'il a vaillamment contribué à établir et qu'il aime sincèrement.

Mais Alphonse XII, à peine eut-il régularisé la situation à Madrid, n'eut plus qu'un désir : terminer au plus tôt la guerre carliste et la guerre de Cuba. Il se rend à l'armée du Nord et la passe en revue, il réunit un conseil de généraux à Péralta et y fait adopter des mesures énergiques, étant partisan de l'action rapide ; il se met sans cesse à la tête des troupes, malgré les prières des officiers qui craignent pour sa vie, et il prend part brillamment à plusieurs escarmouches, entre autres celle de Monte Esquinza. Sa conduite, si pleine de courage et d'ardeur, le rend populaire dans son armée, et les soldats commencent à l'aimer.

Je ne veux pas entrer dans les détails, mais peut-on passer sous silence la visite émouvante qu'il fit, en mars 1875, au vieux et malade général Espartero, retiré à Logrono ? Il voulut à toutes forces aller le voir chez lui, il le prit dans ses bras et l'embrassa, le forçant à rester assis devant lui debout ; et, si touché fut le brave soldat de ces marques de vénération, qu'il voulut en pleurant placer lui-même sur la poitrine d'Alphonse XII le grand cordon et la plaque de l'Ordre de Saint-Ferdinand, le plus rare des ordres militaires. La voix de toute l'armée avait déjà déclaré le roi digne de cette haute distinction gagnée sur le champ de bataille, et ce fut avec acclamations qu'on reçut la nouvelle de l'entrevue du roi avec Espartero.

Combattus avec vigueur, les Carlistes durent se retirer de plus en

(1) Voir au sujet de Canovas le livre : *L'Espagne en 1897*, un beau volume de 300 pages avec sept gravures hors texte. H. Le Soudier, éditeur, 174, boulevard Saint-Germain, Paris.

plus vers la frontière française; des élections générales envoyèrent à Madrid de nouveaux députés et, le 15 février 1876, les Cortès furent ouvertes avec la solennité d'usage. La guerre carliste touchait à sa fin. Le général Primo de Rivera enlevait le 30 janvier la redoute de Santa Barbara d'Osteiza et, le 18 février, la redoute de Montejurra; le 19 février, il entrait dans Estella, qu'on croyait le boulevard imprenable des Carlistes.

Martinez Campos, le même jour, prenait le camp retranché de Peña-Plata et la ville de Véra; le général Quesada, après le vif combat d'Elgueta, entrait à Durango et Vergara.

Tolosa voyait les troupes espagnoles faire leur jonction dans ses murs; Alphonse XII passait l'armée en revue sur la route de Saint-Sébastien, tandis que Don Carlos, vaincu et traqué de tous côtés, était obligé de se rendre en France par le pont d'Améguy, suivi de ses soldats qui brisaient leurs armes plutôt que de les livrer à la gendarmerie française. Treize mille Carlistes vinrent se réfugier en France.

Le 13 mars, le manifeste de Somorrostro détruisait les *fueros* des provinces basques : la guerre civile était éteinte.

L'armée du Nord revenait à Madrid et, le 20 mars 1876, Alphonse XII faisait une entrée triomphale dans sa capitale, à la tête des braves soldats qui venaient de se couvrir de gloire. Dire les ovations, l'enthousiasme de ce peuple madrilène si heureux de recouvrer la paix, serait impossible; les survivants de ces fêtes n'en parlent pas sans émotion.

Le 30 juin 1876, Alphonse XII sanctionna la Constitution.

On peut dire qu'ensuite il ne cessa de s'occuper d'œuvres utiles et fi tous ses efforts pour réveiller en Espagne les arts et l'industrie, augmenter le commerce et développer l'agriculture.

Il inaugure des chemins de fer, des Expositions, des écoles, il construi la Prison-Modèle, il parcourt son royaume, visite les côtes sur sa flotte et se fait aimer de plus en plus de ses sujets.

En 1878, le 22 janvier, toute l'Espagne fut en fête : on célébra dans la Basilique de N. S. de Atocha, à Madrid, le mariage du Roi avec sa cousine Dona Maria de Las Mercédès, fille du duc et de la duchesse de Montpensier. La jeune épouse était ravissante de beauté son union avec Alphonse XII consacrait la réconciliation du duc de Montpensier avec la reine Isabelle II; l'allégresse était universelle, et

Le Palais Royal de San Ildefonso (La Granja).

tout semblait prédire le plus parfait bonheur à Maria de Las Mercédès. Gloire, fortune, tous les biens de la terre, toutes les douceurs de l'amour, toutes les délices de la vie, elle semblait posséder tout ce qu'on peut rêver et toucher au comble de la félicité terrestre... Cette félicité devait durer cinq mois!

Le 12 juin, elle inaugurait le pavillon de la *Féria* de Madrid ; le 26 juin, elle était morte ! Une fièvre ataxique l'enlevait à l'amour de son époux et de sa famille. On conçoit la désolation que jeta une aussi triste nouvelle dans toute l'Espagne : la douleur fut grande partout, même à l'étranger, en France surtout, où tout ce qui touche à l'Espagne est si vivement ressenti. Ce fut un coup terrible pour Alphonse XII...

Mais il était jeune, il se devait au gouvernement de son peuple ; les mille soucis de son trône l'absorbèrent et le distrairent : il passa des revues, il visita des provinces. Il vit se terminer la guerre de Cuba, qui lui causait tant de chagrin ; il essuya, en rentrant de la revue d'Alava à Madrid, le 25 octobre 1878, un coup de revolver d'un misérable nommé Oliva Moncasi, qui ne l'atteignit pas... Il courut au secours des inondés de Murcie et leur apporta des dons généreux et toutes les consolations et les encouragements qu'il put personnellement leur donner.

Marie-Christine en 1877.

On voulait le remarier ; on lui proposait de tous côtés des filles de rois et d'empereurs ; sa dignité suprême et le bonheur de son peuple exigeaient qu'il se remariât. Alors il pensa à une toute jeune, toute simple, tout exquise princesse qu'il avait connue autrefois et qui ne lui était pas indifférente ; un souvenir bien doux du temps où il étudiait à Vienne chanta dans sa mémoire.

Il prit le train, avec son ministre de Estado du moment, le duc de Tétuan, et il se rendit à Arcachon, vers le milieu de 1877, pour y rendre visite à l'archiduchesse Isabelle d'Autriche et à sa fille Marie-Christine de Habsbourg.

Elle avait un an de moins que lui, elle était charmante et... tous les tendres sentiments qu'il avait jadis conçus pour elle assaillirent son cœur avec plus de force que jamais. Il aima de nouveau, il se sentit aimé... et il demanda la main de la princesse Marie-Christine.

Dès son retour à La Granja, il réunit le Conseil des ministres, fit accepter son projet et annoncer officiellement les fiançailles. On obtint du Pape les dispenses nécessaires à cause des liens de parenté qui l'unissaient déjà à sa fiancée qui, de son côté, dut faire renonciation de ses droits à la couronne d'Autriche. Les Cortès approuvèrent le mariage et la cérémonie nuptiale eut lieu en grande pompe le 29 novembre 1879, à la Basilique de N. S. de Atocha; la reine Isabelle II assista au mariage de son fils avec cette princesse qu'elle aimait tout particulièrement. Le cardinal Benavidès, patriarche des Indes, officia et bénit cette union qui devait être heureuse. L'archiduc Rénier et l'archiduchesse Marie-Caroline servirent de parrains à la reine Marie-Christine.

La Reine en 1878.

Le peuple de Madrid fit l'accueil le plus flatteur à la nouvelle reine, et ce fut au milieu des acclamations que les époux royaux retournèrent au Palais-Royal.

Quelques jours après, un autre misérable du nom d'Otéro tira deux coups de feu sur Leurs Majestés au retour d'une promenade, heureusement sans les toucher : il n'en fallait pas plus pour rendre les souverains encore plus chers à leurs sujets !

Le 11 septembre 1880, naquit la princesse des Asturies, Maria de Las Mercédès. Deux ans après, le 11 novembre 1882, la reine Marie-Christine mit au monde une seconde fille, l'infante Marie-Thérèse. Mais l'enfant tant désiré, le fils héritier de la couronne, ne venait pas.....

Entre temps, Alphonse XII faisait face à beaucoup d'événements;

après l'insurrection militaire de Badajoz, il fit un voyage à Valence, à Barcelone et en Aragon. Puis il se rendit en Allemagne, ce qui lui valut une réception plutôt hostile à son passage à Paris... Il sut aplanir lui-même des difficultés extrêmes par son tact et son esprit, et, s'il y eut des fautes commises, elles ne le furent pas par lui personnellement, mais par des conseillers maladroits.

La Reine-régente en 1880.
Phot. Debas.

Les tremblements de terre d'Andalousie mirent de nouveau sa charité à contribution et il paya de sa personne en allant assister les populations éprouvées.

En 1885, une épidémie de choléra des plus violentes ravagea l'Espagne... le mal sévissait avec force à Aranjuez, et les ministres et les personnages de la Cour cherchaient à détourner les idées du Roi, qui considérait comme son devoir d'aller visiter et consoler les victimes de l'épidémie. On ne pourrait blâmer les ministres de cette sollicitude, car Alphonse XII était déjà malade depuis quelques mois d'une maladie qui le minait et qui devait, hélas! l'emporter dans la tombe.

Mais, un beau jour, sans prévenir personne, sans avoir manifesté son désir à son Conseil des ministres, le Roi fait seller son cheval et, accompagné d'un seul aide de camp, il court à Aranjuez.

Il arrive, se rend à l'hôpital et passe plusieurs heures à consoler les cholériques, à leur donner des secours; il va visiter les maisons particulières, apportant à tous un mot ému, une phrase de compassion et tout l'argent qu'il avait pu prendre sur lui.

Lorsqu'il revint à Madrid, le peuple l'attendait aux abords de la ville et du Palais Royal, et il fut l'objet d'une des plus chaleureuses et plus spontanées ovations qu'un roi puisse rêver !

Ce n'était cependant pas sans raison que ses ministres firent grise mine à cette prouesse. Le roi était bien malade...

Dès le mois de septembre, il apparut aux yeux de ceux qui l'approchaient qu'il ne pourrait vivre longtemps. Trop d'inclination aux plaisirs et pas assez de modération ni de règle dans sa vie l'avaient prédisposé au mal qui l'épuisait.

Il s'était retiré dans son palais du *Pardo*, ancien rendez-vous de chasse, situé à quelques kilomètres de Madrid, au milieu de forêts très épaisses et très fraîches qui s'étendent sur plus de vingt kilomètres.

S. M. la Reine-régente en 1902.

C'est là, dans ce palais écarté, qu'il s'éteignit, après de terribles souffrances, entre les bras de la reine Marie-Christine, qui avec un dévouement admirable ne quitta pas une minute le lit de son mari.

Le 25 novembre 1885, Alphonse XII rendit son âme à Dieu : il n'avait que vingt-huit ans et la vie semblait s'ouvrir si belle devant lui !

Tout un peuple, anxieux, frémissait dans l'attente des nouvelles : sa mort fit l'effet d'un coup de foudre... et, le premier moment de stupeur passé, l'Espagne pleura, pleura longtemps. La masse du vulgaire regrettait l'homme, le prince si bien doué, le cavalier charmant et hardi, toujours prêt à donner l'exemple, aux qualités si nobles, à l'âme si bellement espagnole !...

Mais les politiques, les ministres, tous ceux qui pensaient, qui jugeaient et qui savaient... ceux-là déploraient la mort du roi qui avait tant fait pour l'Espagne, du restaurateur de la paix et de la prospérité, et ils tremblaient aussi en face de l'avenir.

Les nuages, que l'avènement d'Alphonse XII avait chassés de

l'horizon de l'Espagne, semblaient s'amonceler plus gros et plus noirs plus chargés de tempêtes et d'orages que jamais!

Alphonse XII ne laissait que deux filles en bas âge et pas d'héritier la Reine, si bonne et si sérieuse, mais si jeune, était enceinte...

Elle allait être régente! Serait-ce une nouvelle régence de Doña Cristina? Angoissant problème!...

Heureusement pour l'Espagne et pour la monarchie que le grand Canovas del Castillo était là : il alla trouver la reine et lui demanda d'appeler au pouvoir le parti libéral et Don Praxédès Sagasta, indiquant nettement ainsi que le nouveau régime devait s'ouvrir sous les auspices des idées de liberté et de justice!

Armes impériales d'Autriche.

Blason comtal de Tyrol.

CHAPITRE VIII

Les préparatifs des fêtes. — Les trains de plaisirs. — Arrivée de S. A. I. l'archiduc Charles-Étienne. — La naissance d'Alphonse XIII. — Un mot de Canovas. — Le récit d'un témoin. — Le gage de la paix publique. — Un roi de seize ans. — Mésaventure d'un paysan naïf. — Police et mœurs espagnoles. — Une régence modèle. — Dangers et embûches. — La guerre avec les États-Unis. — Admirable attitude de la Reine-régente. — La force prime le droit. — Sacrifices héroïques de l'Espagne. — L'Honneur est sauf !

Madrid, 11 mai 1902.

Les préparatifs des illuminations et des décorations des rues augmentent et deviennent chaque jour plus considérables. L'arc de triomphe de la rue *del Carmen*, celui de la *calle Mayor*, se revêtent de leurs toiles peintes; les rues *del Principe*, *Carrera San Jeronimo* et *Arenal* vont avoir des poteaux décoratifs reliés par des guirlandes de feuillages et de fleurs. Dans la partie de la *Carrera* située entre la rue de *Séville* et la *Puerta del Sol*, ces poteaux ont la prétention de figurer des palmiers : c'est beaucoup de prétention !

La *Gazette* publie l'avis officiel suivant : « Le 15 courant devant commencer les fêtes de la majorité de S. M. le Roi (Q. D. G.) en son nom royal S. M. la Reine-régente du royaume a daigné disposer que le deuil porté en ce moment par la Cour à cause de la mort de S. M. le Roi Don François d'Assise (Q. S. G. H.) reste suspendu du 15 au 17 mai, où S. M. le Roi décidera par lui-même ce qu'il jugera opportun. »

Les invitations aux fêtes du Palais-Royal lancées avant le 17 mai sont rédigées au nom de S. M. le Roi par S. M. la Reine-régente et signées par le Mayordomo-Mayor de S. M. la Reine-régente ; celles qui seront lancées après le 17 mai, par exemple pour la Garden-Party du *Campo del Moro*, sont rédigées au nom de S. M. le Roi et signées par le Mayordomo-Mayor de S. M. le Roi.

Ce sont des détails d'étiquette curieux à enregistrer. Le Roi ne devient *effectivement* le roi qu'après le serment solennel du 17 mai ; jusqu'à la minute du serment, il est sous la tutelle de sa mère la Reine, qui est régente.

Le 17 mai, après le serment, la reine Marie-Christine perd le titre de régente pour prendre celui de reine-mère.

Aujourd'hui les trains de plaisir commencent à nous débarquer des provinciaux en masse : par la gare du Nord il en arrive 4,126, et par celle du Midi 3,500. Pour demain on en annonce plus de 12,000, et les jours suivants ce sera encore pire ! Plaignons les pauvres Madrilènes qui vont héberger leurs parents ou amis de province ! Plaignons aussi les malheureux touristes qu'on va exploiter de toutes les manières !

Par le Sud-Express de cette après-midi est arrivé à Madrid S. A. I. et R. l'archiduc Charles-Étienne d'Autriche, frère de S. M. la reine Marie-Christine, et chargé de représenter l'empereur François-Joseph à la cérémonie du couronnement d'Alphonse XIII.

Le prince, que tous les journaux d'ici (sauf la *Epoca*) appellent le prince Eugène (?), a été reçu à la gare du Nord, en grande pompe, par le prince des Asturies, le duc d'Almodóvar del Rio, ministre des Affaires étrangères, le général Weyler, ministre de la Guerre, le comte Dubsky, ambassadeur d'Autriche, avec tout le haut personnel du Palais-Royal et de l'ambassade.

L'archiduc et sa suite ont été conduits au Palais-Royal, où, dans le grand escalier, le Roi et la Reine-régente l'attendaient et lui ont fait un accueil chaleureux, tandis que la musique des hallebardiers jouait l'hymne autrichien. L'archiduc et sa suite sont logés au Palais-Royal, et, dès ce soir, le royal *Alcazar,* comme disent les Espagnols, va prendre un air de fête.

Des troupes étaient placées sur tout le parcours, et les Madrilènes sont ravis de tout l'appareil militaire et royal qu'on leur fait admirer chaque jour depuis le commencement du mois.

Alphonse XIII a seize ans. Roi de nom depuis sa naissance, il le sera de fait dans quelques jours.

Il est né après la mort de son père, au milieu du deuil de la Cour; il atteint sa majorité après la mort de son grand-père, au milieu d'un nouveau deuil. Étrange coïncidence!

Sa proclamation, sa prestation de serment devant les Cortès du royaume, en présence des représentants et ambassadeurs extraordinaires de toutes les puissances, vont donner lieu à de grandes fêtes officielles et populaires qui mettent en liesse toute la Péninsule.

Il a été longtemps *l'enfant-roi,* le chérubin aux cheveux bouclés, pour lequel battaient tous les cœurs des mères. Il a grandi sous les regards attentifs de son auguste mère, tendrement couvé par son amour, sauvé des maladies par ses soins incessants.

Adolescent, encore frêle, mais déjà plein de sève, poussant vigoureusement comme l'arbrisseau fragile qui trouve dans la bonne terre nourricière les éléments de vie et de force et qui, faisant craquer chaque année son écorce, se dresse et s'allonge, et devient un arbre, tel nous l'avons vu croître et se transformer, se muer d'enfant en jeune homme, joli garçon mince et svelte, aux traits fins, vivant portrait de son père, dont il a le regard assuré et l'air enjoué.

Que d'inquiétudes son enfance n'a-t-elle point données à son auguste mère? Que de veilles, que d'anxiétés ses maladies n'ont-elles point causées?

Il a été l'enfant du miracle, l'enfant tant attendu, tant désiré, le bébé rêvé, la personnification de tous les espoirs, de toutes les affection d'une mère, de tout un peuple qui voyait, qui voit en lui le gage de la paix publique, l'héritier de la grande famille des Bourbons d'Espagne le soutien des libertés publiques et des lois constitutionnelles !

Après tant de guerres civiles, tant de sang versé, son père fut considéré comme le pacificateur, comme le bienfaiteur du pays ; l'Espagne épuisée, lasse de batailles stériles, désireuse de travailler en paix, de refaire ses forces, ses richesses, d'exploiter ses ressources, s'était donnée tout entière à Alphonse XII, comme une amante à son amant, avec transport et avec ivresse, dans un baiser voluptueux.

Alphonse XII mort si brusquement, ce fut un moment sinistre ; le cœur de toute l'Espagne fut serré par une angoisse inexprimable. Allait on revoir les compétitions au trône, les guerres, les *pronunciamientos* toutes ces douloureuses complications politiques que la nation venai de traverser et qui lui avaient coûté des flots de sang et des monceaux d'or ?

Si Alphonse XII avait laissé un héritier ?... Ce fut un cri unanime au milieu des larmes. Un héritier !... c'est-à-dire la succession au trône assurée par un mâle, sans contestation possible, la succession pacifique assurant la tranquillité publique, la jouissance des garanties constitutionnelles !

Les mois qui suivirent la mort d'Alphonse XII et la naissance d'Alphonse XIII furent des mois d'attente fiévreuse et de sombre tristesse On savait la Reine-régente enceinte : elle avait déjà mis au monde deux filles. Donnerait-elle un roi à l'Espagne ?

— « Ces cinq mois m'ont fait vieillir de dix ans, me disait un jour le grand Canovas del Castillo. Je n'osais espérer, je ne voulais pas désespérer ; j'éprouvais le serrement de cœur du joueur qui tente un coup d'importance capitale et qui est à la merci du sort aveugle. Une déception m'aurait tué... Mais la Providence veillait sur l'Espagne Alphonse XIII nous est né ! »

Ce ne fut pourtant pas Canovas del Castillo qui reçut les premiers vagissements du Roi, officiellement tout au moins ; ce fut Don Praxédès Matéo Sagasta. Le Président du Conseil des ministres actuel, qui va assister au Serment du Roi majeur, était président du Conseil, lorsque le Roi vint au monde.

Il ne sera pas sans intérêt de rappeler en quelques mots la scène touchante de la naissance du Roi, telle qu'elle m'a été contée par un des plus hauts personnages qui en furent les témoins.

— « Le 17 mai 1886, dès dix heures du matin, on vint me prévenir que S. M. la Reine-régente se sentait prise des douleurs; elle avait abso-

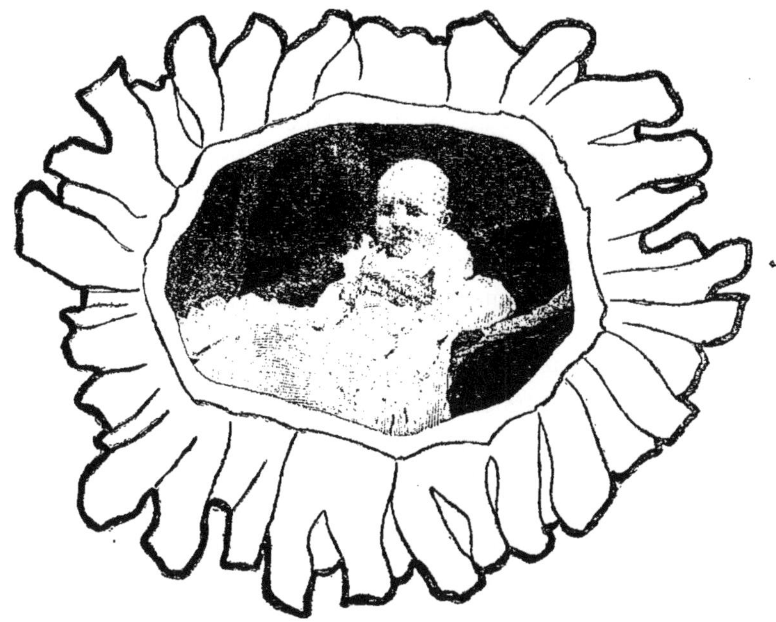

Alphonse XIII dans son berceau, en 1886.

Phot. Castellanos.

lument voulu aller, le 14 mai, visiter et secourir les familles des victimes du cyclone qui avait désolé une partie de Madrid, et le Dr Riedel, son médecin et secrétaire particulier, déclarait que les émotions ressenties par la Reine durant cette visite avaient dû précipiter ses couches.

« On comprendra aisément l'anxiété où se trouvaient tous les membres du gouvernement, alors présidé par M. Sagasta ; nous aurions tous dans l'entourage royal déconseillé à Sa Majesté cet acte de charité personnel, qui, admirable en toute autre circonstance. était dangereux dans l'état où se trouvait la Reine.

« Toutes les personnalités de Madrid furent avisées : dès la veille, la Reine avait ressenti des malaises précurseurs de la délivrance, et toute les dispositions étaient prises par le Capitaine-Général de Madrid. Le « Monteros de Espinosa » et les Gardes-hallebardiers étaient à leur postes traditionnels au Palais. Autour de la Reine se trouvait sa mère l'archiduchesse Élisabeth, et les docteurs Riedel, Ocana, Ledesna e Candelas.

« Le chef supérieur du Palais, marquis de Santa-Cruz, et l'introduc teur des Ambassadeurs, M. Zarco del Valle, recevaient et plaçaient selon l'ordre des préséances, les personnages qui devaient, d'après le règles de l'étiquette castillane, assister à la naissance.

« Le privilège de la vie privée n'existe en effet, ni pour les rois, n pour les reines, et l'accouchement d'une reine d'Espagne doit être public Voici le cérémonial qui fut suivi :

« Dans la chambre royale ne se trouvaient que les médecins et le dames d'honneur de service ; mais la porte était ouverte à deux battants Dans l'*ante-camara* (grand salon ainsi désigné) se tenaient tous le membres du gouvernement, M. Sagasta, président, Alonzo Martinez Gamazo, Venancio, Gonzalez, Béranger, Jovellar et Sigismond Moret les chefs du Palais, le cardinal Paya, tout le corps diplomatique. Dan le salon rouge, étaient rangées les délégations du Sénat et de l Chambre des députés, présidées par le marquis de La Habana et Cris tino Martos ; puis dans la salle du Trône plusieurs commissions offi cielles : celle des Asturies, présidée par le comte de Toreno, celle de Grands d'Espagne, par M. de Rubiano, celles des Capitaines-Généraux des Grand'Croix de Charles III, des chevaliers de la Toison d'Or, e d'autres que j'oublie.

« Le plus grand silence régnait dans cette assemblée où tous le cœurs battaient à l'unisson, où la même émotion faisait haleter toute les poitrines et mettait des larmes dans les yeux.

« A midi et demi juste, S. M. la Reine fut délivrée. Le Dr Riedel qui reçut l'enfant, s'écria : *C'est un garçon!* La Reine fondit e larmes.

« La duchesse de Médina de Las Torres, première dame d'honneur communiqua la nouvelle au président du Conseil, et M. Zarco del Vall au corps diplomatique.

« Ce fut parmi nous une explosion d'allégresse, qui augmenta encor en entendant les coups de canon qui annonçaient à Madrid et au mond que l'Espagne avait un roi.

« L'enfant fut passé par les médecins à l'archiduchesse Élisabeth, qui l'embrassa ; puis le nouveau-né, couvert de dentelles, fut placé sur un plateau d'argent et remis entre les mains de M. Sagasta, qui fit le tour des salons pour montrer le Roi à tous les personnages officiels « Vive le Roi ! » cria M. Sagasta. « Vive le Roi ! » répondirent avec enthousiasme les assistants.

« Et ce fut tout. Le bébé tout rose et tout frissonnant encore fut vite rapporté au lit de son auguste mère qui le couvrit de baisers et de larmes.

Alphonse XIII et son auguste mère, en 1886.

« Nous sortîmes tous dans le plus profond silence : l'émotion de chacun était aussi grande que si cet enfant qui venait de naître avait été son propre enfant. Beaucoup pleuraient... mais, dès le seuil du palais franchi, nous ne pûmes résister aux manifestations bruyantes de joie qui éclataient dans les masses populaires, et ce furent des acclamations générales.

« Ces scènes-là, on ne les oublie jamais ! »

Les années ont passé : le bébé est devenu un homme. Il prend le sceptre en mains dans des moments difficiles : le tact, le grand sens politique de Reine-régente ont su aplanir bien des difficultés de tous genres, mais situation politique reste compliquée et grave. Entre le Carlisme d'u côté et le socialisme de l'autre, il faut diriger les actes du pouvoir sa louvoyer entre ces écueils, d'une main experte, avec souplesse, ma avec fermeté.

Nous sommes convaincus que les sages conseils prévaudront et q les libéraux-conservateurs sauront faire passer l'intérêt du pays ava leurs propres intérêts.

Alphonse XIII n'est plus le roi enfant, il n'est plus le jeune roi ; est maintenant : le roi tout court.

Espérons que, dans quelques années, il sera permis à tous les Esp gnols et à tous les amis de l'Espagne de l'appeler : le bon roi !

Madrid, 12 mai 1902.

Il vient d'en arriver une bien bonne à un paysan espagnol débarq d'un train de plaisir. Le pauvre homme, affublé de son châle et de s paquets, courait dans la gare, cherchant la sortie. Il eut le malheur demander très fort à un employé ce qu'il y avait d'écrit sur une pancart ce qui prouva à tout le monde qu'il ne savait pas lire.

Vous croyez peut-être que les gamins se réunirent autour de lui po se moquer de son ignorance. Non ! En Espagne, ne pas savoir lire e chose trop commune pour susciter l'hilarité ou l'étonnement : il y a trente-cinq pour cent du peuple qui est complètement illettré.

On ne se moqua pas du brave paysan, mais un spirituel filou, qui trouvait là, eut une idée géniale. Il se posta à la porte de sortie et, qua le naïf fils de la terre se présenta, il lui mit sous le nez un vieux tick de tramways.

« Qu'est-ce là ? dit le paysan.

— C'est deux pesetas, répondit imperturbablement l'individu.

— Deux pesetas ! s'exclama notre homme ahuri. Comment et pourqu

— Avez-vous payé votre droit d'entrée à Madrid ? lui expliqua voleur ? Non, puisque vous n'avez pas votre billet. Alors payez de pesetas et prenez ce ticket qui vous donne droit de séjour dans capitale de l'Espagne. D'ailleurs, ajouta-t-il avec le ton impatient et bourru des agents de douanes, regardez cet écriteau et vous verrez que c'est imprimé : La Municipalité de Madrid prélève un impôt de deux pesetas sur les voyageurs pendant les fêtes.

— Caramba ! dit l'autre, qui ne pouvait pas lire... et pour cause. C'est bien cher. Mais voilà les deux pesetas ! Tout de même on ne m'avait pas prévenu de cela dans mon village. »

Il prit le ticket et donna son argent. Mais, deux pesetas pour entrer à Madrid, c'est digne de mémoire, et notre paysan, furieux, ne cessa de grommeler et de vitupérer contre le *sale* gouvernement qui... et la *Municipalité sans vergogne* que... jusqu'à ce qu'il rencontrât des connaissances à qui faire part de son aventure et se plaindre du nouvel impôt. On eut beaucoup de mal à le persuader de sa sottise et il est allé déposer une plainte contre son voleur, jurant mais un peu tard... d'apprendre à lire !

Alphonse XIII en 1892.

Le Roi et sa nourrice, en 1888.

n'e
la
qu
que en
ment à
drid ;
sommes envahis pa
agents *secrets* de to
pays. Il paraît que chaque A
sade et Mission en a amené c
six des plus fins avec elle,
représente environ deux cen
liciers qui vont se répartir la tâ
veiller sur le cortège royal. On n
blâmer ces précautions contre le
chistes : on n'en saurait trop pr
et, en Espagne, on a le tort de n'
prendre assez. Si le grand C
avait été mieux gardé, on ne l'aura
tué ! Mais, en Espagne, on a des hab
tellement familières, tellement dém
ques — quoique cela paraisse jurer
pompe et les rigueurs de l'étique
qu'on semble désarmé contre les
tives des misérables assassins. En Fran
pleine République, il y a bien plus de
de barrières placées entre le Président
République et le peuple, qu'en Espagne.
soldats font la haie, mais les gens du
causent avec eux, les tutoient, et la haie
à rien, la haie ne devient infranchissable qu'au moment même du défilé.

Lors du voyage de
Leurs Majestés à Cadix en 1892, le Roi était tout jeune et si joli, si gracieux avec son grand col marin et son chapeau de paille blanche, que sa vue enthousiasma la population ; à la sortie de la cathédrale, un vieux matelot se préci-

Le Roi en 1887.
Phot. Castellanos.

En 1887.

En 1888.

pita sur le petit Roi, l'enleva dans ses bras brunis par le hâle et l'embrassa sur les deux joues, en criant : *Bendita sea tu mare!* Que bénie soit ta mère !

C'était, certes, une effusion bien inoffensive et qui n'effaroucha même pas le jeune Alphonse XIII, mais elle prouve combien intime est le contact entre le peuple et les souverains dans toutes les cérémonies publiques.

Ce n'est pas la faute des sentiments royaux envers le populaire, s' faut prendre aujourd'hui des mesures d'ordre et de police ; le Roi et Reine voudraient bien pouvoir se promener seuls dans la foule serr des mains amies et sentir de près les sympathies de leurs sujets ; ma les anarchistes ont tout gâté, et, comme leurs menaces sont constant et qu'ils recherchent toutes les occasions, c'est contre eux qu'il fa prendre des précautions, c'est à cause d'eux que les consignes de troupe et de la police sont tous les jours plus sévères.

Et les bons pâtissent toujours pour quelques mauvais !

Alphonse XII, en mourant, léguait à l'Espagne une régente adr rable en la personne de sa tendre et vertueuse épouse. Devant la rei Marie-Christine tous les fronts se découvrent et s'inclinent, car elle été sanctifiée par le malheur, frappée par l'adversité, en proie à des di cultés politiques extraordinaires, et car elle a su, à force d'abnégation de sacrifices, à force de courage et de sang-froid, donner le bon exem à tous les Espagnols, conserver la paix dans la Péninsule et la couron à son auguste fils.

Elle a défendu son enfant contre la maladie et les accidents, ell défendu son pays contre les embûches de l'étranger, contre les piè des Carlistes et des révolutionnaires de tous genres... et, si l'Espagn dû céder à la violence et a été indignement dépouillée de ses colon par une puissance colossalement riche et forte, Marie-Christine p dire hautement qu'elle a fait tout ce que sa dignité lui commandait faire et que l'honneur de l'Espagne est sorti, de désastres inévitables infligés par le sort, indemne de toute souillure et pur de tout reproc Elle a été, avant tout et surtout, un modèle de reine constitutionne impartiale et sereine, bien au-dessus de toutes les agitations et toutes les querelles des partis politiques, inaccessible aux influences Cour ou aux insinuations des *Camarillas*, n'écoutant que les cons lers autorisés et respectés de la nation, ne cherchant qu'à se ren compte des désirs du peuple, des aspirations de l'opinion publique toujours résolue à donner satisfaction aux vœux légitimes de la nat espagnole.

Puisque je viens de parler de cette époque, si douloureuse pour la Reine-régente, de la guerre avec les États-Unis, qu'on me permette de reproduire les pages que j'écrivis et publiai alors, après un entretien avec le comte de Morphy, secrétaire particulier de Sa Majesté et ancien précepteur d'Alphonse XII. Ces lignes, écrites le 4 mai 1898, ont été publiées trois jours après et je n'y change pas un mot :

Au milieu de cette période si critique et si périlleuse de l'histoire de l'Espagne, que pense et que fait la Reine-régente? C'est ce que tout le monde se demande et la curiosité générale se comprend. Cette femme si vertueuse, cette mère si accomplie, représente l'Espagne, la personnifie et l'incarne. Lorsqu'elle est venue, l'autre jour, inaugurer la session des Cortès avec son fils et ses filles, sur tout le parcours de son cortège, du Palais-Royal au Sénat, la foule s'est découverte avec respect et l'a saluée de ses vivats.

Plus que sa couronne, ses angoisses la rendent sacrée à son peuple; et j'ai trop de respect envers une reine aussi malheureuse pour avoir même songé à lui demander de me confier ses pensées et ses tristesses. Mais plusieurs personnages politiques, qui ont eu l'honneur de causer longuement avec Sa Majesté, ont bien voulu me révéler leurs entretiens et me dévoiler l'état d'âme de la Reine-régente. Tous sont unanimes à admirer son grand cœur et la noblesse de ses sentiments; mon ami, Andrès Mellado, un des chefs les plus illustres du parti libéral, a parfaitement résumé l'impression de tous dans cette phrase qu'il me disait en sortant d'une longue audience avec la Reine : « C'est une mère antique comparable à la mère des Gracques; dans le gouvernement actuel, on peut dire qu'il n'y a qu'un homme, et que c'est elle ! »

Je suis allé voir, pour compléter encore mes renseignements, l'homme qui connaît le plus sûrement les secrètes pensées de la Reine; j'ai nommé le comte de Morphy, son secrétaire particulier. M. le comte de Morphy a été le précepteur du roi Alphonse XII, qui, durant toute sa vie, l'a considéré comme un ami et pris pour son confident. La Reine-régente a la plus grande estime pour ce savant et modeste écrivain qui avait su inculquer à son royal élève les connaissances les plus étendues et les sentiments les plus élevés.

« C'est une femme admirable et digne d'être comparée à Blanche de Castille, la vertueuse reine de France. Jamais souveraine ne s'est trouvée, malgré elle, par suite de circonstances indépendantes de sa volonté, dans une situation aussi grave. Je ne parviens pas à comprendre la conduite des États-Unis acculant le peuple espagnol à la guerre : les Américains se sont-ils figuré qu'on pourrait impunément se jouer de l'honneur national d'un peuple tel que le nôtre? Ils ont accumulé les offenses sur les offenses, ajouté les insultes aux injures; mais, tant qu'elles provenaient de simples députés ou sénateurs, nous pouvions faire semblant de ne pas entendre. Il ne pouvait en être ainsi lorsqu'elles sont devenues l'expression des pensées de leurs Chambres.

« La Reine-régente, comme femme, comme mère, non seulement du roi

1889 1889

1890

1890

Phot. Castellanos.

Alphonse XIII, mais encore de tout son peuple, a tout fait pour éviter à l'Espagne les horreurs d'une guerre étrangère. Son cœur saigne des sacrifices de tous genres, en hommes et en argent, que s'impose l'Espagne depuis trois ans pour la guerre à Cuba. Elle n'a pu croire jusqu'au dernier moment qu'un grand peuple civilisé se livrerait contre l'Espagne à une agression aussi injusitfiée. Elle a laissé faire à ses ministres tout ce qu'ils ont pu pour enlever aux États-Unis le moindre prétexte d'intervention à Cuba. L'autonomie, qu'ils réclamaient, avait été accordée à l'île; sous un gouvernement insulaire, Cuba pouvait se pacifier et devenir une colonie prospère comme le Canada. Réfléchissez bien à toutes les concessions faites dans ce dessein par le gouvernement espagnol et vous verrez qu'on ne peut accorder davan-tage. La Reine a pe au gouvernement gnol de faire tou qui était compa avec la dignité de pays, mais rien de

« Usant de son constitutionnel, e prié personnelle le Saint-Père et oncle l'empereur d triche de faire entendre son aux États-Unis, de démontrer tout ce qu avait d'infâme dans leur tique brutale vis-à-vis peuple qui a déco l'Amérique, qui s'enorgueillir d merveilleuse histo qui a toujours dans la conscien son droit la sé nécessaire pour calme et pacifiqu ce peuple devait rer d'autant plus d pect qu'il n'a jamais soute politique agressive contre sonne, qu'il ne demandait q développer en paix, à tra et à prospérer. La Reine, de espérait qu'un grand comme les États-Unis saurait avoir quelques égards pour elle-même, pour une

défendant les droits de son fils, pour un trône sur lequel se trouve un enfant protégé par une femme.

« Mais quand elle a vu que les Chambres américaines poussaient le président Mac-Kinley à la guerre, que le Président des Etats-Unis ne tenait aucun compte des démarches du Saint-Père et des puissances, Sa Majesté a été la première à déclarer qu'elle avait assez fait pour rendre éclatant aux yeux de l'Europe son désir de maintenir la paix. Le bon droit, la justice, la raison, tout était du côté de l'Espagne ; elle n'avait plus besoin de plaider devant le monde la cause sacrée de son peuple. A une affirmation brutale du droit du plus fort, l'Espagne ne pouvait répondre que par le mépris.

« Quand M. Sagasta est venu informer la Reine-régente du vote des Chambres américaines, Sa Majesté, qui depuis plusieurs nuits n'avait cessé de pleurer et de prier, s'est écriée :

Alphonse XIII en 1889

« Monsieur le Président, soyons Espa-
« gnols. Regardons l'avenir en face et que
« Dieu nous protège. Je ne veux pas que vous m'apportiez de nouvelles
« communications des États-Unis : puisque mon fils n'est pas encore à l'âge
« de pouvoir défendre son pays, je confie à la flotte et à l'armée espagnole le soin de venger

« l'offense faite à mon peuple. Je n'admettrai plus d'autre solution que celle qu
« vous dicteront votre patriotisme et l'honneur de l'Espagne; pour ma part, j
« ne puis vous aider que de mes prières, mais je suis prête à tous les sacrifice
« pour conserver l'intégrité du territoire. »

« En la quittant, M. Sagasta a dit à ses amis : « Nous avons une reine et un
« reine espagnole ; il ne s'agit plus de parler, mais d'agir. »

« Le peuple, qui a parfois l'intuition de la vérité, ne s'est pas trompé un minute sur les sentiments et l'attitude de sa souveraine ; avec elle, dans un mêm élan spontané, il a crié : « Vive l'Espagne ! » Aujourd'hui, tous les Espagnols s groupent et se serrent autour de la Reine-régente ; en face du danger commun, n'y a plus ni républicains ni Carlistes ; il n'y a plus que des Espagnols qui font fac à l'ennemi.

« Je ne veux pas prédire l'avenir ni faire assaut de forfanteries avec les Yankees mais la marine et l'armée espagnoles ont fait leurs preuves et les États-Un verront qu'il en coûte cher de s'attaquer à nous. En outre, ici, nous avons dar l'âme deux grandes passions : nous avons l'amour de la patrie et le culte de Die Ce sont là de grands ressorts qui rendent les Espagnols coutumiers des résolution sublimes et des actes héroïques. Le dollar n'est pas tout ; ce n'est pas un idéa Nous sommes des fanatiques de l'honneur et de la patrie : nous aurons la prote tion de Dieu. L'Espagne est toujours l'Espagne : elle fait son devoir... le reste r nous importe ! »

Un détail amusant et touchant : le petit roi Alphonse XIII ne cesse de pos d'interminables questions à son précepteur militaire sur les forces des États-Un et de lui indiquer les plans de campagne qu'il conçoit. Tous les matins, en alla embrasser son auguste mère, il lui dit :

— Madame, j'ai une prière à vous adresser. Je veux aller à Cuba combattre l Américains.

On a beau lui répondre qu'il est trop jeune, il déclare qu'il est le roi et il pleu de dépit de ne pouvoir servir son pays.

En revenant de ma visite, je me suis arrêté devant le Palais-Royal : il ét l'heure de la parade.

Sur l'immense place fermée d'une grille en fer doré qui s'étend devant la faça du Palais-Royal, des détachements d'artillerie, cavalerie et infanterie procédaien la relève de la garde du palais. C'est une cérémonie qui a lieu tous les matins et qui constitue un très beau spectacle militaire, dont les Madrilènes sont épris.

Il y avait une foule énorme, ce jour-là, pour voir évoluer lentement, gravement, aux sons de la *Marche royale,* les divers détachements de l'armée nationale. Lorsque les compagnies d'infanterie, drapeau déployé, s'avancèrent pour prendre leur garde, les clairons lancèrent dans les airs leurs notes stridentes. Vivats, bravos éclatèrent de tous côtés. Un ami qui regardait avec moi le défilé des fiers soldats me poussa le coude et me fit lever les yeux vers la véranda du premier étage du palais. On venait d'ouvrir les vitres, et je vis la Reine-régente et le Roi saluer le drapeau espagnol.

Il faut croire que toute la foule avait levé les yeux comme moi, car une clameur immense monta vers Leurs Majestés : « Vive le Roi! Vive la Reine! Vive l'Espagne! » Un enthousiasme indescriptible s'empara de tout le monde, et j'assistai à la plus belle manifestation qu'on puisse voir.

Sous ce ciel d'azur, ce grand palais blanc, cette place pleine de soldats, fantassins, cavaliers, artilleurs, dont les baïonnettes et les sabres étincelaient aux rayons du soleil, cette foule bariolée et vociférante, jamais je n'oublierai cette minute de ma vie. On sentait que quelque chose de grand et de sublime planait sur nous et que, dans les accents stridents des clairons, passait l'âme de tout un peuple, l'âme de l'Espagne elle-même.

Les événements, hélas! ne devaient pas tarder à convaincre l'Espagne entière de l'inutilité des sacrifices héroïques de ses marins et de ses soldats, de l'impossibilité de soutenir plus longtemps une guerre disproportionnée, contre une nation formidable, dans une île située à 700 lieues de la mère-patrie. Le désastre de Santiago de Cuba, la perspective de courir à une ruine irrémédiable des finances espagnoles et à l'écrasement des dernières forces de la nation, furent des arguments trop clairs et trop nets pour ne pas être entendus et écoutés : S. M. la Reine-régente eut le grand courage de dominer le bruit des passions populaires et de laisser le Cabinet de M. Sagasta négocier la paix.

Les lois de la Destinée sont inéluctables : la Reine-régente eut la poignante douleur de le comprendre et elle sut s'incliner devant elles. L'Espagne s'en est rendu compte et a eu, elle aussi, l'intuition que le grand et pénible sacrifice, consommé par le traité de Paris, était de ceux qu'un grand peuple doit savoir accomplir froidement et héroïquement, comme on se coupe un bras gangrené pour éviter la mort.

On avait perdu beaucoup, certes, mais l'honneur espagnol étai sauf.

Quelques années de paix et de travail allaient permettre à ce gran et beau pays de réparer les pertes matérielles qu'il venait de faire, d reprendre de nouvelles forces, et d'atteindre à un degré de prospérit financière et d'activité industrielle et commerciale, tel que l'Espagn n'en avait pas encore connu.

Ce n'est pas en vain que le bon sens a triomphé des passions belli queuses. Savoir se résigner est le fait du sage, et l'avenir saura réserve à l'Espagne une éclatante réparation de l'injustice qu'elle a dû subir.

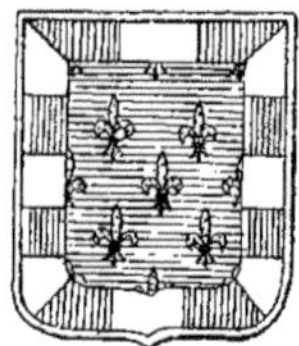

Armes modernes du duché de Bourgogne.

Blason du duché de Parme.

Le Roi faisant l'exercice militaire en 1897.

CHAPITRE IX

Le concours de Foot-Ball. — Fêtes populaires et fêtes officielles. — L'Accident de l'Infant Don Antonio. — Estrades et tribunes. — Les princes royaux attendus. — Les missions extraordinaires. — L'Enfance d'Alphonse XIII. — Une visite à la famille royale d'Espagne. — L'Éducation d'un prince. — Ses études. — Charmant accueil fait à l'auteur. — Les pigeons du Palais-Royal. — Un mot d'une femme du peuple.

Madrid, 13 mai 1902.

Aujourd'hui *Concours de foot-ball* à l'Hippodrome. Ce jeu, peu connu encore à Madrid, est une des attractions des fêtes populaires. Demain, 14 mai, le concours de foot-ball aura lieu dans le camp de la Société organisatrice, près de la Plaza de Toros, et, le 15 mai, la *belle* sera jouée à l'Hippodrome. Il est venu des équipes des clubs de Barcelone, de Biscaye, Espagnol, New et de Madrid.

Inutile de dire que je n'assisterai pas à ces luttes, d'ailleurs intéressantes, pour la seule raisón que je n'ai pas une minute de libre.

Demain nous aurons aussi des *Concours de voitures*, à trois heures de l'après-midi, à l'Hippodrome : les voitures défileront devant les tribunes, un jury décernera les prix. Il y a huit séries de voitures et huit prix seront donnés.

On me communique le programme des fêtes officielles : comme on le voit par ce qui précède, les fêtes officielles ne sont qu'une faible partie des fêtes ; le peuple a sa grande part des divertissements organisés pour le couronnement du Roi. Sans compter les spectacles qu'offrent les rues enguirlandées et pavoisées, les musiques militaires, la *Féria du Retiro,* les *Corridas de toros* quotidiennes, les bals organisés et installés en plein air dans les quartiers excentriques, dès demain soir commencent les illuminations et les feux d'artifices. Le 25 mai, il y aura des *Courses de chevaux* à l'Hippodrome et un *Banquet des Alcaldes* qui fera concurrence au fameux *Banquet des Maires* de l'Exposition de Paris ; on parle de trois mille couverts...

Je copie le programme officiel.

PROGRAMME DES FÊTES OFFICIELLES :

Jeudi 15 mai. — Le matin, de dix heures à midi, présentation des Lettres de crédit des Missions extraordinaires à Leurs Majestés. — L'après-midi, à quatre heures, arrivée du train royal conduisant les princes royaux étrangers. — Le soir, à huit heures, banquet au Palais-Royal en l'honneur des princes étrangers.

Vendredi 16 mai. — Le matin, à onze heures, remise au Roi de l'Ordre de la Jarretière. — L'après-midi, à deux heures, remise du Collier des Séraphins et de l'Ordre perse des Agdes à S. M. le Roi. — Le soir, à neuf heures, banquet au Palais-Royal en l'honneur des Missions extraordinaires.

Samedi 17 mai. — Le matin, *Diane* par toutes les musiques de la garnison. — L'après-midi, à deux heures, prestation solennelle du serment par le Roi dans la salle du Congrès des Députés. — A trois heures et demie, *Te Deum* de gala dans l'église de San Francisco El Grande.

Dimanche 18 mai. — Le matin, messe de Pentecôte, dans la Chapelle du Palais. — L'après-midi, à quatre heures et demie, pose de la première pierre du monument qui, par souscription nationale, va s'élever dans le *Retiro* en mémoire d'Alphonse XII. — Le soir, à neuf heures, représentation de gala au Palais-Royal.

Lundi 19 mai. — L'après-midi, à quatre heures et demie, revue militaire, de l'Hippodrome à la station d'Atocha. — Le soir, à neuf heures et demie, grande réception de gala au Palais-Royal.

Mardi 20 mai. — L'après-midi, à quatre heures, inauguration de l'Exposition de portraits et, à cinq heures et demie, bataille de fleurs au Retiro.

Mercredi 21 mai. — L'après-midi, à quatre heures, grande *Corrida de Toros* royale, avec *caballeros en plaza.* — Le soir, à dix heures, retraite militaire aux flambeaux, à laquelle assisteront les princes et les Missions extraordinaires des salons du Palais-Royal, où ils feront, immédiatement après, leurs adieux à Leurs Majestés et Altesses Royales.

Jeudi 22 mai. — L'après-midi, à trois heures, réception générale au Palais. — Le soir, à huit heures, banquet au Palais en l'honneur des autorités espagnoles.

Vendredi 23 mai. — L'après-midi, à quatre heures et demie, *Garden-Party* dans les Jardins du Campo del Moro, où sont invitées toutes les délégations des Députations provinciales et des Municipalités de l'Espagne.

Samedi 24 mai. — L'après-midi, à cinq heures, fête en l'honneur de la Science, célébrée dans la *Bibliothèque nationale* avec le concours des Académies royales et des délégués des Universités et autres établissements scientifiques d'Espagne. — Le soir, à huit heures, banquet au Palais en l'honneur du Corps diplomatique résidant à Madrid.

On nous télégraphie de Paris que l'Infant Don Antonio, dont le mariage avec l'Infante Eulalie a été dissous comme on sait, ne viendra pas assister aux fêtes de Madrid : il vient d'être victime d'un accident d'automobile et s'est cassé un pied.

Demain arrivent les Ambassades étrangères : un train spécial va chercher les princes étrangers à la frontière.

On active les travaux des estrades : celle que la *Banque hispano-américaine* fait édifier au coin de la rue de Séville et de la Carrera San Geronimo est très réussie et d'un bel effet. Au coin du salon du Prado et devant le Palais du Congrès, on en élève deux autres.

Le ministère de la Guerre a fait édifier une estrade derrière les grilles de ses beaux jardins du côté du *paséo de Recoletos* et *du Prado ;* on y sera très bien pour assister à la revue que passera le Roi. Sur le *Salon du Prado,* on a élevé plusieurs grandes tribunes pour la famille royale, les princes et ambassadeurs étrangers, les membres du Parlement et de la Cour.

D'autres tribunes, bien décorées, ont été construites dans l'avenue des voitures du parc du Retiro et serviront pour la *bataille des fleurs,* dont on parle beaucoup dans la haute société et qui s'annonce comm[e] devant être très brillante.

Les princes royaux attendus à Madrid sont :

Pour l'Allemagne. — S. A. R. et I. le prince Frédéric-Guillaume Nicolas-Albert de Prusse. Il est né à Berlin le 8 mai 1837 ; régent d[u] duché de Brunswick depuis 1885, chevalier de l'Ordre espagnol de l[a] Toison d'Or. Il sera accompagné de son fils, le prince Joachim-Albert né à Hanovre le 27 septembre 1876.

Le prince Albert et sa suite seront logés au Palais-Royal ; à se[s] ordres se mettront, comme Grand d'Espagne de service, le duc d'Arion et, comme officier d'ordonnance, le colonel de cavalerie D. Joaqui[n] Milaus del Bosch.

Pour l'Angleterre. — S. A. R. et I. le prince Arthur-Guillaume Patrick-Albert, duc de Connaught. Né à Londres le 1er mai 1850, membr[e] de la Chambre des Pairs et général de l'armée britannique, il a été aid[e] de camp de la reine Victoria. C'est lui qui remettra au Roi l'Ordre d[e] la Jarretière. Le duc de Wellington formera partie de sa suite.

Le duc de Connaught sera logé au Palais ; son Grand d'Espagne d[e] service sera le duc d'Albe et son officier d'ordonnance le colonel d'in[-]fanterie marquis de Mendigorria.

Pour la Russie. — S. A. I. le Grand-Duc Wladimir-Alexandrowitch Né à Saint-Pétersbourg le 10 avril 1847, général d'infanterie russe commandant général de la circonscription militaire de Saint-Péters[-]bourg, il est chevalier de la Toison d'Or espagnole.

Il sera logé au Palais ; son Grand d'Espagne de service sera le mar[-]quis de la Romana et son officier d'ordonnance le lieutenant-colone[l] d'artillerie comte de San-Félix.

Pour l'Autriche-Hongrie. — S. A. I. l'archiduc Charles-Étienne né à Gross-Seelowitz le 5 septembre 1860, contre-amiral et chevalier d[e] l'Ordre autrichien de la Toison d'Or.

Il sera logé au Palais ; le duc de Baïlen sera à son service comm[e] Grand d'Espagne et le lieutenant de 1re classe Rubio comme officie[r] d'ordonnance.

Pour l'Italie. — S. A. R. le prince Thomas-Albert-Victor, duc de Gênes, né à Turin le 6 février 1854, amiral.

Il sera logé au Palais ; il aura à ses ordres le Grand d'Espagne duc de Santona et le lieutenant de vaisseau Garcia de Los Reyes.

Pour le Portugal. — S. A. R. l'Infant Alphonse, duc d'Oporto, né à Lisbonne le 31 juillet 1865, pair du Royaume, chevalier de l'Ordre espagnol de la Toison d'Or.

La Reine-régente et son auguste fils en 1893.

Il sera logé dans le palais de La Huerta, ancienne demeure du grand Antonio Canovas del Castillo, qui est actuellement la propriété du marquis de Argüelles. Son Grand d'Espagne de service sera le marquis de Velada, et son officier d'ordonnance le lieutenant-colonel d'état-major D. Luis Roig de Lluis.

Pour le Danemark. — S. A. R. le prince Christian-Charles, né à Charlottenlund le 3 août 1872, chevalier de l'Ordre espagnol de la Toison d'Or.

Il sera logé également dans le palais de La Huerta. Il aura comme Grand d'Espagne à son service le comte d'Almodovar et comme officier d'ordonnance le colonel du génie D. José Marva.

Pour la Grèce. — S. A. R. le prince Nicolas, né à Athènes le 5 janvier 1872, capitaine d'artillerie.

Il sera logé dans un hôtel de la rue Nuñez de Balboa, qui appartient à la marquise veuve d'Alonso de Léon. Il aura comme Grand d'Espagne à son service le marquis de Santa-Cruz et comme officier d'ordonnance le capitaine d'artillerie D. José Manuel Goyenèche.

Pour le Siam. — S. A. R. le prince Maha Vajiravudh, né le

1er janvier 1881, héritier de la couronne. Il sera logé au ministère de la Guerre et aura à ses ordres comme Grand d'Espagne le vicomte de La Vega, deuxième secrétaire d'ambassade.

Pour la Suède et Norwège. — S. A. le prince Eugène, duc de Néricie, né le 1er août 1865 au château de Dretningholm, sera logé à l'hôtel de la Légation de son pays.

Pour la Principauté de Monaco. — S. A. S. le prince Louis, fils aîné du prince Albert et son héritier, né à Baden-Baden le 12 juillet 1870 sera logé dans le même hôtel que le prince Nicolas de Grèce, et aura à ses ordres le marquis de Martorell, capitaine de cavalerie.

Tous ces princes auront une suite plus ou moins nombreuse, qui sera logée avec eux.

Voici maintenant la liste des Missions extraordinaires :

République Argentine. — M. Portela, ministre plénipotentiaire, et deux secrétaires et un attaché militaire.

Belgique. — S. Exc. le prince de Ligne, ministre plénipotentiaire M. Ed. Gaffier, conseiller d'ambassade, le vicomte de Nieulant et le comte G. de Launay, sous-lieutenant d'artillerie.

Bolivie. — M. Francisco de Argandona, prince de Glorietta (titre pontifical), ministre plénipotentiaire ; le colonel Pedro Suarez, M. José Cupertino Artéaga, deux secrétaires.

Brésil. — M. d'Araujo Beltrao, ministre résidant à Madrid.

Bulgarie. — S. Exc. le comte Robert de Bourboulon, grand maréchal du palais de S. A. R. le prince de Bulgarie ; le commandant Sava Saron.

Colombie. — M. de Béthancourt, ministre résidant à Madrid.

Costa-Rica. — M. Manuel de Péralta, ministre résidant à Paris.

Chili. — M. Sanchez Fontecilla, ministre résidant à Madrid ; M. Bernalès, consul général à Madrid.

Chine. — Général Chang-Teï, envoyé extraordinaire, et quatre secrétaires.

Équateur. — M. le Dr Manuel Randon, ministre résidant ; M. le Dr Camilo Andrade, secrétaire ; M. Juan Lasso, second secrétaire.

États-Unis. — M. Curry, ambassadeur extraordinaire ; M. Simpkuis, secrétaire.

France. — Le général Florentin, grand-chancelier de la Légion d'Honneur, ambassadeur extraordinaire de la République Française ; M. Crozier, introducteur des Ambassadeurs ; le commandant Reibell, aide de camp du Président de la République ; le commandant Caurignac, officier d'ordonnance du général Florentin.

Guatémala. — M. Fernando Cruz, ministre ; M. de Machado, secrétaire.

Hollande. — S. Exc. le baron de Pallandt Von Neerynen, grand maître des Cérémonies, envoyé extraordinaire ; le jonker Von der Bosch, gentilhomme de Sa Majesté ; le jonker Six, officier d'ordonnance de S. M. la Reine de Hollande.

Le Roi en 1891.

Le Roi en 1891.

Japon. — M. Akabane, ministre permanent à Madrid ; le lieutenant-colonel Genjiro Akashi, attaché militaire de la Légation du Japon à Paris.

Maroc. — El Hadj-Hamed Torrès, ambassadeur extraordinaire, un secrétaire, un interprète, une suite.

Mexique. — M. de Mier, ministre à Paris.

Nicaragua. — M. Crisanto Medina, ministre à Paris.

Paraguay. — M. Machain, ministre à Paris ; M. Ayala, secrétaire.

Perse. — S. Exc. Mirza Riza Khan, envoyé extraordinaire, un aide de camp, un secrétaire.

Pérou. — M. Candamo, ministre à Paris, et un secrétaire.

Roumanie. — Général Constantino Budisteano et un secrétaire.

Saint-Siège. — Mgr Rinaldini, nonce de Sa Sainteté à Madrid.

Salvador. — M. de Zaldivar, ministre à Paris; M. Maurice Ulcoq secrétaire; M. Francisco de Urruela, secrétaire; M. Santiago Perez Triana, secrétaire.

Serbie. — Général Franossovitch et M. Petroniewitch, secrétaire particulier de S. M. le roi de Serbie.

Turquie. — Abdullah-pacha, ambassadeur extraordinaire, général de la Maison militaire du Sultan, et Faik-Bey, secrétaire du palais impérial

Uruguay. — M. Cuestas (fils), ministre extraordinaire, et M. Herrera y Obes, chargé d'affaires à Madrid.

Des fonctionnaires du corps diplomatique et du ministère des Affaires étrangères (Estado) d'Espagne seront mis à la disposition des chefs des Missions extraordinaires pendant leur séjour à Madrid.

Mais il est temps de parler un peu d'Alphonse XIII et de ses jeunes années : comme les peuples heureux, il n'a pas encore d'histoire. Son enfance, à part une maladie en 1890, fut celle d'un enfant délicat et entouré de tous les soins que peut donner une mère aussi excellente que la Reine-régente, mais il faut protester contre cette légende qui le représente comme sans cesse à l'agonie et ayant eu toutes les maladies possibles et imaginables. J'ai vu le jeune Roi faire, en 1892 (1), son voyage à travers l'Andalousie avec S. M. la Reine-régente et j'ai pu juger la facilité avec laquelle on lui attribuait toutes sortes de *maux imaginaires*, dont il avait l'air de fort peu se soucier. La moindre indisposition d'un enfant de cinq ans était transformée en *méningite* ou en *attaque* : en rentrant d'Huelva à Séville, le Roi eut un peu de fièvre ; on télégraphia partout, au *Temps* et à tous les journaux sérieux, qu'il avait eu des convulsions, un transport au cerveau, que sais-je? Moi, qui n'avais pas eu

(1) Voir *Deux mois en Andalousie et à Madrid*, 1 vol. in-8°, édition de luxe. H. Le Soudier, éditeur, 174, boulevard Saint-Germain, Paris.

En 1898. En 1898.

En 1900. En 1900.

Phot. Valentin.

autant de fatigues à endurer que S. M. la Reine-régente, pendant ce voyage de fêtes et d'inaugurations du IVe centenaire de la découverte de l'Amérique et qui pourtant assistais à toutes les cérémonies, je me demandais comment faisaient la Reine et surtout le petit Roi pour résister à toutes ces corvées.

Après l'inauguration du moment de Huelva en plein soleil de la Rabida, j'eus une attaque de fièvre, et elle me reprit à Séville : le petit Roi de cinq ans, qu'on disait à la veille de mourir, se porta mieux que moi !

En décembre 1899, pendant un long séjour que je fis en Espagne, en remplissant une mission du Ministre du Commerce de la République Française (1), j'eus le grand honneur d'être reçu par S. M. la Reine-régente au Palais-Royal et présenté par elle à S. M. le Roi Alphonse XIII. J'ai rendu compte dans le *Figaro* du 29 décembre 1899 de cette « visite à la famille royale d'Espagne » et je reproduis textuellement ces pages où j'ai été le premier à donner des détails circonstanciés sur la vie et les études du jeune souverain :

Samedi matin, on m'a prévenu que S. M. la Reine daignerait me recevoir au palais, de deux à trois heures de l'après-midi, avant de se rendre, comme tous les samedis, à l'église du *Buen-Suceso* pour assister au salut.

A deux heures, j'étais habillé et prêt. Un des plus hauts fonctionnaires du gouvernement, S. Exc. don Fernando Santoyo, est venu me prendre dans une voiture à deux chevaux pour me mener au Palais. Je dois avouer que l'arrivée de ce personnage en grand uniforme, avec toutes ses plaques et sa grand'croix d'Isabelle-la-Catholique, a produit une forte sensation dans mon hôtel. Les domestiques parleront longtemps « du señor tout doré » qui est venu me chercher.

M. Santoyo est un homme du monde accompli :

« Je suis très heureux, me dit-il, d'avoir été désigné pour vous accompagner au Palais, et je vous félicite vivement de la faveur que daigne vous faire Sa Majesté en vous recevant. C'est d'ailleurs la Reine qui a tenu personnellement à vous voir. Dès qu'elle a connu votre demande d'audience, elle a cherché le moyen d'éluder les règles de l'étiquette pour pouvoir vous recevoir et vous présenter à S. M. le

(1) Les résultats de cette Mission ont été consignés dans le livre de M. Gaston-Routier : *L'Industrie et le Commerce de l'Espagne*, 1 vol. in-8° avec huit tableaux statistiques hors texte. H. Le Soudier, éditeur, 174, boulevard Saint-Germain, Paris.

Roi et aux princesses. Elle a manifesté sa volonté à M. Dato, ministre de la Gobernacion, après le Conseil des ministres, et, hier soir encore, elle en a reparlé à M. Silvela, président du Conseil : « Sur-« tout n'oubliez pas, lui a-t-elle dit, que « je veux voir demain M. Gaston Rou-« tier. » C'est une très haute marque d'estime que vous donne Sa Majesté. »

Nous arrivons au Palais, nous y pénétrons par la porte *del Principe,* et nous montons dans la galerie vitrée qui surmonte le portique du *patio;* le soleil inonde l'immense cour toute blanche et transforme la galerie en une serre. Des hallebardiers, graves et majestueux, nous saluent en frappant les dalles de pierre de leur hallebarde. Nous traversons escalier d'honneur, admirable de tions, aux larges marches de ma et blanc d'une seule pièce, aux lions accroupis. On ôte son cha qu'on est dans cet escalier, et i tement on entre dans les appa royaux.

Ici, tout est beau, tout est g Palais-Royal de Madrid est, sans dit, un des plus richement dé monde. Un valet en culotte vi prier d'attendre Leurs Majestés.

Nous sommes dans un gra rouge, dont les fenêtres donne place d'Armes, juste usr le bal tral ; on jouit de là d'un specta

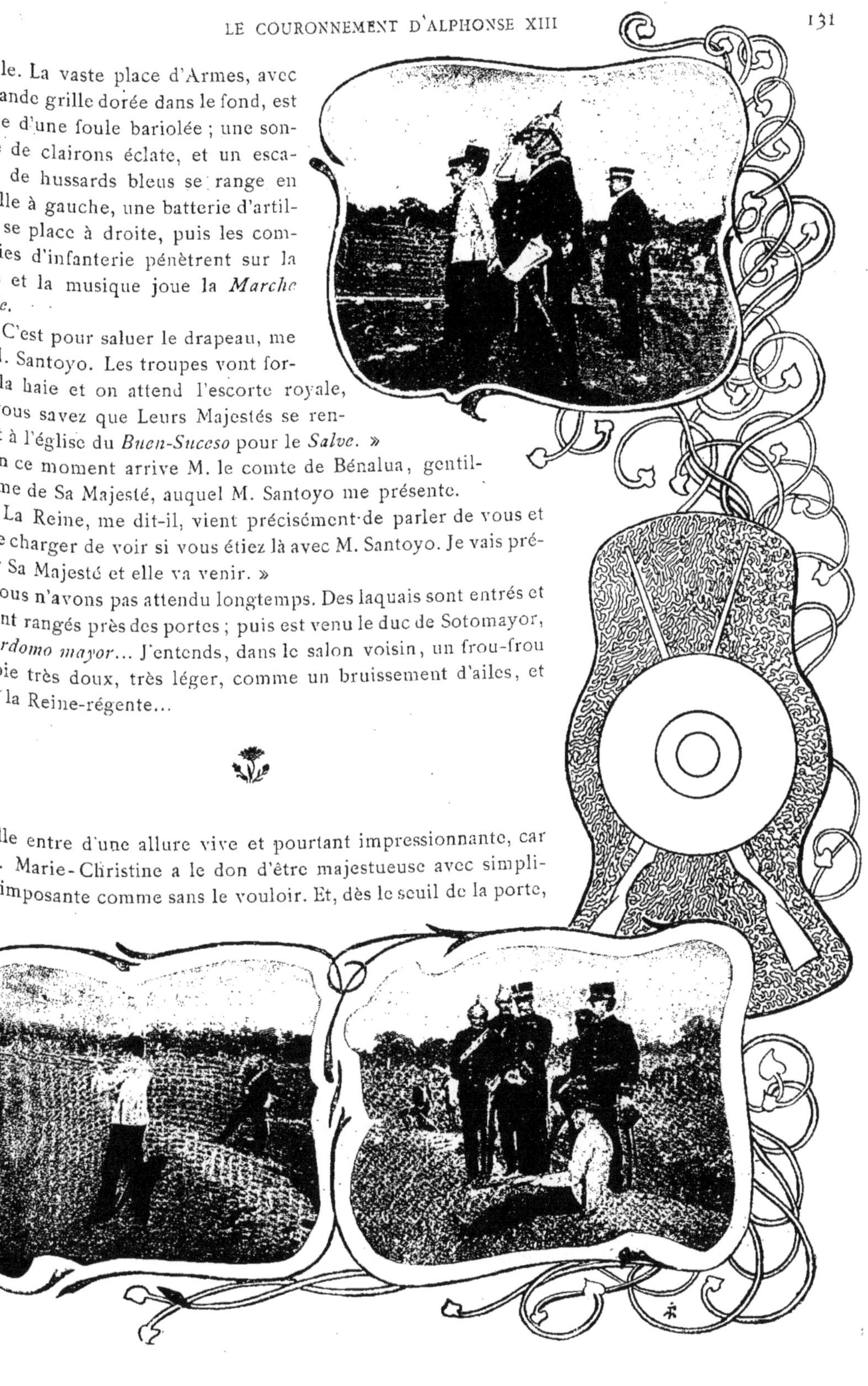

ble. La vaste place d'Armes, avec 'rande grille dorée dans le fond, est ne d'une foule bariolée ; une son-ie de clairons éclate, et un esca-n de hussards bleus se range en ille à gauche, une batterie d'artil-e se place à droite, puis les com-nies d'infanterie pénètrent sur la e et la musique joue la *Marche le.*

« C'est pour saluer le drapeau, me M. Santoyo. Les troupes vont for-la haie et on attend l'escorte royale, vous savez que Leurs Majestés se ren-t à l'église du *Buen-Suceso* pour le *Salve.* »

En ce moment arrive M. le comte de Bénalua, gentil-ıme de Sa Majesté, auquel M. Santoyo me présente.

: La Reine, me dit-il, vient précisément de parler de vous et ıe charger de voir si vous étiez là avec M. Santoyo. Je vais pré-r Sa Majesté et elle va venir. »

Nous n'avons pas attendu longtemps. Des laquais sont entrés et ont rangés près des portes ; puis est venu le duc de Sotomayor, *ordomo mayor*... J'entends, dans le salon voisin, un frou-frou oie très doux, très léger, comme un bruissement d'ailes, et i la Reine-régente...

Elle entre d'une allure vive et pourtant impressionnante, car 1. Marie-Christine a le don d'être majestueuse avec simpli-imposante comme sans le vouloir. Et, dès le seuil de la porte, elle vient vers moi, souriante de ce sourire ineffable qui la transfigure et met sur sa physionomie si noble comme un reflet de divine bonté.

« Bonjour, Monsieur. Que je suis charmée de vous revoir !... Il y avait si long-temps !... Oh ! je me souviens très bien de vous. Vous étiez délégué au Congrès de Huelva, en 1892 ; vous avez assisté aux fêtes d'alors, vous en avez rendu compte dans le *Figaro*. Je ne vous ai pas oublié du tout. J'ai lu vos livres et vos articles, toujours si bienveillants pour mon pays. »

Je m'incline et baise respectueusement la main de l'auguste dame, en lui exprimant toute ma gratitude et mes sentiments de profonde admiration.

« Quand j'ai su votre désir de me saluer, reprend Sa Majesté, j'ai tout de suite éprouvé l'envie de vous revoir. Vous voulez offrir vos hommages au Roi ; je vais vous présenter à lui. Le voici, ainsi que mes filles. »

Je salue les charmantes et souriantes princesses, resplendissantes de jeunesse et de beauté, et le petit Roi, très crânement, sans timidité, avec une bonne grâce qu'il semble tenir de son auguste mère, vient me tendre la main, sa mignonne petite main qui, dans deux ans et demi, va porter un sceptre bien lourd ! Mais le jeune Roi n'est pas faible du tout, il y a de la vigueur dans ses doigts : je m'en aperçois à la franche poignée de main qu'il me donne.

« Vous voyez comme il est grand, comme il se porte bien ! me dit la Reine et tout l'orgueil de la mère, de la bonne et sainte mère, qui ne vit que pour son fils adoré, semble briller dans ses yeux. Je suis bien contente de lui, il travaille beaucoup, c'est un gentil enfant.

— Oh ! Madame, dis-je, que Votre Majesté me pardonne, c'est un beau jeune homme. »

La Reine-régente se met à rire, et le petit Roi aussi : il a l'air content de voir que je lui rends justice.

En vérité, il n'a plus du tout l'air d'un enfant. Il est grand pour son âge, bien pris de corps, svelte, mais pas maigre, avec de jolies couleurs sur ses joues fraîches. Ses yeux sont vifs et pleins d'intelligence, il me regarde bien en face, comme un roi doit le faire, sans fierté, mais sans trouble. J'ai trouv S. M. Alphonse XIII beaucoup mieux que sur ses portraits ; il portait l'uniforme de cadet d'infanterie, avec une petite Toison d'Or au cou, et il tournait de temp en temps son képi entre ses doigts.

Le jeune Roi est rompu à tous les exercices du corps : il monte à cheval tou les jours, jusqu'à cinq ou six chevaux différents ; il fait du gymnase, de la bicy clette — il a même ramassé quelques jolies pelles en voulant apprendre trop vite Il parle fort bien le français, l'anglais et l'allemand. Son professeur de français es M. Gayan et son professeur d'anglais M. Alphonse Merry del Val, diplomate trè distingué et chef de cabinet du ministre des Affaires étrangères. Le Roi écrit e parle l'espagnol avec beaucoup d'élégance ; il est très fort en latin et connaî l'arithmétique, la géométrie élémentaire et la trigonométrie.

Il se lève tous les matins à sept heures, l'hiver comme l'été, et tout son temp est bien employé. A huit heures et demie, étude ; de neuf heures et quart à di heures, leçon ; un jour de français avec M. Albert Gayan, un jour d'anglais ave

M. Merry del Val. A dix heures, manège, voltige et haute école. De onze heures à midi, leçons de physique, chimie, géographie et tactique militaire, selon les jours. A midi, il déjeune avec le professeur de service et un des généraux directeurs des études ; de une heure à deux, conversation d'allemand ou classe de dessin ; ensuite, classe de rhétorique, poésie et histoire universelle. Le Roi aime beaucoup l'histoire et la géographie.

Quelquefois le Roi sort à cheval avec la Reine-régente ; trois fois par semaine, il fait l'exercice militaire et apprend le métier des armes avec quelques adolescents de son âge : le neveu de la comtesse de Sastago, le fils du marquis de Monistrol, les deux fils du comte de Revillajigedo, les deux fils du comte de Villariego, le fils du duc d'Almodovar del Rio et le fils du général Aguirre de Tejada. L'armement est du modèle réglementaire, quoique un peu réduit ; les exercices ont lieu les lundi, mercredi et vendredi.

Le Roi dîne à sept heures, en compagnie de ses sœurs : la princesse des Asturies et l'infante Marie-Thérèse ; à huit heures et demie, leçon de musique, et, à neuf heures, il se retire pour se coucher, après avoir dit la prière accoutumée.

Le dimanche, le Roi joue avec les jeunes gens qui ont été admis à faire leur instruction militaire avec lui, soit dans les jardins du *Campo del Moro,* soit dans les galeries du Palais, si le temps est mauvais. En 1901, le plan des études comprendra aussi le droit civil et international, et de nombreuses matières, sans abandonner l'histoire, qui est considérée comme le principal objet des études d'un prince.

Le Roi est très obéissant et très respectueux envers la Reine, très pieusement élevé, mais nullement bigot. Son auguste mère, qui est bien éloignée de toutes les rigueurs et de tout le faste de l'étiquette de la Cour — de cette étiquette, qui date de Philippe II et qu'il faudra évidemment moderniser — désire que le Roi se mêle de plus en plus à la vie de tout le monde.

Dans deux ans et demi, S. M. Alphonse XIII sera roi de fait : il faut donc non seulement qu'il étudie et travaille beaucoup avant sa majorité, mais encore qu'il apprenne à connaître les hommes et les choses ; qu'il prenne autant que possible contact avec son peuple. Il est maintenant cadet d'infanterie, il faut qu'en deux ans et demi il gravisse tous les échelons de la carrière militaire, devienne tour à tour capitaine, colonel, général, et enfin *capitan-general* et chef suprême de l'armée.

S. M. la Reine-régente a daigné me demander mon opinion sur la situation économique de son pays :

« N'est-ce pas, m'a-t-elle dit, que l'Espagne se transforme tous les jours et que tout s'y développe ? »

C'est vrai, il suffirait de quelques années de paix et de travail pour donner une grande prospérité à ce pays privilégié par la nature. On constate déjà de nombreux progrès dans l'industrie et l'agriculture depuis les dix dernières années.

Sa Majesté m'a parlé de ma mission et a été véritablement charmante pour moi dans sa conversation. Je ne veux pas rapporter toutes ses paroles, mais je ne puis omettre ce qu'elle m'a dit du *Figaro :*

« C'est mon journal favori ; je le lis tous les jours de la première à la dernièr page, et avec un bien grand plaisir. J'aime beaucoup le *Figaro !* »

Quand j'ai pris congé de Leurs Majestés, j'étais conquis par la grâce de la Reine enchanté de l'accueil si aimable du Roi et des princesses. La Reine-régente, qu j'avais souvent admirée en 1892 dans toutes les fêtes du quatrième centenaire d Colomb, m'a paru légèrement engraissée, plus jolie et plus charmeresse qu'autre fois. Elle est l'élégance même, sachant porter avec une exquise distinction de toilettes du meilleur goût, de ces toilettes gris-perle, gris-fer, gris-souris, qu'ell préfère, et qui lui vont à ravir.

Mais il faut me borner, j'aurais trop de choses à dire si je me laissais aller à l tentation. Leurs Majestés sont montées dans leur équipage et, suivies de leu nombreuse suite, sont sorties du Palais aux sons de la *Marche royale.*

Encore tout ébloui par l'apparition de la Reine et des princesses, je me diri geai vers une des fenêtres du salon pour voir le cortège royal traverser la plac d'Armes, au milieu des soldats et de la foule, qui respectueusement saluait. L bruit des chevaux, la musique, le soleil qui versait de l'or liquide sur les uni formes et sur les armes, un ciel d'azur, tout cela se brouillait devant mes yeux dansait comme une farandole de lumière et de gaieté.

Sur le balcon, à mes pieds, des pigeons vinrent s'abattre, et je m'aperçu soudain que le balcon était pareil au plancher d'un pigeonnier. Je ne pus réprime un mouvement de surprise ; mais M. Santoyo se mit à rire et m'expliqua que l Reine faisait mettre des grains de blé tous les matins sur les balcons du Palais Royal, et que des centaines de pigeons venaient y chercher leur pâture. Ce dernie trait de bonté peint bien la Reine-régente ; sa seule ambition est d'être une parfait chrétienne, et elle n'a pas de plus grand bonheur que de s'occuper de bonne œuvres.

Sa charité est inépuisable ; elle étend sa pitié jusqu'aux animaux, et il est juste ce mot d'une femme du peuple en parlant du Palais-Royal : « C'est la maison d bon Dieu ! »

Armes royales de Grenade.

Armes royales de Bourbon-Anjou.

Le Roi à l'exercice militaire en 1897.

CHAPITRE X

Bals, soirées, réceptions. — Le bal de la Bourse. — Le comte de Romanonès. — Le Roi pose la première pierre de quatre écoles populaires. — Les professeurs du Roi — Les membres de la famille royale. — Les tantes du Roi. — L'Infante Marie-Thérèse. — La princesse des Asturies et le prince Charles de Bourbon. — Un mariage d'amour.

Madrid, 14 mai 1902.

On commence à banqueter, souper et danser dans toutes les Ambassades et toutes les Légations, et je ne sais si je pourrais aller partout. Je crois que je n'irai nulle part, car ma fatigue est grande et le *Bal de la Bourse* lui-même ne me tente pas.

Nous avons eu hier une journée bien remplie et, pour inaugurer le nouveau règne, on ne pouvait avoir une meilleure inspiration que de faire poser solennellement par le Roi la première pierre de quatre importantes écoles populaires.

Il faut en féliciter bien vivement S. M. la Reine-régente et le Roi, et ne pas oublier le très intelligent et très habile politique qui est à la tête du ministère de l'Instruction publique : j'ai nommé le comte de Romanonès.

Ce jeune chef du parti libéral est de ceux sur lesquels on fonde les plus grandes espérances et non sans raison : ne voulant point parler de la politique espagnole dans ce livre consacré à mes notes et impression personnelles, je n'insisterai pas sur les actes déjà nombreux de ce homme d'État, sur ses discours, sur ses succès passés. Mais la seul chose que je veux noter ici, c'est qu'il n'est pas d'homme plus populair que Romanonès dans tout le parti libéral. Et cela se conçoit facilemen si l'on songe à toutes les initiatives heureuses qu'il a eues : alcalde d Madrid, très jeune, il a institué le corps de police à cheval, à l'instar d Berlin, qui rend de réels services et qu'on appelle : les *soldats de Romanonès;* il a installé des fontaines Wallace un peu dans tout Madrid e l'on appelle leur eau limpide : « le *Jérè de Romanonès* »; il a ouvert des boulangeries système Schweitzer (panificatio par machines), qui vendent le pain à mei leur marché, et on va y acheter le *pain à Romanonès;* enfin il a son *tramway à Romanonès* et il va avoir ses *écoles à Romanonès*... sans compter ce qu'il fer ensuite.

S. Exc. le comte de Romanonès.

C'est un beau bagage, n'est-ce pas ? S' suffit d'une seule chose pour rendre u homme populaire, le comte de Romanonès est riche à en revendre.

En ce moment, il arrive de Tolède, c il a eu un accueil enthousiaste en inaugurant une école d'enseignement supérieur le peuple espagnol attache beaucoup d'importance à sa situation dans Cabinet Sagasta, car on le sait d'un esprit très moderne et très désireu de faire pour l'instruction publique en Espagne ce qu'il faut pour rendre libérale et digne des progrès des sciences.

Espérons qu'il saura effacer du blason de son pays cette tache honteuse de l'ignorance totale de quarante pour cent des habitants de Péninsule !

Les quatre écoles primaires, dont S. M. le Roi a posé, hier après-mid la première pierre, sont, pour ainsi dire, aux quatre coins de Madrid.

La première est située dans le quartier ou district du Palais : cette école sera édifiée aux frais de S. M. la Reine-régente Marie-Christine.

Don Patricio Aguirre de Tejada.

La seconde est située dans le district de l'Hospice, rue de la Florida, et les frais de sa construction sont faits par les employés de l'Ayuntamiento de Madrid.

La troisième est dans le district de Buenavista et le terrain a été donné gratuitement par le marquis et la marquise de Torrelaguna.

La quatrième, dans le quartier du Pacifico, district du Congrès, à côté de la Basilique de N. S. de Atocha, sera édifiée aux frais de la marquise d'Esquilache et d'une Société de dames du grand monde madrilène, composée des marquises d'Alquibla, Ivanrey, Mochalès, Somosancho, Perinat et Manzanedo; des comtesses d'Aquilar de Inestrillas, Guadiana, Campomanès, Bénomar; de Mmes de Comyn, Allendesalazar, Eguilior, Rodriganez, Saint-Aubin, Gallo et Semprun.

Don Miguel Gonzalez de Castejon.

Je ne veux pas entrer dans les détails de ces cérémonies qui sont toutes semblables : décorations des rues avec des drapeaux, des oriflammes, des guirlandes de fleurs, les maisons pavoisées; sur les emplacements des écoles futures, des tentes avec fleurs, feuillages, plantes vertes,

Don Vicente Santamaria de Paredes.

drapeaux; beaucoup de musiques militaires, des chœurs d'enfants et de petites filles, des allocutions : chaque école a été bénite par un évêque et chaque document signé par le Roi, la Reine et les membres de la famille royale. Des troupes d'infanterie et de cavalerie faisaient le service et montaient la garde d'honneur à chaque école avec musique et drapeaux, en tenue de gala.

Le peuple de Madrid a fait partout un accueil enthousiaste à la famille royale et au jeune Roi : cette excellente idée de créer des écoles nouvelles a été au cœur des Madrilènes et ils l'ont témoigné par leurs cris et leurs applaudissements.

Ajoutons que, bien que Leurs Majestés n'aient solennellement posé la première pierre que de quatre écoles primaires, il est décidé qu'on va en construire six autres, c'est-à-dire une dans chacun des dix districts de Madrid.

Don Juan Loriga.

Dans le précédent chapitre nous avons parlé des études et des professeurs du Roi ; depuis l'année 1899, les études de Sa Majesté ont pris naturellement un grand essor et certains professeurs ont changé. La

Don Fernando Brieva y Salvatierra.

mort du général Sanchiz, qui survint le 24 janvier 1901, fut suivie de la nomination à cette fonction si délicate d'un homme de grand mérite, Don Patricio Aguirre de Tejada, que le Roi vient maintenant de nommer son secrétaire particulier, afin de le conserver auprès de sa personne, et auquel il a conféré le titre de comte de Andino, pour lui donner un témoignage de sa gratitude.

Don Anselmo Gonzalez.

Le chef des études était secondé par deux officiers des plus distingués qui ont eu pour mission d'être toujours auprès du Roi et qui lui ont prodigué un enseignement de tous les instants : ce sont les lieutenants-colonels d'artillerie et d'état-major Don Juan Loriga et Don Miguel Gonzalez Castejon. L'instruction militaire du Roi, confiée à d'aussi excellents professeurs, ne pouvait être que très sérieuse et très bonne : le Roi, d'ailleurs, a beaucoup de goût pour le métier des armes et pour la marine, et il a fait l'admiration de tous ceux qui l'ont vu commander des troupes et passer des revues.

Don Enrique Ruiz Fornelles.

En décembre 1900, S. M. la Reine-régente a nommé professeur d'histoire du Roi le savant docteur de l'Université et professeur de la chaire d'histoire

Don Antonio Bellido Risco.

à la Faculté de Philosophie et des Lettres Don Fernando Seguido Brieva y Salvatierra

A partir de novembre 1901, l'un des pro fesseurs les plus éminents du royaume, Do Vicente Santamaria de Paredes, est ven toutes les après-midi donner au Roi de leçons d'économie politique, finances, dro politique et droit administratif.

Les autres professeurs de Sa Majesté or été, en outre de M. Gayan et Merry del Va dont nous avons déjà parlé :

Don Francisco de Paula Arrillaga, ingénieur, professeur d'histoire naturelle et sciences ;

Dona Paula Czerny, institutrice de piano et allemand ;

Don José Coëllo Perez del Pulg

Don Enrique Ruiz Fornelles, capitaine d'infanterie, professeur de pratique militaire ;

Don José Coëllo y Peres del Pulga capitaine de cavalerie, professeur de de sin et d'histoire des arts ;

Don Pedro Carbonell, maître d'arme professeur d'escrime ;

Don Anselmo S. Gonzalez, monite de gymnastique ;

Don Antonio Bellido y Risco, p mier piqueur des *Caballerizas*, profe seur d'équitation.

Le Maître d'Armes Pedro Carbonell.

S. M. Alphonse XIII, à la veille

son couronnement, a tenu à manifester toute sa gratitude et sa faveur au distingué diplomate qui a été son professeur d'anglais, et il a nommé Don Alfonso Merry del Val son secrétaire particulier adjoint ; c'est un choix qui honore grandement M. Merry del Val, mais dont tous ceux qui connaissent son talent et sa modestie ne peuvent que féliciter le jeune souverain.

Don Alfonso Merry del Val.

Ce livre serait incomplet si nous ne disions quelques mots des membres de la famille royale, dont le nom revient si souvent sous notre plume.

La reine Isabelle II, qui, depuis 1868, habite Paris la plus grande partie de l'année, vient très rarement à Madrid et n'y fait que de courts séjours.

Elle a eu quatre enfants.

L'Infante Isabelle, tante d'Alphonse XIII, si aimée à Madrid, qui est née le 20 décembre 1851 et qui, pendant de longues années jusqu'à la naissance de la fille aînée d'Alphonse XII, a porté le titre de « princesse des Asturies », titre qui correspond à celui de « dauphine » en France.

Mlle Paula Czerny.

Le roi Alphonse XII, né en 1857, fut le second enfant de la reine Isabelle II.

L'Infante Maria de la Paz, née à Madrid le 23 juin 1862, et l'Infante Eulalie, née à Madrid le 12 février 1864, ont été élevées hors d'Espagne et ne viennent que rarement à Madrid. L'Infante Maria de la Paz a épousé, le 2 avril 1883, le prince Louis-Ferdinand de Bavière, et l'Infante Eulalie a été mariée, en 1886, à l'Infant

M. Albert Gayan.

Antonio d'Orléans, duca di Galliera ; ce mariage a été dissous en 1900.

Les trois tantes d'Alphonse XIII vivent encore et jouissent d'une bonne santé : elles sont venues assister aux Fêtes du Couronnement du jeune Roi. Elles sont très bien vues toutes les trois, très respectées du public madrilène, mais les deux plus jeunes sont beaucoup moins connues et aimées des Madrilènes que leur aînée, et cela tient surtout à leur éloignement de Madrid.

L'Infante Isabelle, mariée en 1868 au comte Gaëtan de Girgenti, prince de Bourbon-Siciles, est devenue veuve en 1871 et n'a jamais cessé de vivre, depuis lors, aux côtés de son frère, le roi Alphonse XII, et ensuite, après sa mort, auprès de la reine Marie-Christine, dont elle fut toujours l'amie fidèle et dévouée.

Très espagnole de caractère et de goûts, cette princesse a su se gagner tous les cœurs par l'affabilité de son accueil, sa générosité, sa charité inépuisable ; elle est adonnée à tous les sports, elle monte à cheval à merveille, va à la chasse et est très *afficionada* des corridas de toros. Excellente musicienne, elle s'entoure de musiciens espagnols, donne des concerts, encourage les arts lyriques ; elle peint fort bien et sait se conduire, vis-à-vis des peintres et des sculpteurs espagnols, comme un Mécène d'un goût éclairé. Elle mérite, par la correction de sa vie privée et son affec-

L'Infante Dona Paz et le Prince de Bavière.

tion si touchante pour le jeune Roi, l'estime et l'admiration des Espagnols.

Jusqu'en ces derniers jours, l'Infante Isabelle avait ses appartements au Palais-Royal, et elle ne les a quittés que pour faciliter l'installation des nouveaux appartements du Roi.

S. A. R. l'Infante Isabelle.

S. M. Alphonse XIII a deux sœurs aînées, deux charmantes et belles princesses, qui vivent toutes deux au Palais-Royal auprès de leur auguste mère.

L'Infante *Maria de Las Mercédès*, née à Madrid le 11 septembre 1880, porte le titre de *princesse des Asturies*.

L'Infante *Marie-Thérèse*, sa sœur, est née le 12 novembre 1882 et n'est pas encore mariée : elle ressemble beaucoup à son auguste frère Alphonse XIII, tandis que la princesse des Asturies ressemble plutôt à la reine Marie-Christine.

S. A. R. l'Infante Marie-Thérèse est douée d'un caractère excellent et aime beaucoup à partager les distractions de son frère, qui a pour elle une véritable prédilection.

S. A. R. l'Infante Marie-Thérèse.

On a beaucoup parlé de l'Infante *Maria de las Mercédès* à l'occasion de son mariage avec son cousin le prince Carlos de Bourbon et on a même fait à cette époque de grands efforts pour empêcher cette union. Des campagnes de presse ont eu lieu : on a cherché à montrer aux Espagnols le jeune prince, fils du comte de Caserte et petit-fils de S. M. Ferdinand II, roi des Deux-Siciles, comme un prince imbu d'idées rétrogrades, de sent ments despotiques, et plus réactionnaire que le prétendant Don Carlos lui-même. Ce sont là d'infâmes calomnies contre lesquelles on ne saurait trop protester avec la plus grande énergie.

En novembre 1900, j'écrivais dans *Le Journal* les pages suivantes :

Le mariage de la princesse des Asturies avec le prince de Bourbon ne sera pas retardé ni ajourné, car il s'agit en somme d'une affaire concernant plus spécialement la famille royale que les intérêts supérieurs du pays. Le prince Charles de Bourbon est élevé dans des idées libérales, il a servi dans l'armée espagnole à Cuba : son accession au trône d'Espagne serait impossible, même dans le cas de la mort du jeune roi Alphonse XIII, car alors il ne serait qu'un prince « consort » sans prérogatives royales. D'ailleurs, cette éventualité est bien éloignée, car le roi Alphonse XIII se porte aussi bien que les enfants de son âge les plus robustes ; il se prépare par de fortes études à devenir un souverain, effectif et ses qualités précoces donnent à ses maîtres la plus grande satisfaction et l'espoir de le voir devenir un monarque ami du progrès et soucieux des intérêts de son pays. Il n'y a donc aucune raison pour les politiques espagnols de s'opposer au mariage d'une princesse jeune et charmante avec le fiancé qu'elle a choisi et qui l'aime. Les mariages d'amour ne sont pas déjà si nombreux : applaudissons la princesse des Asturies de donner un si noble exemple !

S. A. R. la Princesse des Asturies.

C'était là purement et simplement la vérité, et les événements ont bien prouvé que toute l'opposition bruyante qu'on faisait au mariage de la princesse des Asturies avait des origines malsaines et des desseins coupables ; et c'était pitié de voir des journaux et des hommes politiques chercher à soutenir la cause de leurs partis antidynastiques en se faisant les échos de bruits mensongers et d'anecdotes fabriquées à plaisir, sans rougir du mal que leurs calomnies et leurs insinuations perfides faisaient à une auguste jeune fille qui, dans toute cette affaire, ne consultait que son cœur.

N'est-il pas atroce de penser qu'une princesse ne peut, comme une simple particulière, disposer de sa main et aimer un prince digne d'elle par la naissance et qui l'aime, sans qu'une meute de méchants se précipitent autour d'elle et poussent de grandes clameurs ? On joue sans souci avec les plus secrètes pensées d'une jeune fille, on torture son cœur, on risque de briser sa vie et de détruire son bonheur naissant on commet une infamie... et on la commet sans vergogne, parce qu'on croit servir la politique de son parti ! Fi ! Que la politique ainsi pratiquée devient une vilaine chose !

Rien n'est plus touchant que l'histoire de ce mariage princier, et rien n'est plus simple.

Le prince Charles de Bourbon et son frère aîné, le duc de Calabre, ont toujours été au nombre des intimes du Palais-Royal. Le prince Charles a fait toute sa carrière militaire en Espagne, où il a été élève de l'École d'artillerie, et où il avait obtenu, avant son mariage, le grade de capitaine honoraire d'état-major.

S. A. R. le prince Charles des Asturies.

Dans la fréquentation des Infantes, il eut l'occasion de voir, d'apprécier, d'aimer la princesse des Asturies ; et, bien qu'il ait toujours gardé à ce sujet une attitude des plus discrètes, l'amour sincère est si communicatif, il se lit si aisément dans les regards et dans les paroles les plus banales, que son secret fut percé à jour, malgré lui peut-être, et que la gracieuse et jeune princesse ne tarda pas à aimer, elle aussi, un soupirant aussi discret et aussi réservé. Les jeunes princes s'aimèrent, sans l'avouer à personne et sans se le dire autrement que par ce trouble inconscient des cœurs que rien ne peut réprimer : le prince Charles, au moment de la guerre de Cuba, voulut partir pour combattre dans les rangs espagnols. Les périls étaient réels, non seulement à cause des ennemis, mais encore à cause du climat meurtrier de l'île.

La Reine-régente ne put qu'approuver un si noble dessein et, avant le départ du prince pour Cuba, elle l'invita à déjeuner au Palais. On raconte que ce fut à cette occasion que, pour la première fois, la princesse des Asturies trahit son secret aux yeux de sa mère. On conçoit les angoisses de cette jeune fille à la veille du départ de celui qu'elle aimait : elle ne put résister au désir de lui dire adieu et, ayant connaissance qu'il déjeunait avec son auguste mère, elle lui adressa la lettre suivante :

« Ma chère maman, je sais qu'aujourd'hui Charles vient déjeune pour te faire ses adieux avant d'entreprendre son voyage à Cuba. S résolution t'aura certainement causé autant d'orgueil qu'à moi : c'est u beau trait. Dieu veuille qu'il ne lui arrive aucun mal! Je voudrais féliciter et lui faire mes adieux. Veux-tu être assez bonne pour no permettre, à Thérèse et à moi, de venir au salon après le déjeuner? Un refus de ta part me causerait un véritable chagrin... »

La Reine en 1900.

Une demande ainsi fc mulée ne pouvait qu'êt exaucée par la Rein régente : et la princes des Asturies put laisser pe cer dans les paroles qu'e adressa à son cousin s son acte de courage et l dangers de son voya, toute l'inquiétude qu'e ressentait et lui révé ainsi que son sort n'ét pas indifférent à son jeu cœur...

Le prince Charles rev de Cuba, ayant fait s devoir de soldat, et on revit au Palais. Ma croyant sans doute à l'inanité de ses aspirations, ayant cherché dans camps de Cuba à arracher de son cœur un amour qu'il pensait chim rique, le prince Charles se montra plus réservé que jamais avec la Rei régente, et Sa Majesté aurait pu croire que le prince n'était pas amo reux de son auguste fille, si un fait n'était venu démontrer combi profonds étaient les sentiments du prince.

Invité à la Cour d'Autriche par l'empereur François-Joseph, q voulait le marier avec sa nièce l'archiduchesse Isabelle, le prince Char s'y rendit, mais plutôt contraint que de gaieté de cœur. Il fut vite ch aux yeux du vénérable empereur que Charles de Bourbon avait déjà donné son cœur, et ce fut sans surprise qu'on vit « un beau jour » le jeune prince abandonner Vienne, sans avoir consulté personne, et sous le prétexte que le climat de cette capitale était malsain pour sa santé.

De retour à Madrid, S. M. la Reine-régente entreprit de confesser le jeune prince et, un soir qu'il avait dîné au Palais, elle le prit à part et lui demanda des nouvelles de Vienne et de sa famille, que le prince lui donna avec empressement.

La Reine avec son petit-fils en 1902.

« Est-il vrai, lui demanda-t-elle tout d'un coup, à brûle-pourpoint, que tu as été candidat à la main de l'archiduchesse Isabelle ?

— Madame, répondit alors le prince Charles, j'ignore si j'ai été ou non candidat à la main de l'archiduchesse ; ce que je puis assurer à Votre Majesté, c'est que je ne le suis pas... Et ce que je dois à l'heure actuelle dire à Votre Majesté, puisque Votre Majesté a daigné mettre la conversation sur ce sujet, c'est que je suis candidat — que Votre Majesté me pardonne — à la main de la princesse Mercédès... Oui, si ambitionner comme le plus grand bonheur d'être aimé de celle qu'on aime, si penser à elle et ne vivre que pour elle... c'est être candidat à sa main... oui, dans ce cas, Madame, je suis candidat à la main de la princesse.

— Et vous en faisiez un si grand secret !

— Je n'en ai jamais soufflé mot. J'ai toujours pensé cacher mon amour à tous. Je suis soldat, je sais obéir. Si Votre Majesté ne m'accorde pas l'autorisation de continuer à espérer, je la prie de m'envoyer aux Iles Canaries. »

La Reine-régente, émue par les paroles véhémentes du prince et par l'expression si sincère de son amour, lui tendit simplement la mai affectueusement, en lui disant : « J'y penserai. »

L'Infante Mercédès, de son côté, fut très franche et fit loyalemen l'aveu à son auguste mère de son amour pour Charles de Bourbon : ell se jeta dans les bras de la Reine et la supplia de ne pas la marier contr son gré.

La Reine-régente, si pieuse et si admirable comme épouse et comm mère, ne pouvait qu'approuver des amours si chastes et si tendres ; ell résolut de couronner la flamme des jeunes princes et d'unir leurs desti nées. Sous les lambris dorés du Palais comme dans la plus humbl chaumière, l'amour seul fait le bonheur des époux ; et les unions ma assorties n'ont jamais abouti qu'à des scandales, à des souffrances et des malheurs irréparables.

Est-il rien de plus beau que le spectacle de deux êtres jeunes, beaux qui s'aiment ? Leur union n'est-elle pas, à la fois, le bonheur pour eux pour leurs parents, et ne constitue-t-elle pas un gage de félicité pou l'avenir ?

Dieu a béni le mariage de la princesse des Asturies et de Charles d Bourbon : l'Espagne compte un Infant de plus, le petit Alphonse d Bourbon.

Blason des Médicis.

Armes royales de Léon.

Alphonse XIII faisant l'exercice militaire en 1897.

CHAPITRE XI

Arcs de triomphe et rues pavoisées. — Exposition du Cercle des Beaux-Arts dans le Palais de cristal du Retiro. — Arrivée des Princes royaux. — Grand dîner de gala au Palais-Royal. — Le sacre des Rois d'Espagne. — Cérémonies des sacres des Rois de Castille et des Rois d'Aragon. — Proclamation et serment d'Isabelle la Catholique. — Les Missions extraordinaires au Palais. — Remise au Roi des insignes de l'Ordre de la Jarretière, du collier de l'Ordre des Séraphins et de l'Ordre persan des Agdes. — La revue de Carabanchel. — Le mariage du Roi. — Illuminations générales. — Encore les anarchistes !

Madrid, 15 mai 1902.

Les jours se suivent et ne se ressemblent pas ! dit le proverbe. Mais peut-on en dire autant des fêtes ? Plus ça change et plus c'est la même chose, répondrait M. Prudhomme (Joseph).

Je ne sais lequel aurait raison du proverbe ou de Joseph Prudhomme !

Les arcs de triomphe s'achèvent et s'ornementent de plus en plus ! Les rues sont envahies par des foules ébahies : on regarde des poteaux qui imitent des palmiers et soutiennent des guirlandes de feuillages qui se dessèchent ; on contemple des petits ours en carton et des lions de même matière qui semblent vouloir grimper dans la Carrera San Jéronimo à des mâts de cocagne. Il y a des couples de géants dorés, en carton ou en bois, qui suspendent sur la tête des passants un lustre de lumière électrique et une couronne : le Roi passera dessous. Mais les badauds y passent avant lui et se demandent si cela ne va pas leur tomber sur le nez.

On ne peut plus circuler nulle part : dès neuf heures du matin, il y a foule dans les rues. C'est très beau les fêtes, mais qui donc cela peut-il amuser ? disait un grincheux hier. Tout le monde n'était pas de son avis, car des milliers et des milliers de voyageurs débarquent à chaque instant des trains et envahissent les rues aux fenêtres pavoisées de Madrid qui n'a pas à s'en plaindre !

Nous avons eu l'ouverture de l'Exposition de portraits du Cercle des Beaux-Arts, dans le Palais de Cristal du *Retiro*. On a profité de cette occasion pour remettre des vitres à ce pauvre Palais qui avait l'air jadis d'une immense serre abandonnée et morne. On y a mis aussi des cloisons de bois recouvertes de tissus rouges ou grenat et des tableaux : il y en a d'excellents, et cette Exposition de portraits mérite une visite. Les artistes qui ont exposé les œuvres les plus remarquables sont : les peintres Moreno Carbonero, Emilio Sala, Garnelo, Dominguez, Ruiz Luna, Garcia Ramos, Lizcano, Pinazo, Ugarte, Martinez Abades, Campuzano, Munoz Lucena, Benedito, Chicharro, Cabrera, Parladé, Carlos Vasquez, Abarzuza, Garcia Mencia, Cecilio Pla, Alcazar, Martinez Ruiz, Villegas Brieva, Lhardy, Fillol, Pedro Faënz, Francès, Alpariz, Médina Vera, Morelli, Sanchez Sola, etc.

Parmi les sculptures, on ne peut citer que le taureau de Benlliure et un buste de Don Francisco Silvela dont j'ignore l'auteur.

A quatre heures trente-cinq de l'après-midi, en grande pompe guerrière et officielle, nous avons eu, à la gare du Nord, l'arrivée et la réception des princes royaux. Le prince des Asturies, les ministres des Affaires étrangères et de la Marine, les hauts fonctionnaires du Palais et du ministère de Estado, l'Alcalde et le Gouverneur civil de Madrid, les Ambassadeurs et leurs personnels s'étaient rendus au-devant des princes amenés par le train spécial qui est allé les chercher à Irun.

Aux sons de la *Marche Royale*, sont descendus des wagons, le duc de Connaught, le grand-duc Wladimir, le prince Albert de Prusse, le prince héritier de Siam, le prince Nicolas de Grèce, le prince Eugène de Suède, le prince Christian-Charles de Danemarck, le prince de Monaco, tous accompagnés de leur suite. Après les saluts et les discours officiels, Leurs Altesses sont montées dans les carrosses qui les attendaient, avec les personnages espagnols chargés de leur faire les honneurs de Madrid, et ce long cortège s'est rendu au Palais-Royal pour saluer Leurs Majestés. Le Roi et la Reine les attendaient sur le palier principal du grand escalier du Palais, avec toute la Cour, et chaque prince, à tour de rôle, a reçu l'accueil le plus protocolaire... et en même temps le plus aimable et le plus chaleureux.

Les princes se sont ensuite rendus dans le salon de la Reine et ont présenté au Roi leurs lettres de créance, toutes entièrement écrites de la main de leurs souverains respectifs. Ils ont gagné ensuite leurs appartements.

Le soir, à huit heures, dans la salle à manger de gala du Palais, un superbe dîner a été donné en l'honneur des princes étrangers. La décoration de la salle et de la table avec des plantes, des fleurs, et des lampes électriques, était absolument féerique, et le dîner tout simplement exquis. La musique des Hallebardiers a joué plusieurs morceaux : l'ouverture de *Cléopâtre* de Mancinelli, la marche du *Tannhauser*, une fantaisie sur *Lohengrin*, une barcarolle, « *Angelita* », de Casas, une gavotte, « *Maria-Cristina* », de Yuste, et la valse « *Ange d'Amours* » de Waldteuffel. C'est le premier grand dîner officiel auquel assiste Alphonse XIII.

Un érudit espagnol, qui déjeune avec moi, me donne d'intéressants détails sur la cérémonie du Couronnement des rois d'Espagne. Cette importante coutume a eu divers rituels.

Les rois de Castille et de Léon se faisaient couronner solennellement, mais beaucoup d'entre eux n'observèrent pas cet usage à cause des guerres civiles ou des troubles qui marquèrent les débuts de leurs règnes.

Les historiens espagnols Marichalar et Manrique ont trouvé dans les archives du monastère de Silos le cérémonial suivi dans cette circonstance. Le voici :

« Le jour désigné pour le couronnement, l'archevêque ou métropolite, accompagné de tout le clergé et des nobles, se rendait au Palais-Royal.

« Dès son lever, le roi s'agenouillait et écoutait la prière que récitait le Prélat, demandant au Ciel d'inspirer l'âme du monarque et de rendre son règne utile à la prospérité de tous.

« Le roi se plaçait ensuite entre deux évêques et, suivi du clergé, des nobles et du peuple, il se dirigeait vers l'église, sur le seuil de laquelle il s'arrêtait, pour écouter à genoux une nouvelle prière du métropolite. Il pénétrait ensuite dans l'église et, en face de l'autel, il s'agenouillait et restait dans cette posture avec les bras en croix, ainsi que les deux évêques qui étaient à ses côtés, pendant toute la durée du chant des Litanies et des oraisons spéciales à la cérémonie.

« Dès que les chants étaient finis, le roi se redressait et l'archevêque lui faisait subir l'interrogatoire suivant :

— « Veux-tu garder la sainte Foi dont les catholiques sont les défenseurs et qui est observée par les bonnes œuvres et par l'équité ? — Je le veux. — Veux-tu être le tuteur et le défenseur de la sainte Église et de ses ministres ? — Je le veux. — Jures-tu de diriger et de défendre ton royaume, que Dieu te concède, avec autant de justice que l'ont gouverné et défendu tes ancêtres ? — Je le veux et je jure également, avec l'aide de Dieu et de ses saints, que je le ferai en tout et pour tout avec fidélité. »

« Ce serment prêté par le roi, l'archevêque se tournait vers le public et lui demandait :

— « Veux-tu être sujet de ce prince ? Veux-tu, avec ferme fidélité que son règne s'établisse et se consolide, et jures-tu d'exécuter ses ordres selon la doctrine de l'Apôtre ? »

« Le clergé, la noblesse et le peuple répondaient par des acclamations et le cri de : Oui ! oui !

« L'archevêque prononçait alors un sermon de circonstance et procédait à la cérémonie de l'onction du roi avec les saintes huiles. Il lui oignait d'abord les mains, puis le front, la poitrine, l'épaule et les bras en lui disant :

— « Je te consacre roi avec les huiles saintes, au nom du Père, du Fils et du Saint-Esprit. »

« Il lui revêtait ensuite les insignes de la royauté, en commençant par l'épée et en finissant par l'imposition de la couronne sur la tête, et il lui disait : « Recevez la couronne du Royaume. »

« Puis il conduisait le roi, orné de tous ses insignes, au trône et l'y faisait s'asseoir. « Asseyez-vous et prenez possession de ce siège qui vous appartient par droit héréditaire. »

Tel était le Sacre des rois de Castille et de Léon ; celui des rois d'Aragon était plus solennel encore et les monarques aragonais furent de très scrupuleux observateurs de cette coutume.

Don Pedro IV a laissé par écrit les règles à observer pour l'accomplissement de cette cérémonie :

« La semaine précédant les fêtes, le roi devait jeûner trois jours : le mercredi, le vendredi et le samedi, et communier le dimanche matin. Ayant rempli ces devoirs religieux, il devait se vêtir d'une robe de dessous en soie blanche, sur laquelle il passait une *saie* (le *sagum* romain et gaulois) de couleur écarlate et une *gramilla* (sorte d'*étole* de velours rouge et brocart d'or que les *Jurats* de Saragosse avaient coutume de porter) sur laquelle étaient brodées les armes royales. Un manteau d'or et de velours rouge, doublé de peau d'hermine blanche, complétait le costume royal. Les chevaliers le revêtaient solennellement et le roi montait ensuite sur un beau coursier blanc pour se rendre à l'église. Un écuyer le précédait en portant l'épée, et à ses côtés deux jeunes nobles portaient l'étendard royal et l'écu (bouclier royal).

« Le roi descendait de cheval à la porte de *La Séo* et, en arrivant au maître-autel, il récitait à genoux une prière. Puis les écuyers plaçaient debout sur l'autel l'épée du souverain, l'étendard, l'écu et le heaume (casque). Le roi s'asseyait sur un trône couvert de drap d'or, près de l'Évangile, et faisait offrir aux nobles des rafraîchissements, des vins généreux et des gâteaux.

« Le roi restait toute la nuit dans l'église pour « veiller ses armes » et, à l'aube, il écoutait une messe privée dans une des chapelles de *La Séo* et il s'habillait comme les *Diacres* avec une dalmatique de velours rouge aux armes royales. L'archevêque-métropolite, le clergé et les nobles l'accompagnaient au maître-autel, sur lequel les seigneurs déposaient la couronne royale, le sceptre et le pommeau de l'épée du roi, qu'ils portaient sur des plateaux d'argent.

« Les assistants faisaient le cercle et le roi s'agenouillait au milieu et répétait à haute voix la prière d'usage. Le clergé entonnait les Litanies; on bénissait les armes.

« Le roi, pour terminer la cérémonie, prenait lui-même la couronne sur l'autel et la plaçait, sans l'aide de personne, sur son front : il saisissait le sceptre, récitait d'autres prières, puis sortait de l'église, montait à cheval et se dirigeait en grande pompe, à la tête d'un brillant cortège, vers le Palais-Royal, où un grand banquet était le prélude de nombreuses fêtes et des réjouissances populaires. »

Ce fut la reine Isabelle la Catholique qui, en héritant du trône de Castille par la mort de son frère Henri IV, supprima la cérémonie du Sacre. Depuis lors, l'avènement des rois d'Espagne donne lieu à une proclamation solennelle et au Serment du roi : il n'y a plus de consécration religieuse, seulement un *Te Deum* chanté à la cathédrale.

« Quand Henri IV de Castille mourut, Isabelle et Ferdinand se trouvaient à Ségovie; le clergé, la grandesse et les conseillers du royaume se rendirent en procession solennelle à l'Alcazar pour y chercher la princesse et la conduire ensuite en grande pompe à la Plaza Mayor. Isabelle, dans tous ses atours royaux, montait un beau palefroi dont deux échevins tenaient les rênes, précédée du grand porte-étendard à cheval et l'épée nue. Ferdinand la suivait, somptueusement vêtu, et faisait fort bonne figure.

« Arrivée à la Plaza Mayor, la reine Isabelle monta sur une estrade pavoisée et décorée d'oriflammes, et elle prit place sur un trône. Aussitôt le héraut d'armes proclama à grands cris : *Castille, Castille par le roi Don Ferdinand et la reine Dona Isabelle, reine propriétaire de ses royaumes!* On fit flotter au vent l'étendard de Castille et la reine reçut les hommages et le serment de fidélité de ses sujets : elle jura, elle-même, sur les saints Évangiles de respecter et conserver les *fueros* (droits politiques et codes) ainsi que les libertés du royaume. La prestation de serment terminée, les monarques se rendirent à la cathédrale, où on chanta un solennel *Te Deum.* »

A quelques petits détails près, la cérémonie d'après-demain sera semblable à celle de la proclamation de la reine Isabelle la Catholique. Tous les rois d'Espagne, depuis cette époque, ont d'ailleurs observé scrupuleusement cette cérémonie traditionnelle du serment : les *fueros* sont devenus de nos jours la Constitution, voilà tout !

Madrid, 16 mai 1902.

S. M. la Reine-régente a conféré les décorations suivantes : la *Toison d'or,* au prince héritier de Siam, au duc de Connaught et au prince Eugène de Suède ; le *Collier de Charles III,* aux princes de Grèce, de Russie et de Danemark ; la *Grand'Croix du Mérite Militaire,* au général anglais sir Frédéric Forestier, au général allemand de Moltke, au général russe prince Nicolas Dolgorowki ; la *Plaque* du même Ordre, au colonel allemand Von Dehn Rotfelser et au colonel russe Talischeff ; la *Cravate de Commandeur* du même Ordre, au lieutenant-colonel portugais D. Alfredo Agustin de Albuquerque, au médecin-major allemand Dr Keitel, au lieutenant-colonel italien D. Antonio Robaglia et au colonel (?) siamois Phya Ravajawallabto ; la *Croix de Chevalier,* aux capitaines anglais Lascilles et Fitzmaurier, au capitaine siamois Varadiddhy, au capitaine grec Pallis, au capitaine suédois Diétrich et au lieutenant portugais Mello ; la *Grand'Croix du Mérite Naval,* à l'amiral anglais Seymour et au contre-amiral autrichien Chorinski ; la *Plaque* du même Ordre, au capitaine de vaisseau italien Carlos Galeani ; la *Croix de Chevalier,* aux lieutenants de vaisseau italiens marquis de Guerrieni et D. Ricardo Pellous.

C'est hier matin, à dix heures, que les Missions extraordinaires se sont rendues au Palais-Royal, dans des carrosses de la Cour, pour présenter leurs lettres de crédit. La cérémonie a eu lieu dans la salle du Trône et a été strictement conforme à l'étiquette d'usage en pareil cas, chaque ambassadeur et chef de mission remettant ses lettres de crédit à Leurs Majestés avec un petit discours, auquel répondent les souverains, puis présentant les personnages de leur suite.

Aujourd'hui, à onze heures du matin, a eu lieu, en grand appareil, dans la salle du Trône du Palais-Royal, la remise à S. M. Alphonse XIII des insignes de l'Ordre de la Jarretière, l'un des plus anciens et certainement le plus rare des Ordres de Chevalerie, car, créé en 1348 par Édouard III, roi d'Angleterre, il ne compte que vingt-cinq titulaires, et tous sont des souverains ou fils aînés de souverains. Le Roi était vêtu de l'uniforme de capitaine-général, avec une culotte courte blanche, des bas de soie blanche et des escarpins vernis avec boucles d'or.

Il attendait au pied du Trône S. A. le duc de Connaught, qui arriva, précédé de quatre serviteurs du Palais portant un coussin sur lequel étaient placés les insignes royaux. Derrière le duc de Connaught, venaient l'amiral Seymour, ambassadeur extraordinaire avec sa suite, sir H.-M. Durand, ambassadeur d'Angleterre à Madrid, avec le haut personnel de l'ambassade.

Les domestiques ayant déposé le coussin devant le Roi, Alphonse XIII avança d'un pas et posa le pied sur le coussin de velours rouge brodé d'or : le duc de Connaught, très impressionnant dans le superbe costume moyenâgeux de l'Ordre, plia un genou devant le monarque et lui mit la Jarretière à la jambe. Puis il se releva et passa au Roi le grand cordon de l'Ordre, le collier et la plaque.

L'investiture des insignes ainsi faite, le duc de Connaught lut au Roi un discours de félicitations au nom de S. M. Édouard VII et en son nom personnel, auquel le Roi répondit avec beaucoup de bonne grâce par un discours de remerciements pour S. M. le Roi d'Angleterre et exprimant sa satisfaction de voir s'affirmer une fois de plus les cordiales relations qui unissent les deux monarchies.

On appelle ce genre de littérature, très étudiée et où toutes les paroles sont pesées : le discours d'usage. Ce sont des formules très banales à force d'être trop souvent employées : les lecteurs me sauront gré de ne pas les traduire. La musique des Hallebardiers a joué l'hymne royal anglais et la marche royale espagnole.

A deux heures de l'après-midi la cérémonie a recommencé, mais plus simplement peut-être. Le prince Eugène de Suède et Norvège a été conduit au Palais dans un carrosse à quatre lanternes avec escorte. Il a remis à S. M. Alphonse XIII, qui l'attendait dans le salon royal en uniforme de Cadet d'infanterie, le collier de l'*Ordre des Séraphins*, le plus important des Ordres de Suède et Norvège, qui fut fondé en 1285. De nouveau les « discours d'usage » furent échangés et les airs nationaux retentirent.

Le Roi avait à peine eu le temps de changer son uniforme contre un uniforme de colonel d'infanterie allemande — Guillaume II lui ayant conféré le titre de colonel honoraire du même régiment que son père — lorsque les carrosses du Palais-Royal déposèrent au bas du grand escalier S. A. le prince Mirza Riza Khan, ambassadeur extraordinaire de Perse, qui fut reçu dans le salon rouge, avec le même cérémonial que précédemment et qui fit remise au Roi d'Espagne au nom du Shah de Perse des insignes en brillants de l'Ordre impérial des Agdes, le plus rare de tous les Ordres persans.

Nouveaux « discours d'usage » en français, et audition des airs nationaux

Certes, ce fut une journée bien remplie pour le jeune Roi, car il lui fallut changer de nouveau d'uniforme pour le grand dîner du soir offert aux ambassadeurs extraordinaires et chefs des Missions officielles. La grande salle à manger de gala fit derechef l'admiration des convives, ainsi que la décoration de fleurs et de lampes électriques de la table :

on savoura des mets exquis, des vins fins, on écouta une musiqu excellente.

On causa beaucoup aussi de la revue des Cadets, des Écoles militaires passée par le Roi à Carabanchel dans l'après-midi d'avant-hier. O vantait la belle prestance à cheval de notre ambassadeur extraordinair le général Florentin, qui avait été invité par le Roi à l'accompagner cette revue, dès son arrivée, et qui montait un superbe cheval que l général Weyler, ministre de la Guerre, avait choisi parmi ses propre chevaux favoris.

On critiquait vivement l'attitude d'un capitaine-général sans attri bution dans l'État-Major général et qui, assistant presque comme u spectateur à la revue, avait cru devoir mettre sabre au clair chaque foi que l'avaient fait le Roi et le prince des Asturies. Il aurait dû observer l réserve des autres généraux, chefs et officiers de toutes armes et de tou grades, qui restèrent le sabre au fourreau, comme ils devaient le fair d'après les règlements militaires. C'est un détail, disent les indifférents mais dans les questions militaires il n'est pas de petit détail, ni d détail secondaire, et le Roi s'est formalisé de cet oubli des règlements

On blâmait, du reste, dans cette revue, la confusion et le désordre dan lequel s'étaient trouvés mêlés les princes, les généraux, les aides de camp les ordonnances et toute l'escorte du Roi, peut-on dire, sans observe les règles des préséances et de la hiérarchie militaire. Ces défauts ne s renouvelleront plus ; la grande revue que passera le Roi en sera certai nement exempte. Il ne faut les attribuer qu'à l'*impromptu*, si l'on peu ainsi parler, de la revue passée par le Roi à Carabanchel.

Dirai-je que l'on parle déjà du mariage d'Alphonse XIII ? C'est bie prématurément, mais c'est bien humain ; et n'est-ce pas un besoin de hommes, dès qu'ils sont assemblés et entraînés dans des conversation intimes, de se livrer à des conjectures, de faire des prédictions et pa fois de se donner des airs mystérieux pour émettre gravement comm des certitudes de demain les simples élucubrations des brouillards d leur cervelle ?

Le Roi n'est pas encore couronné ; il ne le sera que demain et il n'au que seize ans. De grâce, Messieurs, laissez-le se ressaisir et attendez, avant de le marier, qu'il ait eu le temps et l'occasion de faire son choix !

Ceux qui affirmaient gravement que le Roi d'Espagne épouserait la princesse Hélène de Russie, fille du grand-duc Wladimir, ne se doutaient sans doute pas que cette belle et illustre princesse était déjà fiancée à S. A. R. le prince Nicolas, troisième fils du roi de Grèce, et que son mariage était fixé au mois d'août prochain ! Messieurs les augures diplomatiques, laissez-moi rire !

Nous possédons en ce moment à Madrid la fameuse actrice japonaise Sadda Yacco, bien connue de tous les habitués de *la rue de Paris* à l'Exposition universelle de 1900. Elle est venue donner quelques représentations au théâtre de La Zarzuela et a obtenu un succès d'estime : le public madrilène est allé l'applaudir ; on a admiré certains jeux de scène et son réel talent dramatique. Mais l'exagération du jeu dans certains endroits des pièces trop... japonaises, et surtout l'impossibilité de rien comprendre aux paroles, ont nui énormément à la grande actrice. Certes, nous ne comprenons pas plus le japonais que les Espagnols, et nous sommes un peu de leur avis : Sadda Yacco est une tragédienne de grande race, une artiste-mime de premier ordre, mais ce qui nous a charmé et séduit chez elle, c'est beaucoup, avouons-le, l'exotisme des spectacles qu'elle nous a donnés. Je me figure que, si Sarah Bernardht ou Réjane vont jouer à Tokio et à Yokohama, les critiques japonais penseront absolument à leur sujet comme les critiques français et espagnols à propos de Sadda Yacco.

Ce soir, illuminations générales. Les soirs précédents, nous avions assisté à des essais, à des répétitions des illuminations privées et officielles. Mais cette nuit, il n'est pas un lampion, pas une rampe de gaz, pas une rangée de lampes électriques qui ne soient allumées : c'est un flamboiement d'incendie sur le ciel de Madrid ; tous les quartiers rivalisent de clartés et de lueurs.

Décrire des illuminations ! C'est bien inutile, n'est-ce pas ! Vous, qui en avez vu à Paris, à Londres ou dans n'importe quelle capitale, vous avez vu celles de Madrid. Ce sont toujours des motifs lumineux, des torches de gaz, des guirlandes de fleurs électriques, des rubans de petits globes électriques aux couleurs variées : j'ajouterai qu'à Madrid nombre d'illuminations publiques et privées ont été installées avec beaucoup de goût et qu'il y a des tentatives originales qu'il faut louer. En citer, ce serait être trop long, et, en outre, il en est malheureusement des illuminations comme de tout ce qui brille, cela ne dure que peu de temps : c'est un mirage qui s'évanouit, une féerie qui s'envole, avec la dernière lampe éteinte ! Il ne reste qu'un souvenir charmant de l'ensemble : les détails se confondent, se mêlent, disparaissent dans le noir de la nuit et de la mémoire !

Ce qui est très pittoresque ici, c'est la foule immense qui a envahi les rues éclairées *à giorno*, foule très simple, très sympathique, où deux cent mille provinciaux coudoient les Madrilènes, et où, tous, bouche bée et le nez en l'air, vont à petits pas, s'écrasant, se bousculant, en poussant des interjections d'admiration et de plaisir. Ah ! les badauds de Madrid ! Paris n'a rien à envier sous ce rapport à la capitale de l'Espagne : la badauderie n'est pas une spécialité parisienne ; je crois fort, après maintes expériences, que c'est un travers universel et commun à tous les humains !

Mais il ne faut pas trop veiller cette nuit ; c'est demain le grand jour, la date mémorable et historique. Nous aurons trop à faire pour ne pas profiter de quelques heures de sommeil avant les fatigues officielles d'un jour de couronnement royal.

La *Gazette* (le *Journal officiel* de l'Espagne) a publié ce matin le décret suivant, signé par la Reine-régente et Don Praxédés Matéo Sagasta, président du Conseil des Ministres :

ARTICLE PREMIER. — Le Sénat et le Congrès des Députés se réuniront en une seule Assemblée pour recevoir de mon auguste fils le roi Don Alphonse XIII le serment qu'indique la faculté I de l'article 45 de la Constitution de la monarchie espagnole, le 17 du mois actuel, dans le Palais du Congrès, à deux heures de l'après-midi.

Alphonse XIII dans le carrosse de la Couronne, allant au Congrès, le 17 mai 1902.

Art. 2. — Pour l'acte, dont il est question ci-dessus, on observera le Cérémonial stipulé à la suite de ce décret, indépendamment de celui qui a été convenu par les bureaux des Corps législatifs, durant tout le temps que Sa Majesté et la famille royale resteront dans le Palais du Congrès.

Ce décret est suivi du cérémonial établi par le Palais, en huit articles, et de celui établi par les bureaux du Sénat et de la Chambre, en huit articles aussi. Je n'en donne pas la traduction, car ce cérémonial sera décrit par moi dans le chapitre suivant, en rendant compte de la journée du 17 mai. Il y a d'ailleurs des détails qui sembleraient oiseux dans ce livre : par exemple, qu'à l'entrée de Leurs Majestés dans le salon des Sessions du Congrès, tout le monde doit se lever et rester debout ; que les sénateurs et députés peuvent s'asseoir quand la Reine-régente dira : *asseyez-vous ;* mais que les assistants des tribunes et galeries doivent rester debout, *quelle que soit leur condition sociale,* pendant tout le séjour de Leurs Majestés dans le Palais du Congrès.

On vient de découvrir, paraît-il, un complot anarchiste. La police a trouvé, dans le fond d'un cabinet noir d'un concierge de la Correra San Jeronimo, plusieurs cartouches de dynamite. Le cortège royal devant passer justement dans cette rue et devant cette maison, on en a conclu immédiatement à une tentative criminelle. Il me semble que tout cela est bien exagéré : des cartouches de dynamite — sans détonateur — ne sont pas d'un maniement bien facile. A moins que les anarchistes n'aient eu l'intention de confectionner une bombe et de la jeter d'un balcon sur le carrosse royal, je ne vois pas la possibilité d'un attentat.

Il y a, surtout à Madrid, beaucoup d'ingénieurs des mines qui passent, de maîtres-mineurs qui transportent avec eux de petites quantités d'explosifs pour aller faire des prospections, des recherches sur les mines qu'ils sont chargés d'aller étudier. Il est bien probable que les cartouches en question doivent appartenir à quelque professionnel de l'industrie minière et non à quelques anarchistes.

Néanmoins il est conté dans les journaux que la police a arrêté sept ou huit personnes descendues dans la maison incriminée et que l'on est convaincu d'avoir découvert — et éventé — un complot des plus sérieux.

Une arrestation qui me semble plus importante et qui a été faite sans bruit, — on a évité d'en parler dans les journaux, — c'est celle de trois individus très élégants, qui avaient réussi à prix d'or (en payant 300 francs par jour leurs chambres) à se faire loger dans un grand Hôtel de Madrid, situé juste sur le parcours du cortège. Cet Hôtel, qui avait été presque entièrement loué par le Ministère d'Estado pour loger quelques-unes des Missions extraordinaires, était rempli de policiers et c'est sans doute à ce fait qu'on doit la découverte des desseins de ces *gentlemen* et leur arrestation. Ils étaient, paraît-il, cousus d'or, et on a eu la preuve que leurs fonds leur avaient été fournis par des Loges anarchistes des États-Unis pour tuer le jeune Roi.

Que c'est triste ! Et l'on ne conçoit guère l'état d'âme de ces hommes qui rêvent la mort d'un jeune prince — presque un enfant — auquel on ne peut rien reprocher encore !

Il ne nous reste plus qu'à dormir, mais le vacarme de la rue est bien gênant. Il y a d'ailleurs des fêtes un peu partout, des dîners et des soirées dans les grandes familles et chez les riches bourgeois. Ceux qui veulent ne pas se coucher peuvent se livrer toute la nuit au sport des noctambules. Il y aura, certes, des promeneurs dans Madrid jusqu'à l'aube, et je crois que le bal populaire de la rue *Carmen* ne cessera pas de faire la joie des bons jeunes gens des deux sexes avant une heure fort avancée. Mais ce n'est pas moi qui serai un trouble-fête ; je n'aspire qu'à un repos réparateur.

Le carrosse de Sa Majesté sortant du Palais-Royal.

CHAPITRE XII

Le grand jour. — La diane militaire. — Une heure sonne! — Les carrosses des Grands d'Espagne. — Le cortège royal. — Leurs Altesses Royales. — L'Escorte royale et le carrosse de la Couronne. — Le « Te Deum » à San Francisco El Grande. — Le serment devant les Cortès. — Récit d'un témoin. — Incidents et détails. — Exploit d'un fou. — L'Amoureux de l'Infante.

Madrid, 17 mai 1902.

Des cloches! Des cloches! Tous les carillons et tous les bourdons des églises de Madrid sonnent à la fois! C'est un vacarme qui nous réveille.

Une foule compacte remplit les rues : la circulation est presque impossible. Des camelots et des marchands de bonbons, de pâtisseries et d'eau fraîche vont et viennent au milieu de clameurs assourdissantes. Toutes les maisons sont décorées de drapeaux et de guirlandes de feuillages ; parfois, des couronnes de fleurs ajoutent leur note charmante à cet ensemble banal. La Puerta del Sol, les rues Mayor, Carrera San Jeronimo, Alcala, que doit parcourir le cortège royal, sont littéralement tapissées de tentures rouges et jaunes qui pendent des fenêtres. Les monuments publics ont sorti toutes leurs tapisseries anciennes pour en couvrir les murs : les particuliers leur font concurrence avec de la percale à six sous le mètre. Pour ne citer qu'une décoration, je mentionnerai seulement celle du ministère de la Gobernacion, sur la Puerta del Sol. De chaque fenêtre pend une large tenture de velours cramoisi ou jaune, avec, dessus, les armes d'Espagne brodées en soie et en or : c'est d'un très bel effet, car, entre premier et second étages, il n'y a pas moins de soixante fenêtres.

A dix heures du matin, toutes les musiques de la garnison quittent leurs quartiers respectifs, à la tête des troupes, et font une promenade dans Madrid en jouant leurs airs de marche les plus entraînants. Les troupes ne rentreront pas dans leurs casernes : elles vont s'échelonner tout le long du parcours que suivront le cortège royal et le cortège des princes et missions. Il a été décidé que le cortège royal serait, à l'allée à la Chambre des députés, indépendant du cortège des princes et missions, afin de faciliter le défilé. Le cortège royal passera par la rue Mayor, et le cortège princier par la rue Arenal : le cortège royal se composant de quarante carrosses environ et celui des princes et ambassadeurs d'environ trente-cinq carrosses, on comprendra sans peine la nécessité d'écourter ce défilé tout au moins pour aller du Palais-Royal au Congrès des députés.

Le Palais du Congrès (Chambre des Députés).

Les musiques se rangent le long du parcours, aux débouchés des rues transversales : les soldats font la haie. Troupes de ligne, chasseurs à pied, génie, artillerie à pied, garde civile à pied, troupes de marine chasseurs à cheval, sur la Puerta del Sol ; dragons, lanciers et hussards autour du Palais du Congrès, sont alignés, en grand uniforme de gala. A tous moments, des aides de camp et des généraux en grande tenue passent au milieu des troupes, qui présentent les armes. Puis, ce sont des représentants étrangers, dont les uniformes resplendissent d'or et de plaques

A midi, cesse toute circulation de voitures, sauf celle des carrosses officiels, dans les rues désignées pour le passage du cortège.

En hâte, je vous télégraphie le compte rendu des cérémonies du cou

ronnement de S. M. Alphonse XIII, qui viennent d'avoir lieu en grande pompe.

Garde civil à cheval.

Grâce à l'aimable invitation de mon ami, Don Andrès Mellado, l'illustre écrivain espagnol, président de la Commission des finances du Sénat, j'ai pu assister, des fenêtres de son bel appartement, à la sortie du cortège royal du Palais. M. Mellado habite en face de la place d'Armes, qui s'étend devant le Palais-Royal.

L'horloge de la Gobernacion sonne une heure de l'après-midi. Toutes les trompettes de l'escorte royale et des troupes de cavalerie qui font partie du cortège lancent dans les airs des notes aiguës et stridentes qui déchirent le tympan. Le grand moment est arrivé. Le cortège va sortir de la place d'Armes. Dans la foule, pressée et haletante de curiosité, un grand silence s'établit.

Les Hussards de la Princesse.

Voici d'abord un escadron de la garde civile (gendarmerie) à cheval, avec sa musique et ses trompettes : culottes blanches, bottes à l'écuyère, habit bleu à la française, plastron rouge, buffleteries jaunes, tricorne noir bordé de blanc, l'uniforme évoque le souvenir des gendarmes français en tenue de gala. C'est, d'ailleurs, une troupe d'élite, de vieux soldats qui défilent impeccablement, avec de fort beaux chevaux.

Nouvelle sonnerie de clairons, nouvelle musique : c'est un escadron de dragons, avec casques à la prussienne, pantalons rouges à bande bleue, dolmans bleus avec ceintures rouges. Puis, passent des lanciers en uniforme bleu clair, avec plumets blancs qui retombent sur les casques, portant la lance ornée d'une flamme rouge et jaune : cette troupe a beaucoup d'allure. Les escadrons de chasseurs à cheval, aux chevaux fringants, ont aussi

Palefreniers royaux ouvrant la marche du Cortège.

Landau de Bronze.

un grand succès auprès du public. Une batterie d'artillerie à cheval défile correctement. Mais le clou du défilé, c'est certainement le passage des escadrons de hussards bleus aux dolmans blancs flottant sur les épaules, les hussards de la Princesse, et les hussards de Pavie aux vestes rouges et aux dolmans flottants bleus : ces troupes évoquent le souvenir de nos anciens régiments de hussards du second Empire, si pimpants et si décoratifs.

Maintenant passent, l'un après l'autre, les carrosses de gala à quatre chevaux des Grands d'Espagne, carrosses anciens ou modernes, conservés par ces grandes familles, qui ne les sortent que dans les occasions solennelles : les attelages sont magnifiques, et les Grands d'Espagne ont rivalisé de luxe, comme lors du mariage de S. M. Alphonse XII. On me désigne les carrosses des duchesses de Fernan-Nunez et de Baïlen, des ducs de Aliaga, d'Albe, de Medina-Celi, de Najera, de Tamamès, de Valencia, de Sotomayor, de l'Infantado et de Santona, des marquis d'Alcanices, de Miraflorès et de Tovar.

Carrosse des Chiffres.

Quand ce long défilé approche de la fin, les clairons de l'escorte royale se font entendre : le cortège royal proprement dit va enfin sortir avec les carrosses historiques.

Carrosse des Infantes Isabelle et Eulalie.

Carrosse de la Couronne ducale.

Derrière un peleton de lanciers, un espace vide. Puis, huit palefreniers à cheval, avec leur livrée bordée d'or, perruque blanche et tricorne galonné d'or; ensuite, vient un *caballerizo* (gentilhomme-écuyer) du Roi, en brillant uniforme, chapeau bicorne galonné d'or, dans le genre de ceux des ministres plénipotentiaires, et, derrière lui, le premier carrosse, dit de bronze, tiré par six chevaux empanachés, avec postillons et six valets de pied aux grandes tuniques littéralement couvertes de galons d'or, bas de soie rouge, escarpins à boucles, perruque blanche et tricorne, qui tiennent les chevaux par la bride. Tous les carrosses sont conduits de même, avec cocher et laquais.

Le soleil fait miroiter le carrosse de bronze, qui est ouvert et occupé par les quatre hérauts d'armes (rois d'armes), portant les masses et les attributs de la royauté : ils ont sur leur justaucorps un surplis de drap d'or avec les tours et lions de Castille.

La Maison de Leurs Majestés vient ensuite dans quatre carrosses, dits *de Paris,* tous plus précieux les uns que les autres et tirés par six chevaux aux panaches rouges.

Les ministres sont dans les carrosses suivants : carrosses d'*Amarante,* jaune d'or; carrosse des *Chiffres,* carrosse de *Concha* (coquille), ainsi nommé à cause des coquillages rares qui forment la bordure de la caisse : ce carrosse est un des plus beaux; il fut construit à Paris, pour Charles IV, en 1790. C'est dans ce carrosse que se trouvent les infantes, tantes du Roi, LL. AA. RR. l'infante Isabelle, l'infante Marie de la Paz, l'Infante Eulalie.

Carrosse dit : de Tableros dorados.

Carrosse dit : de Caoba.

Précédé d'un autre *Caballerizo* (grand-écuyer à cheval), voici le carrosse, dit de *Couronne ducale*, magnifiquement orné de bronzes dorés et de miniatures, surmonté de la couronne ducale. Dans ce carrosse, se trouve la sœur du Roi, la princesse des Asturies au fond, avec le prince Charles des Asturies en face.

« Enfin, nous allons voir le Roi ! » C'est le cri général. On entend, en effet, la *Marche royale*, jouée par la musique des Hallebardiers, sur la place d'Armes : c'est le signal de l'apparition du Roi. Le canon tonne (1), et un grand bruissement agite la foule, qui s'écrase et qui s'étouffe.

Apparaissent deux éclaireurs de l'escorte royale, régiment dont l'uniforme rappelle les Cent-Gardes de Napoléon III. Un grand-écuyer.

Deux carrosses à six chevaux empanachés, avec même cérémonial que les précédents : le carrosse des *Tabliers dorés* et le carrosse de *Caoba* (d'acajou doré). Ces deux carrosses sont ce qu'on appelle les carrosses de *respect* : ils sont vides tous les deux.

Les Clairons de l'escorte royale.

Les éclaireurs de l'escorte royale flanquent quatre sergents à cheval, qui précèdent les trompettes de l'escorte et un peloton d'avant-garde avec officiers.

Le duc de La Mina, chef des grands-écuyers du Roi, s'avance sur

(1) Une batterie d'artillerie montée, placée sur l'esplanade de la caserne de la Moutaux, a fait les trois salves de rigueur, de vingt et un coups de canon chaque : la première à la sortie du carrosse royal du Palais-Royal ; la seconde au moment où le Roi a prêté serment dans le Congrès ; la troisième à la rentrée du Roi au Palais-Royal.

un superbe cheval devant le carrosse royal, surmonté de la couronne royale et traîné par huit chevaux blancs, avec grands panaches blancs, postillon sur le premier cheval, cocher, laquais derrière le carrosse, huit valets de pied tenant les chevaux en main.

Tout le monde se découvre : quelques cris éclatent de : « Vive le Roi ! » et de : « Vive la Reine ! » Leurs Majestés passent en effet devant nous : la Reine, en grande toilette, la couronne de diamants dans les cheveux, le manteau royal aux épaules, la poitrine ruisselante, si on peut dire, de rivières de brillants ; le Roi, en grand uniforme de capitaine-général, qu'il porte pour la première fois, avec le grand-cordon de l'Ordre militaire de Saint-Ferdinand et les colliers de la Toison d'Or et de Charles III, son casque de capitaine-général sur les genoux.

Carrosse de la Couronne royale.

Le Roi sourit et salue parfois de la main : on l'acclame à certains endroits.

A droite de la voiture royale, en grande tenue, se tiennent le général Weyler, ministre de la Guerre ; le colonel de l'escorte royale. A gauche, le capitaine-général de Madrid et le capitaine-général chef de la Maison militaire du Roi.

Derrière le carrosse royal vient un brillant état-major de capitaines-généraux, la Maison militaire du Roi, les aides de camp et les officiers d'ordonnance.

Puis, l'escorte royale défile au complet, escadrons par escadrons, et le cortège est terminé par les palefreniers et courriers royaux en livrée.

Au moment où je rédige cette dépêche, le cortège est à peine de retour au Palais-Royal. Après avoir assisté au défilé du cortège, j'ai voulu aller voir la cérémonie du serment.

Mais la circulation, même par les rues de traverse, est si difficile que je désespérais d'arriver au Congrès, lorsque j'ai pris la résolution de rebrousser chemin et de me rendre à l'église de San Francisco El Grande, où devait être chanté le *Te Deum*.

En arrivant à l'église avant le cortège, j'ai pu jouir du spectacle de son entrée solennelle dans cette superbe église, dont la voûte, immense rotonde, est couverte de fresques admirables.

L'intérieur de l'église est divisé en sections par des cordons de velours rouge ; un autel portatif a été placé devant le maître-autel, et c'est là que se chante le *Te Deum*. A côté de l'Évangile, on a dressé le trône royal, que l'on peut voir de tous les points du temple. Derrière Leurs Majestés et la famille royale sont les places du corps diplomatique résidant à Madrid. A côté, les sénateurs ont leurs sièges réservés. En face du trône royal, du côté de l'Épître, se placent les membres du gouvernement, et, derrière eux, les princes et les ambassadeurs extraordinaires avec leurs suites. A côté du gouvernement, les députés sont en face des sénateurs. Derrière les sénateurs est la tribune des prélats ; enfin, sont rangés, selon les règles de la cour d'Espagne, dans des sections ou des tribunes, les Grands d'Espagne, les Maisons des monarques et des Altesses Royales, les Corps constitués et les autorités militaires et civiles.

Carrosse des Massiers des Cortès.

Je suis en train d'examiner les plafonds avec ma lorgnette, lorsque le cortège arrive : j'entends les acclamations du public. Je cours vers le portique : sous la grande porte, trente évêques, avec deux cardinaux, le primat d'Espagne, cardinal Sancha, et l'archevêque de Santiago de Compostela, suivis d'une foule de chanoines et de prêtres, attendent Sa Majesté.

Les cardinaux et les évêques vont recevoir le Roi et la Reine au bas des escaliers, et le Roi fait son entrée dans l'église, suivi des prélats, et va s'asseoir sur le trône avec son auguste mère.

L'église, pleine d'uniformes chamarrés et couverts de dorure, éclairée par mille lampes électriques, offre un spectacle merveilleux : le *Te Deum* se chante aussitôt à grand orchestre, avec des chœurs comme il est difficile d'en entendre même à Rome.

Il n'y a pas d'autre cérémonie à l'église : en France, sous l'ancien régime, le couronnement du roi consistait surtout dans le sacre à la cathédrale de Reims ou de Notre-Dame de Paris, avec onction et bénédiction par un des chefs de l'Église. Ici, rien de tel. L'Église n'intervient en rien dans le couronnement du Roi : l'acte important, c'est le serment prêté sur la Constitution. Le *Te Deum* n'est qu'une formalité : le Roi est roi de fait *dès qu'il a juré;* il va écouter les actions de grâces à Dieu, et c'est tout.

Un des députés les plus influents, qui arrive du Palais du Congrès, me rend compte de la cérémonie du serment, à laquelle il vient d'assister :

« La salle du Congrès contient à peine quatre cent cinquante places : or, il y a 2,000 personnages ayant le droit d'assister au serment. Que faire ?

Carrosse du Président des Cortès.

« On avait dû tirer au sort les députés et les sénateurs ayant le droit d'assister à la cérémonie et on nous avait donné ainsi trois cents places. Les autres avaient été réservées exclusivement pour les Grands d'Espagne, les membres du gouvernement, les princes et ambassadeurs extraordinaires et la suite royale. Vous n'auriez donc pas pu pénétrer dans la salle du Congrès : les ordres les plus sévères avaient été donnés, et, malgré cela, nous étions les uns sur les autres.

« On a dressé, devant la colonnade du portique du Congrès, une grande marquise de velours bordée d'or.

« Sous la colonnade attendaient Leurs Majestés, les bureaux du Sénat et de la Chambre, avec leurs présidents, les princes et ambassadeurs extraordinaires. Quand le Roi et la Reine sont arrivés, ils se sont rendus dans la salle du Congrès, précédés des rois d'armes et des massiers du Sénat et de la Chambre : ils ont pris place sur le trône élevé sur l'estrade du président. Dans des tribunes édifiées à droite et à gauche du trône se sont placés les ambassadeurs extraordinaires et le corps diplomatique résidant à Madrid.

« La cérémonie proprement dite a été courte : les présidents des Cortès, M. Montero Rios, président du Sénat, et M. de La Véga y Armijo, président de la Chambre des députés, accompagnés de M. Sagasta, président du Conseil des ministres, s'avancèrent tous les trois vers le Roi, et le plus ancien des présidents des Cortès, le marquis de La Véga y Armijo, s'adressant au Roi, debout, lui a dit : « Sire (en espagnol « *señor*), les Cortès de la Monarchie sont réunies ; daignerez-vous prêter « devant Elles le serment que prescrit l'article 45 de la Constitution « de l'Espagne ? »

« Le Roi, très ému, mais très digne, a posé alors sa main droite sur les Saints Évangiles, que tenaient les deux présidents du Sénat et de la Chambre, et il a répondu :

« *Je jure de respecter et faire respecter la Constitution, et les lois « de la Monarchie, et de m'inspirer dans tous mes actes du bonheur « du peuple. Si j'agis ainsi, que Dieu me récompense, et, si non, « qu'il m'en demande compte.* »

« Le marquis de La Véga s'est alors tourné vers l'assistance et, d'une voix forte, il a dit : « Les Cortès ont entendu le serment que Sa Majesté « vient de prononcer de respecter et de faire respecter la Constitution « de l'État et les lois de la Monarchie, en s'inspirant dans tous ses actes « du bonheur du peuple. »

« Les acclamations des assistants ont salué le nouveau monarque : la cérémonie était finie.

« Je ne vous dirai pas que cet acte a été froid ; la sévérité même des phrases prononcées, phrases qui sont sacramentelles et arrêtées en Conseil des ministres, n'a pas nui à l'effet imposant de la cérémonie.

« C'était très court, très sobre, mais tant de souvenirs assaillaient nos esprits que ce spectacle nous a tous émus à l'extrême. Quand le Roi prononçait le serment, j'ai vu la Reine porter son mouchoir à ses yeux, et elle n'était pas la seule à pleurer. »

La journée du Serment, favorisée par un temps merveilleux, aurait été sans doute incomplète si nous n'avions pas eu quelque attentat à mentionner. En vérité, que les amateurs d'émotions se rassurent ! Nous avons eu ce qu'ils réclament, mais dans une note plutôt héroï-comique. Et, pour ma part, j'en suis ravi, car il m'eût semblé impossible que, de cette foule si sympathique, si pleine d'enthousiasme et d'admiration pour son jeune Roi, il eût pu surgir quelque misérable assassin, quelque forcené à froid, ivre de fausses théories, brandissant un poignard ou un revolver !

Non, cet attentat, dont on parle tant, n'a pas du tout l'allure de ce que les chroniqueurs aux idées subversives appellent « un beau geste ». Cet attentat n'a rien eu d'un attentat... et voici le récit exact de l'incident.

Au moment où le carrosse royal sortait de la porte centrale du Palais, un homme, se glissant entre la muraille et la guérite de la sentinelle pour mieux contempler les souverains, s'approcha de la portière et brandissant son chapeau, comme pour saluer le jeune Roi, le jeta dans le carrosse d'un mouvement brusque et essaya de jeter également sur les genoux du Roi un papier qu'il tenait bien plié dans sa main droite.

Un des laquais qui marchaient à la gauche du carrosse lui saisit immédiatement le bras et, malgré ses efforts, l'empêcha de lancer son papier au Roi. Le malheureux manifestant fut, en outre, appréhendé par plusieurs palefreniers et hallebardiers et, en un instant, on l'entraîna, roué de coups et au milieu d'une grande confusion. Comme toujours, les domestiques du Palais et le populaire, se méprenant sur les intentions de ce pauvre diable, se laissèrent aller à une indignation qui se traduisit par une grêle de horions et une bagarre où plusieurs spectateurs inoffensifs furent blessés.

C'est ainsi qu'on donna à l'acte d'un pauvre fou le caractère d'un attentat anarchiste, et que le bruit se répandit que l'on avait voulu tuer le Roi.

Dès qu'on l'eut amené au corps de garde, on s'aperçut que l'on avait commis une erreur et on fit appeler un médecin pour soigner ce malheureux, première victime de son acte irréfléchi. Il déclara s'appeler José Crevillent et être amoureux de l'infante Marie-Thérèse. Il voulait transmettre au Roi une lettre pour lui demander la main de son auguste sœur, « faveur, ajouta-t-il, que le Roi ne peut me refuser le jour de son Serment ».

Le juge du district du Palais, devant lequel Crevillent fut conduit ensuite, se rappela fort bien qu'au mois de novembre dernier, une après-midi, on avait déjà arrêté ce fou dans les alentours du Palais pendant qu'il cherchait à joindre la voiture de Leurs Majestés au retour d'un concert : cette fois-là, il était armé d'un bouquet de fleurs, d'un cornet de bonbons et d'une lettre pour l'infante Marie-Thérèse. Ce n'était pas bien dangereux.

Interrogé aujourd'hui encore par le gouverneur, M. Barroso, il a insisté sur son amour pour l'Infante et trouvé très étrange qu'on blâmât son désir de l'épouser ; quant à la réception que lui ont faite les laquais et palefreniers du Roi, il trouve qu'elle est imméritée et cruelle.

Et nous aussi, nous plaignons ce pauvre dément qu'on a brutalisé si impitoyablement qu'il a fallu le mettre à l'hôpital avant de songer à l'envoyer chez les fous ! Les bons paient pour les mauvais ! Crevillent, qui ne voulait pas faire de mal, a été traité comme aurait dû l'être un Caserio ou un Ravachol !

Le Roi et la Reine-régente se sont d'ailleurs émus du sort de ce pauvre fou, et « l'amoureux de l'Infante » n'aura pas à se plaindre d'avoir attiré vers lui la sollicitude royale !

CHAPITRE XIII

La Toison d'Or conférée à M. Loubet. — Manifestes de LL. MM. la Reine-régente et le Roi. — « Capilla Publica » au Palais-Royal. — Pose de la première pierre du monument d'Alphonse XII. — Championnat de tir. — Représentation de gala au Théâtre-Royal. — Feux d'artifices. — Grande revue des troupes. — Réception de gala. — Le général Florentin et M. Crozier. — Leur opinion sur le Roi et sur les fêtes de Madrid.

Madrid, 18 mai 1902.

Sa Majesté la Reine-régente avait signé avant-hier, dernier jour de ses pouvoirs, des décrets conférant la Grand-Croix de Charles III aux Ambassadeurs extraordinaires, la Grand-Croix d'Isabelle-la-Catholique aux Chefs des Missions extraordinaires, celle du Mérite militaire aux ambassadeurs de Perse et du Maroc. Les secrétaires et attachés des Missions ont reçu des croix de commandeurs d'Isabelle-la-Catholique et de chevaliers de divers Ordres.

Le général Florentin et M. Crozier ont reçu la Grand-Croix de Charles III.

La Reine-régente a conféré la Toison d'Or à M. Émile Loubet, Président de la République Française, et lui a adressé la dépêche suivante :

Son Excellence le Président de la République Française,

A l'expiration de ma régence, je viens de vous conférer l'Ordre insigne de la Toison d'Or, en confirmation des sentiments de vive sympathie et des liens d'étroite amitié qui existent heureusement entre l'Espagne et la France.

MARIE-CHRISTINE.

Cette haute distinction ne peut manquer de produire le meilleur effet, et tout le monde est unanime à Madrid pour s'en féliciter. La personnalité de M. Émile Loubet est très respectée et très estimée en Espagne, où je n'ai jamais entendu faire que des éloges du premier magistrat de la République Française.

Les journaux espagnols publient les trois documents dont voici la traduction : ce sont des manifestes de S. M. la Reine-régente au peuple espagnol, de S. M. Alphonse XIII au peuple, à l'armée et à la marine.

Le 16 mai, au soir, la Reine-régente a adressé à Don Praxédès Matéo Sagasta, Président du Conseil des Ministres, la lettre suivante, en l'autorisant à la publier :

Monsieur le Président du Conseil des Ministres,

Au moment où finit la régence, à laquelle je fus appelée par la Constitution à une époque de profonde tristesse et de veuvage inattendu, j'éprouve au fond de mon âme le besoin d'exprimer au peuple espagnol l'immense et inaltérable gratitude qu'ont laissée en mon cœur les marques d'affection et d'adhésion que j'ai reçues de toutes les classes sociales.

Si je pressentais alors que sans la loyauté et la confiance du peuple il ne me serait pas possible d'accomplir ma difficile mission, aujourd'hui, en parcourant du regard cette période, la plus longue de toutes les régences espagnoles, et en me remémorant toutes les amères épreuves que durant ce temps nous a imposées la Providence, j'apprécie ces vertus à toute leur grande valeur, affirmant que, grâce à elles, la nation a pu traverser une crise aussi profonde dans des conditions telles qu'elles font augurer pour l'avenir une époque de tranquillité bienfaisante.

C'est pourquoi, en remettant au roi Alphonse XIII les pouvoirs que j'ai exercés en son nom, j'ai l'espoir que tous les Espagnols, en se groupant autour de lui, lui inspireront la confiance et la force morale nécessaires pour réaliser les espérances fondées sur lui.

Ce sera la récompense la plus complète d'une mère qui, ayant consacré sa vie à l'accomplissement de ses devoirs, demande à Dieu de protéger son fils, afin que, digne émule de ses glorieux prédécesseurs, il parvienne à donner la paix et la prospérité au noble peuple qu'il commencera demain à gouverner.

Je vous prie, Monsieur le Président, de faire parvenir à tous les Espagnols cette sincère expression de ma profonde gratitude et des vœux fervents que je forme pour la félicité de notre bien-aimée Patrie.

MARIA-CRISTINA.

16 Mai 1902.

Alphonse XIII prêtant le serment à la Constitution.

La *Gaceta de Madrid* a publié le 17 mai, vers six heures du soir, le manifeste du Roi.

A LA NATION

En recevant des mains de mon auguste et bien-aimée mère les pouvoirs constitutionnels, j'envoie du fond de mon âme un salut de cordiale affection au peuple espagnol.

L'éducation que j'ai reçue me fait voir que dès ce premier moment pèsent sur moi des devoirs que j'accepte sans hésiter, de même que j'ai juré sans aucune vacillation la Constitution et les lois, ayant connaissance parfaite de tout ce que renferme l'engagement solennellement contracté devant Dieu et devant la nation.

Certainement, il me manque encore pour la grande mission qui m'est confiée les leçons de l'expérience; mais mon désir de répondre aux aspirations du pays et mon dessein de vivre en perpétuel contact avec mon peuple sont si grands que j'espère recevoir de son inspiration ce que le temps tardera encore un peu à m'enseigner.

Je demande donc à tous les Espagnols de m'accorder leur confiance; en échange, je les assure de mon dévouement complet à leurs intérêts et de ma résolution inébranlable de consacrer tous les instants de ma vie au bien du pays.

Quoique la Constitution signale les limites dans lesquelles doit s'exercer le pouvoir royal, elle n'en met pas aux devoirs du monarque; et même si ces devoirs pouvaient être de ceux dont on s'excuse, je ne le souffrirais pas, tant est vif mon désir de connaître les besoins de toutes les classes de la société et d'appliquer entièrement mes facultés au bonheur de ceux dont la défense et le bien-être m'ont été recommandés par la Providence.

Si Dieu m'aide, si le peuple espagnol me conserve l'adhésion qu'il a donnée à mon auguste mère pendant la régence, je nourris la confiance de démontrer à tous les Espagnols que, plus encore que le premier dans la hiérarchie, je serai le premier pour le dévouement à la Patrie et l'infatigable souci de tout ce qui peut contribuer à la paix, à la grandeur et à la félicité de la nation espagnole.

ALPHONSE.

17 Mai 1902.

A L'ARMÉE DE TERRE ET DE MER

Soldats et Marins,

En prenant par moi-même le commandement des armées de terre et de mer, selon la loi fondamentale de la Monarchie, je m'empresse d'accomplir un devoir très doux à mon cœur. Comme roi, comme général, comme Espagnol et comme soldat, je salue en vous les représentants de nos gloires militaires et de notre grandeur nationale.

Valeur, énergie, persévérance, discipline, patriotisme, vous possédez tout cela ; vous pouvez vous glorifier de toutes ces vertus, et heureux mille fois celu qui les possède ! Heureux mille fois le chef favorisé du sort qui vous guide e dirige au jour du combat, parce qu'il est sûr de vaincre ou de mourir avec hon neur !

Bienheureux le souverain qui voit en vous l'appui le plus ferme de l'ordr social, le fondement le plus sûr de la paix publique, le défenseur le plus résol des institutions, la base la plus solide du bien-être et de la félicité de la Patrie !

Quant à moi, je vivrai auprès de vous comme a vécu le grand Alphonse XII je veillerai sans cesse à votre bien, suivant l'exemple de ma noble mère ; vou me trouverez dans vos rangs aux moments du danger, et l'Histoire parlera d moi quand elle aura à s'occuper de vous.

Accomplissez toujours votre devoir, car, moi, je n'oublierai jamais le mien, e avec l'aide de Dieu, nous marcherons unis, sans hésitations ni découragements, travers l'âpre sentier que nous trace l'étroite et belle religion du métier des armes

C'est ainsi que nous nous gagnerons l'amour des bons Espagnols ; c'est ains que nous ferons une patrie toujours grande, toujours heureuse, toujours dign d'admiration et de respect ; c'est ainsi que vous compterez toujours sur l'affec tion de votre roi.

ALPHONSE.

Madrid, le 17 mai 1902.

Ce dernier manifeste est contresigné par le ministre de la Guerre Valeriano Weyler, et par le ministre de la Marine, Cristobal Colon d la Cerda, duc de Veragua.

Madrid, 19 mai 1902.

Hier soir, les illuminations ont battu leur plein, si l'on peut s'expri mer ainsi : c'était dans les rues de Madrid une orgie de lumière de toute couleurs et des bousculades de curieux, le nez en l'air... pour la plu grande joie des pickpockets, qui abondent dans la capitale de l'Espagn sous le nom de *rateros*.

Tous ceux que des invitations obligeaient à sortir de leurs demeure ont, hier soir, maudit la badauderie de la foule : il n'y avait pas moye de circuler dans les rues, les voitures marchaient au pas et les piétons s mettaient comme à plaisir sous les roues des véhicules et devant le chevaux.

Or, il y avait des fêtes un peu partout, dans les légations et chez le Grands d'Espagne... On m'affirme que l'exactitude n'a pas été hier soi la politesse des princes, car plusieurs sont arrivés en retard chez leurs amphitryons, par la faute de la foule qui empêchait les carrosses d'avancer.

Ce matin, nous avons eu au Palais « *capilla publica* ». On appelle ainsi une messe célébrée dans la chapelle du Palais-Royal et à laquelle le public est admis... quand il y a de la place dans les bas-côtés.

Une foule considérable s'était rendue au Palais pour assister à cette cérémonie à laquelle le Roi prenait part pour la première fois de sa vie.

Pour se rendre des appartements à la chapelle, un brillant cortège précédait et suivait le jeune Roi. En voici la composition : dix-huit gentilshommes (ceux qu'on appelle de *casa y boca*) ouvraient la marche ; ils étaient suivis des majordomes de semaine au nombre de quarante-deux, et les Grands d'Espagne ayant le droit de se couvrir devant le Roi parmi lesquels on remarquait : les ducs d'Albe, d'Arion, de Médinaceli, d'Osuna, de Grenade d'Ega, de Montellano, de Santona, de Vista-hermosa, de La Séo de Urgel, de Bivona, de La Torre, de Victoria, de Luna, d'Allaga, d'Almenara Alta, de Bailen et de la Conquista ; les marquis de Quintanar, de Salamanca, de Hoyos, de Sotomayor, de la Laguna, de Castell-Rodrigo, de Comillas, de Guad-El-Jelu, de Salar, de Penaflor, de Castromonte, de Rafal, de Ceuta et de La Romana ; les comtes d'Almodovar, de Paredes de Nava, de Guadiana, de Gavia, de Revillagigedo, de Superunda, de Guendulain, de Toreno, de Valmaseda, de Santa Colonna, de Réal, de Cabra et d'Orgaz.

Le Roi portait l'uniforme de capitaine-général avec la Toison d'or, le Collier et le Grand-Cordon de Charles III. La Reine-mère, toujours vêtue d'une superbe robe de soie gris-perle, était suivie de sa *camarera-mayor*, la comtesse de Sastago, et de sa dame de garde, la comtesse de Torrejon.

Derrière le Roi, venaient le prince et la princesse des Asturies et l'Infante Marie-Thérèse, avec ses tantes les Infantes Isabelle et Eulalie. A leurs côtés marchaient les dames d'honneur, la duchesse de Santo-Mauro, la duchesse de Fernan-Nunez, la duchesse de San Carlos et la marquise de Salamanca, la comtesse et la comtesse-veuve de Toreno, la comtesse de Revillagigedo.

Ensuite la Maison Royale : le duc de Sotomayor, grand majordome le marquis de la Mina, chef des *caballerizos;* le marquis de Pacheco commandant des Hallebardiers ; le général Cerero, le nouveau chef de la Maison Militaire du Roi, avec les généraux Camara, Bascaran et d'Arcourt.

Le aides de camp de S. M. le Roi ; les officiers supérieurs des Hallebardiers et de l'escorte royale fermaient la marche du cortège. Le public salua le Roi à diverses reprises de ses vivats et d'applaudissements.

En entrant dans la chapelle, le Roi s'agenouilla devant le Très-Haut ; lorsqu'il se releva, il se retourna vers la Reine-mère et les princes et leur fit un grand salut auquel ils répondirent par une révérence.

Il se rendit ensuite à son fauteuil sous le dais royal. La Reine-mère occupa la tribune basse avec ses dames d'honneur et fit placer à ses côtés le duc de Connaught et le grand-duc Wladimir, et derrière eux le prince Albert de Prusse, l'archiduc Charles-Étienne, le duc de Gênes et les autres princes étrangers. Dans la tribune voisine se trouvaient le duc et la duchesse de Calabre, le duc d'Oporto ; les personnages de la suite des princes s'étaient placés dans les tribunes hautes.

En face du dais royal, étaient assis trois cardinaux, quatre archevêques, et trente évêques environ. La messe fut dite par Mgr l'évêque de Sion ; l'orchestre de la chapelle royale, dirigé par Zubiaurre, interpréta magistralement la messe en *sol* de cet artiste, une symphonie d'Esclava à la « *sequentia* » et une mélodie avec violoncelle à l'offertoire. La messe fut terminée à midi et le Roi retourna à ses appartements avec le même cérémonial.

A deux heures de l'après-midi nous avons assisté à la pose solennelle par le Roi de la première pierre du monument qu'on va élever au-dessus du grand lac du Retiro, à la mémoire de son auguste père, Alphonse XII. Cette cérémonie avait attiré une foule immense au parc du Retiro : je vous fais grâce des descriptions des oriflammes et des tentes pavoisées, des tribunes officielles pleines d'uniformes et de jolies femmes. Le nonce de Sa Sainteté, Mgr Rinaldini, a bénit la pierre et le monument futur. J'ai vu les maquettes de ce monument : il sera grandiose, il vise à produire beaucoup d'effet et il en produira certainement. Je le trouve seulement un peu trop théâtral. Mais on ne peut juger une œuvre d'art avant de la voir dans son cadre; or, ici, le cadre se prête admirablement à cette colonnade circulaire à jour avec ses statues énormes, avec au centre ce gigantesque piédestal où Alphonse XII se dressera à cheval. Il faut se figurer cette masse de pierre, vue de l'autre rive du grand lac, entourée d'arbres verts et se dessinant toute blanche ou grise sur le fond d'azur du ciel. Le monument, en tout cas, ne déparera pas le Retiro, s'il lui enlève un peu de son caractère agreste, car le *Retiro* n'est pas un Bois où la nature doit dominer, c'est un Parc où l'art et la main des jardiniers sont partout visibles.

Le Président du Comité qui a pris l'initiative de ce monument est le très éloquent ancien ministre M. Romero Robledo : il a prononcé un discours ému et très élevé où il a fait un bel éloge de ce souverain libéral et si digne d'un meilleur sort que fut Alphonse XII. Son discours mériterait d'être reproduit ici, mais la place manque et je le regrette.

Le Roi a répondu quelques phrases très dignes et très correctes : il a remercié le Président et les membres du Comité, et, faisant allusion aux bienfaits du règne de son père, il a déclaré que « sa ferme volonté était de réaliser des desseins de nature à développer la richesse du pays, le progrès bien ordonné des biens matériels et la tranquillité morale si nécessaire pour la félicité des peuples, et qu'il n'oublierait jamais les grands exemples que lui a légués son malheureux père ni la sainte abnégation de sa bonne mère, à qui les vicissitudes de son enfance et les graves responsabilités du pouvoir ont causé tant d'insomnies et de veilles ».

Le reste de la cérémonie a été semblable à ce qui se passe dans toutes ces occasions : le Roi a soudé la caisse en plomb, contenant des médailles d'argent et de bronze, des monnaies, des journaux et le parchemin de la fondation commémorative, au centre de la première pierre que le Nonce, en grande pompe et avec un nombreux clergé, a béni au nom de S. S. le Pape Léon XIII.

Presqu'à la même heure, s'inaugurait le Championnat de tir des ouvriers, organisé par la Société : *Le Tir National,* sur la promenade

de La Moncloa. Mais je n'ai pu m'y rendre, on le comprend sans peine !

Le soir, à neuf heures, nous avons assisté à la grande soirée de gala du Théâtre-Royal ; le comte de Romanonès, ministre de l'Instruction publique, avait eu toutes les peines du monde à ne pas faire trop de mécontents en distribuant les billets. Beaucoup de notables, de députés et sénateurs et de maires des provinces seront invités aux deux représentations qui suivront. La salle était bondée et présentait un aspect superbe avec les uniformes couverts de décorations, les toilettes des plus jolies femmes de Madrid aux bijoux étincelants. A neuf heures un quart, le Roi est entré dans la grande loge royale et a été acclamé longuement. Le spectacle a commencé aussitôt, avec cette particularité qui a frappé les étrangers, mais qui est de règle à toutes les représentations royales : la présence de deux hallebardiers en faction et hallebarde au pied de chaque côté de la scène. Toutes les dix minutes, les hallebardiers sont remplacés par d'autres qui sortent sans bruit du manteau d'Arlequin et se placent devant eux : cette façon de relever la garde est très typique ; elle ne trouble en rien le spectacle.

On jouait *Don Juan*, le plus classique des opéras ; le programme très artistement décoré d'une aquarelle et que je garde avec plaisir, avait été envoyé à chaque invité avec sa carte d'entrée et portait le numéro du fauteuil.

L'interprétation a été excellente : l'orchestre du Théâtre-Royal de Madrid est un des meilleurs du monde ; quant aux chanteurs, voici leurs noms : *Elisa Petri* faisait Elvire, *Regina Paccini* faisait Zerlina, *Mar. d'Arneiro* faisait Anna ; Don Juan, c'était *Blanchart ;* le commandeur *Sebastian Cirotto ;* le duc Octave, *Alexandre Bonci ;* Leporello, *Francisco Navarrini.*

Le maëstro Pierre Mascagni était venu diriger en personne l'interprétation du chef-d'œuvre du grand Mozart.

Tandis que les privilégiés goûtaient le régal d'une musique de génie chantée par des artistes admirables, le peuple avait, lui aussi, sa large part de réjouissances. A dix heures du soir, on a tiré des feux d'artifice à plusieurs endroits : à *las Vistillas,* à la *Porte d'Atocha* et à la *Glorieta de los Cuatro Caminos.*

A une heure du matin, il y avait encore des foules dans les rues et les illuminations étaient générales. En rentrant me coucher, je me demandais si les Madrilènes — ou tout au moins les badauds qui remplissaient la ville de chants et de rumeurs — ne passaient pas leurs nuits à se promener : heureuses gens, me disais-je, qui ne connaissent pas le besoin de dormir ni de se reposer ! Et j'ajoutais *in petto :* je ne pourrais certes pas en dire autant.

Madrid, 20 mai 1902.

La journée du 19 mai, tout en étant des plus remplies, a eu au moins l'avantage de nous permettre de dormir jusqu'à midi, car aucune cérémonie officielle n'était annoncée pour le matin. Sans ce repos bien gagné, les invités auraient tous été fourbus.

La grande revue des troupes de la garnison de Madrid, passée par le Roi sur la belle avenue formée par les *paséos* de la Castellana, de Recoletos et du Prado, a eu lieu à quatre heures de l'après-midi, favorisée par un temps superbe.

Décrire le spectacle de tous ces uniformes, de tous ces soldats et cavaliers, rangés en bataille depuis le Prado jusque bien au-delà de l'Hippodrome, serait bien difficile. Ces parades militaires, qui flattent si fortement l'orgueil des masses populaires, sont les mêmes dans tous les pays du monde, et, qui en a vu une, les a toutes vues. Mais, ici, le luxe des uniformes et l'allure tout à fait martiale des soldats rendaient le spectacle des plus intéressants, et la présence du Roi à la tête d'un brillant état-major, composé de tous les capitaines-généraux d'Espagne et de tous les attachés militaires étrangers, constituait une *great-attraction* pour les Madrilènes et les touristes qui, dès trois heures de l'après-midi, avaient littéralement envahi les chaussées de l'immense avenue qui s'étend du Prado à l'Hippodrome.

Sur le Salon du Prado, d'élégantes tribunes décorées d'oriflammes et de drapeaux avaient été dressées pour la famille royale, les invités, les princes étrangers, le corps diplomatique, les sénateurs et députés. C'est devant ces tribunes que, après avoir passé au trot la revue de toutes les troupes, Alphonse XIII est revenu se placer avec son état-major pour assister au défilé. Le jeune Roi, dont tout le monde admirait la très élégante allure de cavalier solide et expérimenté, a salué de son épée son auguste mère, la reine Marie-Christine, et lui a fait les honneurs du défilé des troupes qui a commencé immédiatement après. Il était six heures environ.

Le duc de Ahumada, qui remplissait par intérim les fonctions de capitaine-général de Madrid, a ouvert la marche avec son état-major ; les troupes de marine suivaient, une compagnie d'infanterie de marine, une compagnie de fusiliers marins, avec le drapeau du régiment d'infanterie de marine cravaté de l'Ordre de Saint-Ferdinand, gagné à Somorrostro, puis deux canons de débarquement traînés à la main.

Voici maintenant la division d'infanterie du général Sanchez Gomez, le fameux régiment du Roi, le plus antique de tous, le seul qui, en outre de son drapeau, porte l'étendard moiré de Castille ; le régiment de Léon et San-Fernando, le régiment de Cérignoles, les sapeurs-mineurs et les soldats du génie : chemins de fer et télégraphistes ; puis la division du général Aznar avec les régiments de Savoie et Wad-Ras ; le régiment des Asturies et celui de Covadonga, et enfin les alertes et vifs chasseurs à pieds. Le passage de ces troupes, admirablement disciplinées et bien entraînées, a soulevé des applaudissements très mérités. L'infanterie espagnole a l'allure sobre et énergique de nos fantassins français, une marche rapide et régulière qui rappelle nos Alpins, et elle révèle à la fois la décision, le courage et l'endurance.

Après quelques minutes d'attente, passent, au grand trot et sans un accroc, quatre régiments d'artillerie avec cent vingt canons et fourgons. Excellente impression, mais les canons ne sont pas tous très modernes, et je comprends que le général Weyler ait à cœur de refaire l'armement de l'artillerie espagnole.

Nous attendons encore quelques minutes pour permettre à l'artillerie de s'éloigner et, à un signal du Roi, le sol tremble sous le galop de plusieurs régiments qui, malgré les pavés de la place de Castelar, défilent à grande allure et sans accident devant les tribunes. C'est un coup d'œil magnifique et inoubliable. D'abord les lanciers aux casques étincelants et aux lances ornées de flammes rouges et jaunes, puis les hussards blancs de la Princesse, les hussards rouges de Pavie, les chasseurs bleus de Lusitanie, tous pimpants et dispos, montés sur de jolis chevaux pleins de feu. Il y a des escadrons composés de chevaux bais, d'autres de chevaux noirs, d'autres de blancs : c'est vraiment très beau !

J'entendais des officiers généraux étrangers parler de l'armée espagnole : ils en faisaient tous le plus grand éloge. Ce sont de beaux et bons soldats, voilà le cri général. Tous les connaisseurs louent beaucoup aussi l'habile gestion du ministre de la Guerre, le général Valeriano Weyler, qui a su, en peu de temps, introduire de grandes réformes, veiller au bien-être du troupier, et donner à ces régiments l'entraînement et la connaissance de l'art militaire dont ils font preuve. Tous les uniformes étaient neufs et en excellent état, et on sentait partout l'*œil du maître*. Ceux qui ont suivi la carrière si brillante du général Weyler ne sont pas surpris de ce beau résultat et comprennent les véritables raisons qui le font aimer de ses troupes et le rendent si populaire en Espagne dans le peuple comme dans l'armée. Il est un soldat accompli, énergique et infatigable, il donne l'exemple à tous et paie de sa personne (1).

Le Général Weyler et son état-major.

Le soir, à neuf heures, grande réception de gala au Palais-Royal. Les salons, dès huit heures et demie, étaient bondés d'uniformes et de toilettes ; toute l'aristocratie espagnole, tout ce qui porte un nom connu dans la noblesse, les Arts, les Lettres, la Magistrature, l'Armée, la Haute Banque, *Tout-Madrid* en un mot, se trouvait là, pour présenter ses respectueux hommages au jeune Roi.

A neuf heures, Leurs Majestés sont entrées dans les salons, le Roi donnant le bras à la princesse des Asturies, la Reine-mère donnant le bras au prince Albert de Prusse. Derrière les souverains venaient la

(1) On lira avec intérêt, au sujet du général Weyler et de sa conduite à Cuba, le livre : *L'Espagne en 1897*, 1 vol. de 360 pages, avec sept portraits hors texte. H. LE SOUDIER, éditeur, 174, boulevard Saint-Germain, Paris.

famille royale et tous les princes invités. Les *Mayordomos* de semaine en grand uniforme brodé d'or, et le duc de Sotomayor, *Mayordomo-Mayor,* précédaient le cortège royal.

Au milieu de la foule des invités, Leurs Majestés ont traversé la salle du Trône et des Ambassadeurs, les salons de Porcelaine, de Charles III, Chinois, et enfin l'immense salle à manger de gala, puis se sont rendues dans le salon diplomatique où Elles se sont entretenues avec les ambassadeurs et ministres des puissances étrangères.

Le Général Florentin.

Le Roi, qui avait pris un coup de soleil la veille et dont on avait remarqué les saignements de nez pendant la revue, avait recouvré toute sa bonne mine et sa belle humeur, et il riait comme un jeune homme qu'il est, si bellement qu'il mettait en gaieté tous ceux qui le voyaient. La reine Marie-Christine, heureuse du bonheur de son auguste fils, délivrée de l'immense fardeau d'un pouvoir qu'elle a si bien exercé, rayonnait de joie, et on sentait dans ses yeux, dans son sourire toujours si doux, une touchante allégresse de voir enfin son fils sur le trône, de voir se réaliser son rêve : assister à l'avènement de son enfant, ce rêve pour lequel Elle a sacrifié tant d'années, veillé tant de nuits d'angoisse, pleuré tant de larmes !

C'est dans le salon diplomatique que j'ai eu l'honneur de saluer les représentants et ambassadeurs du Président de la République Française, le général Florentin, grand-chancelier de la Légion d'honneur, une des plus brillantes figures de notre armée, un de ces soldats qui, comme Bayard, peuvent se dire : *sans peur et sans reproche;* et M. Crozier, une des notabilités parisiennes les plus connues, qu'on a surnommé le modèle des Introducteurs des Ambassadeurs et qui ne tardera pas à se révéler comme un diplomate des plus fins et des plus heureux.

Le général Florentin, après m'avoir exprimé la satisfaction et l'honneur qu'il éprouvait à représenter le Président de la République Française au Couronnement du Roi d'Espagne, voulut bien me dire ce qu'il pensait du jeune Roi :

« Je suis enchanté de l'avoir vu et de lui avoir parlé. C'est un brillant cavalier, rompu à tous les sports, et qui m'a démontré qu'il sait, et connaît à fond, tout ce qui concerne le métier militaire. Pour moi, vieux soldat blanchi sous le harnais, c'est un véritable plaisir d'avoir trouvé en lui un soldat jeune et fougueux, qui adore tout ce qui concerne les armées de terre et de mer.

M. Crozier.

« Il est, à tous les points de vue, grandement sympathique : sa taille élevée, svelte, son corps élancé et mince, mais qui ne tardera pas à se renforcer et à s'étoffer avec l'âge, tout annonce un beau gars. Son attitude est noble, mais sans sécheresse ; sa façon de regarder et de parler, pleine de franchise, révèle à la fois du cœur et de l'esprit ; tout révèle en lui l'homme prédestiné à commander à des masses, aussi bien de soldats que de populaire !

« Je suis sûr — et c'est un pronostic de vieux militaire — qu'Alphonse XIII ne tardera pas à être un monarque populaire parmi son armée et dans toute l'Espagne. Il a tout le charme de la jeunesse et, comme son auguste père Alphonse XII, il est de ceux qui savent se gagner les cœurs. Ce sont là de précieux gages pour l'avenir. Que Dieu le protège et il sera un grand roi. »

Le général Florentin me parut également charmé de l'armée espagnole, dont il me fit un grand éloge, admirant beaucoup la belle tenue et l'endurance de l'infanterie : il apprécie vivement les talents militaires du général Weyler, ministre de la Guerre.

M. Crozier, qui est un charmant causeur, me donna son opinion sur les fêtes auxquelles il assiste depuis son arrivée à Madrid et il le fit aussi spontanément que sincèrement.

« Je trouve au-dessus de tout éloge l'éclat de toutes les réceptions et de toutes les fêtes dont on comble les ambassadeurs des puissances à Madrid.

« Toutes les classes de la Société, aussi bien le grand monde que le peuple, nous ont consacré des attentions et des politesses que nous n'oublierons jamais et dont nous ne savons comment remercier le gouvernement espagnol et le pays entier.

« Quant aux fêtes, j'ai assisté à beaucoup de solennités de ce genre dans plusieurs pays ; je n'en ai jamais vu d'aussi nombreuses, aussi bien ordonnées. Leur défaut est d'être peut-être trop accumulées ; les Espagnols ont été prodigues de réjouissances et j'ai compté jusqu'à trois ou quatre réceptions ou cérémonies dans la même journée. C'est beaucoup... surtout quand cela dure plusieurs jours.

« Mais ce que j'admire le plus, c'est la grande courtoisie de tout ce peuple. On disait que Madrid était une ville turbulente : quelle profonde erreur! Ce peuple espagnol est aimable, souriant, courtois, bon ; il n'y a qu'à voir, pour s'en convaincre, le peu d'efforts qu'ont à faire les agents de l'autorité pour maintenir la foule.

« La population de Madrid est une des plus civilisées que je connaisse, et j'emporterai le meilleur des souvenirs, non seulement de ces fêtes, mais de tout et de tous, avec la grande satisfaction de penser que l'Espagne est une nation qui se réveille à la vie moderne, qui se transforme et qui ne tardera pas à occuper brillamment sa place parmi les nations qui vivent, non de rêveries et de légendes, mais du travail, de l'industrie, du commerce, de la Science et des Arts.

« J'ai senti ici, plus que partout ailleurs, combien l'Espagne est la véritable sœur latine de la France, et une sœur digne de nous, sous tous les rapports. »

CHAPITRE XIV

L'Exposition des Portraits. — La bataille des fleurs. — La « Corrida real ». — Descriptions et souvenirs. — Retraite militaire. — Garden-Party dans les jardins du « Campo del Moro ». — Encore des fêtes. — Le banquet des Alcaldes. — Le rideau tombe. — Conclusion.

Madrid, 21 mai 1902.

HIER matin, à onze heures, les chefs et officiers de la colonne de débarquement et de la section des aspirants de l'École navale, qui sont venus assister aux Fêtes du Couronnement, se sont rendus au Palais et ont été reçus par S. M. Alphonse XIII.

Le Roi, portant l'uniforme d'amiral, a félicité les officiers de la belle tenue des aspirants et des troupes d'infanterie de marine : il a manifesté beaucoup d'intérêt pour le canon de 75 millimètres, système Vickers, qui accompagne la colonne de débarquement, et il a déclaré qu'il assisterait à des épreuves de tir de ce canon.

S. M. la Reine-mère a présenté au Roi, quelques instants après, le cardinal-archevêque de Tolède, primat d'Espagne, Mgr Sancha, le cardinal-archevêque de Santiago, Mgr Martin de Herrera, le cardinal Casañas et trente évêques, venus à Madrid pour assister au *Te Deum* de San-Francisco. Les prélats ont été charmés de l'accueil très flatteur que leur a fait le Roi, qui a eu un mot aimable pour chacun d'eux.

L'après-midi, nous avons eu l'inauguration de l'*Exposition des Portraits* au palais des Beaux-Arts, en face de l'Hippodrome ; la cérémonie a eu lieu en grande pompe. Leurs Majestés se sont rendues dans la vaste rotonde du Palais, et ont pris place sur une estrade. De chaque côté de l'estrade, les princes et ambassadeurs étrangers, députés, sénateurs et personnages officiels, occupaient des rangées de bancs. Le discours d'usage a été lu par le ministre de l'Instruction publique, le comte de Romanonès, après audition d'un hymne en l'honneur du Roi.

Une fois l'Exposition déclarée ouverte, Alphonse XIII s'est levé, a donné le bras à son auguste mère et a parcouru les salles de l'Exposition, où plus de dix-huit cents tableaux sont réunis. Un grand nombre de ces portraits offrent un réel intérêt artistique, mais c'est surtout au point de vue historique que cette Exposition est remarquable.

Je voudrais pouvoir parler longuement de la bataille des fleurs du *Retiro,* car ce fut une des plus jolies fêtes de ce programme cependant si riche et si surchargé.

Mais décrire une bataille de fleurs, une de ces si gracieuses et si élégantes réunions de jolies femmes et de fleurs épanouies, n'est-ce point se condamner à être bien au-dessous des grâces et du charme de ce qu'on voudrait dépeindre ?

Comme les fleurs dont on se bombarde, les batailles de fleurs ont un éclat sans pareil, une variété de tons et de coloris à défier la palette des peintres ; il y règne une atmosphère de parfums, de beautés, de sourires et de douces œillades ; mais, las ! comme les plus belles choses de ce monde, elles ont le sort des fleurs épanouies que des mains menues et fines nous lancent à la tête, elles durent ce que durent les roses, l'espace..... d'une après-midi !

Allez donc décrire l'insaisissable : l'œillet qui voltige d'une estrade à un char, les lys qui tombent, les roses qui s'effeuillent, les fleurs qui passent, qui passent et qui disparaissent, les voitures qui se croisent, les élégantes dames et les jeunes filles exquises qui, elles aussi, défilent sous nos yeux comme des fleurs vivantes dans des bouquets de fleurs, et qui s'éloignent et qui reviennent et qui, tout d'un coup, s'évanouissent comme des fées dans une féerie, comme des figurantes dans un truc de théâtre ! C'est un spectacle qui a le brio, le merveilleux, l'éclat d'une apparition enchantée, mais qui en a aussi la rapidité et la décevante illusion !

Citer des voitures et des chars, ce serait faire un palmarès ; nommer quelques-unes des ravissantes jeunes filles et jeunes femmes qui garnissaient les tribunes et les voitures, et qui se mêlaient même à la foule des piétons, ce serait risquer de se faire des ennemies redoutables et qui ne pardonnent pas. Comment ne pas en omettre, ne pas se tromper ? Comment éviter de commettre des bévues ? Toute l'aristocratie, toute la bourgeoisie riche de Madrid avaient fait assaut de toilettes élégantes, et le *Retiro* contenait toutes les plus jolies femmes de l'Espagne, ce pays classique de la beauté, où Pâris lui-même ne saurait à qui donner la pomme et où Don Juan trouvait toutes ses maîtresses également belles et adorables. Chroniqueur impuissant et spectateur charmé, je n'ai qu'à déposer la plume et à applaudir des deux mains le délicieux tableau que j'ai contemplé.

Le jeune Roi a paru prendre un grand plaisir à cette bataille de fleurs, et il a reçu et lancé quantité de bouquets.

Madrid, 22 mai 1902.

Ollé ! Ollé ! Nous avons eu le clou des fêtes tauromachiques de ce mois de mai, qui laissera un souvenir impérissable en l'esprit des *afficionados*.

La grande « Corrida real » a eu lieu hier avec toute la pompe que l'on peut déployer en ces sortes de spectacles. Le cirque immense était très artistiquement décoré de feuillages, de fleurs, de tentures aux couleurs rouges et jaunes, des trophées de drapeaux et de longues oriflammes claquant à la brise au haut de mâts élevés. Les loges étaient ornées de grandes tapisseries aux armes de la Maison de Bourbon-Espagne ; la loge royale, très vaste et très haute, qui occupe tout l'espace situé au-dessus de la porte de Madrid, semblait comme entièrement voilée par une tapisserie de proportions gigantesques où était brodé en soie et or l'écusson des armes royales, et était surmontée d'une couronne dorée et d'un grand mât où flottait le drapeau d'Espagne. Une autre magnifique tapisserie pendait du bord de la loge jusqu'au-dessus de la porte dite de Madrid, porte qui fait face, dans le cirque, à celle par où pénètrent les quadrilles et les toréadors.

Cette porte, selon l'antique usage, reste ouverte pendant les courses royales, et un piquet des hallebardiers du Palais en défend le passage aux taureaux pendant les courses en leur opposant une muraille de hallebardes. Ce n'est pas là une simple parade comme on pourrait le croire, car l'animal, exaspéré par les banderilles et les coups de lance, cherche toutes les issues et j'ai vu plusieurs taureaux se précipiter en furieux sur les hallebardiers pour sortir par cette porte qu'ils voient ouverte. Mais, si le choc des taureaux est formidable, l'accueil qu'ils reçoivent est de nature à les dégoûter de recommencer : les hallebardiers croisent les piques avec une vigueur extraordinaire et restent imperturbables sous l'attaque, sans remuer d'une semelle. J'ai vu des hallebardes se briser sous la violence de l'attaque, et un taureau est mort des blessures qu'il s'était faites lui-même sur les fers très aigus des piques.

On nous a distribué de bien jolis programmes, grands comme de petites affiches en couleur, représentant le cavalier « en plaza » qui, monté sur un beau cheval, lutte avec sa lance contre le taureau furieux. Le programme, comme texte, est très simple. En voici la traduction :

LE ROI DON ALPHONSE XIII (Q. D. G.)

a daigné désigner le jour du 21 mai 1902 pour la Représentation royale des taureaux qui, à l'occasion de l'entrée dans sa majorité, se célébrera (si le temps ne l'empêche pas) dans la Plaza de Toros de Madrid.

Au nom de la Grandesse d'Espagne, Leurs Excellences le duc de Medinaceli, le duc de Montellano et le marquis de Tovar seront les parrains respectifs des chevaliers armés des lances (rejoneadores) Don Antonio Luzimariz, Don Manuel Romero de Tejada et Don Gabriel de Benito.

Les professionnels matadores seront : Luis Mazzantini, Antonio Reverte, Emilio Torrès *(Bombita)*, Antonio de Dios *(Conejito)*, Ricardo Torrès *(Bombita Chico)*, Rafael Molina *(Lagartijo)*, Rafaël Gonzalez *(Machaquito)*, avec leurs quadrilles de banderilleros et picadores.

TAUREAUX A LA DISPOSITION DE SA MAJESTÉ

Pour le javelot : Trois de la *ganaderia* (ferme spéciale) de Son Excellence le duc de Veragua, de Madrid.

Pour les *varas* (coup de lance des picadores) : Trois de la ganaderia de Son Excellence le duc de Veragua, de Madrid, et quatre de celle de Son Excellence Don Eduardo Ibarra, de Séville.

Si les taureaux qui seront travaillés par les *caballeros en plaza* ne meurent pas des suites des blessures des javelots, ils seront mis à mort par les *diestros* (1) Antonio Segura *(Segurita)*, German Sanchez *(Serenito)*, Dario Diez Limiñana.

La représentation commencera à quatre heures de l'après-midi et se terminera quand Sa Majesté se retirera de la loge royale.

Tel est ce programme dans toute sa splendeur. Il a été exécuté de point en point, et fort correctement.

A quatre heures précises, Alphonse XIII, en tenue de capitan-général, a fait son entrée dans la loge royale et a salué le public qui, debout, à toutes les places de l'immense cirque, lui a fait une chaleureuse ovation.

Le Roi a fait un signe de la main et les clairons ont sonné : la porte de l'arène, qui fait face à la loge royale, s'est ouverte et le défilé a commencé. C'est certainement la partie la plus brillante de ce spectacle. D'abord, voici des tambours et des clairons à cheval : ils appartiennent à la Maison royale et portent un uniforme qui sent la fin du XVIIIe siècle. Quatre *alguazils* à cheval et cinq à pied les suivent, sombres et sévères

(1) On appelle *diestros* les jeunes toreros qui manient déjà habilement l'épée, mais qui ne méritent pas encore le titre de *primera espada.*

dans leur costume noir ; derrière eux vient le carrosse du duc de Medinaceli, dans lequel sont les gentilshommes qui vont faire les « caballeros en plaza » : à côté de chaque portière marchent les toréadors Machaquito et Reverte. Des pages portent, derrière le carrosse, les javelots et d'autres conduisent les chevaux qui vont affronter les taureaux.

Encore cinq alguazils à pied ; nouveau carrosse, c'est celui du duc de Montellano, avec, dedans, les *caballeros* dont le duc est le parrain ; aux portières marchent Quinito et Bombita Chico ; derrière suivent les pages avec les longs javelots et les beaux chevaux qui caracolent.

Quatre autres alguazils ; le carrosse du marquis de Tovar avec les caballeros dont il est le parrain ; aux portières, Conejito et Bombita ; nombreuse suite de palefreniers, de pages menant des chevaux et portant des javelots, et, enfin, défilé des *cuadrillas* (quadrilles) de chaque toréador en grand costume ; chaque quadrille se compose des banderilleros, des picadores à cheval, des aides-banderilleros, des péones et monos, enfin de tout le personnel payé par chaque toréador et qui ne travaille qu'en même temps que lui. On voit d'ici le brillant défilé de tous ces costumes dorés et aux couleurs éclatantes. Les employés de la Plaza ferment le cortège : ce sont des domestiques chargés de balayer et ratisser le sable de l'arène après chaque course, et des valets en costume gris avec un bonnet rouge qui donnent la *puntilla*, c'est-à-dire le coup de grâce aux taureaux mal tués, avec un long poignard ; ce sont eux aussi qui amènent les équipages de mules coquettement harnachées et aux grelots joyeux, qui viennent traîner sur le sable et emporter au galop les cadavres des chevaux et des taureaux morts.

Ce brillant cortège fait le tour de la barrière et salue le Roi et la Reine en passant devant la loge royale : il est si long qu'il rentre dans les écuries presqu'au moment où les derniers figurants en sortent.

Un grand silence règne. La porte s'est refermée sur la queue du cortège ; elle se rouvre deux minutes après, et deux alguazils à cheval entrent au galop et vont, chapeau bas, demander au Roi l'autorisation de commencer. Ils ont à peine fini de prononcer des paroles qu'on n'entend pas qu'un nouveau signe du Roi fait accourir deux gentilshommes à cheval, ceux qui ont pour parrain le duc de Medinaceli. Ils montent de superbes chevaux, pleins de feu et de souplesse, qui font honneur à leur propriétaire, le duc, et à leurs excellents cavaliers. Ils saluent le Roi, puis saisissent chacun un des javelots que leur présentent leurs pages. Les alguazils n'ont que le temps de prendre la fuite au grand galop, car la porte du toril s'est ouverte et, comme un boulet de canon, voici la bête qui fait irruption dans l'arène ensoleillée et dont le sable d'or est orné, au centre, d'un immense écusson des armes royales peint sur le sable même par les employés de la Plaza.

Le taureau, aveuglé par la lumière, inquiet de se sentir le point de mire des vingt-deux mille spectateurs qui sont autour de lui, s'arrête brusquement sur un des blasons royaux, baisse la tête et renâcle.

Les cavaliers lancent leurs montures au galop et exécutent des voltes savantes et gracieuses autour de l'animal, qui finit par fondre, tête basse, sur l'un d'eux. Agile, le cheval évite le taureau, pirouette sur les jambes de derrière et revient au galop sur l'animal, auprès duquel il passe à deux mètres : le cavalier, élégamment penché, en profite pour briser son javelot sur l'encolure du taureau qui, surpris, pousse un mugissement et se précipite. Trop tard ! Il ne rencontre que le vide, et le second cavalier profite de sa stupeur pour l'attaquer d'un autre côté. Mais le taureau recule et s'élance au moment où le cheval passe à son côté. Le public est haletant. Pauvre cheval !... non, le cheval n'est pas touché, car le cavalier est habile. Le taureau a manqué son coup et le premier cavalier lui pique un autre javelot par derrière. Le taureau beugle et fait voler la poussière. Cette fois, il regarde et fait preuve de malice ; le second cavalier, avec son beau cheval blanc, pirouette après une demi-volte des plus réussies, revient au grand galop derrière le taureau, passe à son côté à le frôler et étend le bras..... il va piquer le javelot. Mais le taureau a reculé et bondit en avant. Ce mouvement est si soudain, si semblable à la foudre, que le cheval est attrapé malgré sa vitesse et que la corne du taureau le frappe à la naissance de la queue. Ce n'est pas une blessure importante, mais un flot de sang jaillit et la longue queue blanche du cheval devient aussitôt toute rouge et toute raidie par le sang. Chose étrange ! Le sang qui coule à flots des blessures du taureau ne nous émeut pas, et, sur ce pauvre cheval, il nous cause une impression poignante.

Le taureau, grisé par le sang, court maintenant comme un fou dans l'arène ; il bouleverse l'écusson peint sur le sable, il bondit d'un cheval à l'autre sans les atteindre. De nouveaux javelots sont brisés sur son échine, mais sans le tuer. Les chevaux sont fatigués, les cavaliers las, le public impatient de voir mettre fin au supplice du taureau. Le Roi fait un signe. Les cavaliers saluent et se retirent au milieu des applaudissements du public. Un jeune *diestro* apparaît : il va tuer le taureau d'une estocade. Il s'approche de la bête engourdie, avec une *muleta* (petit manteau rouge) et une épée, comme le feraient les grands toreros. Mais il est inexpérimenté et maladroit ; il fait des passes, des reculs et des avances de muleta sans grand succès. Enfin il croit le moment opportun, il frappe le taureau assez bien : l'épée, scintillante comme un éclair, s'enfonce dans l'encolure de l'animal, qui semble vouloir éternuer, se secoue, lance deux flots de sang par les narines et tombe comme une masse.

Les portes s'ouvrent, les mules accourent au galop et, en une minute, le taureau a disparu, les valets ont ratissé la piste et nettoyé le sable de l'arène. Les clairons lancent des notes stridentes et les cavaliers du duc de Montellano apparaissent.

S. A. R. l'Infante Eulalie.

Je vous fais grâce, mes chères lectrices, de nouvelles descriptions ; grâce aussi du récit de la corrida ordinaire, des banderilleros agiles, aux jarrets infatigables, des picadores tout d'une pièce sur leurs malheureuses bêtes aux yeux bandés et que les taureaux viennent, d'un élan furieux, crever avec leurs cornes comme des outres dégonflées à demi ; autant j'apprécie le talent et le courage du torero qui, avec sa muleta et son épée, lutte à pied contre la bête ivre de sa force et de sa furie, autant j'éprouve une douleur atroce à voir massacrer sans raison ces pauvres chevaux qui ne peuvent se défendre ! Rien n'excuse ce spectacle : c'est pire qu'une boucherie. Ces chevaux, qui tremblent en sentant approcher le taureau, on les force à subir cet assaut du monstre, on les maintient de l'éperon et du mors pour leur faire ouvrir le poitrail ou le ventre par des cornes formidables. Et les picadores ne les défendent même pas avec leurs lances, dont les pointes sont garnies d'un bourrelet de caoutchouc qui les empêchent de pénétrer profondément. J'ai vu des domestiques de la Plaza, de ces exécuteurs des basses œuvres qui donnent la puntilla, venir prendre par la bride des chevaux de picadores en se plaçant du côté opposé au taureau et forcer ainsi ces malheureux martyrs à recevoir une seconde attaque de la bête, la première n'ayant pas été mortelle. C'est honteux ! C'est lâche ! C'est répugnant !

Et je comprends la grande et terrible leçon que donne parfois une de ces brutes de taureaux à toute l'humanité, quand l'animal arrive comme une trombe sur un de ces chevaux qui palpite encore, étendu sur le sable, puis se plante sur son avant-train, abaisse ses regards et son muffle vers cette défroque de chair qui agonise, la sent et la contemple..... et soudain se détourne en levant, d'un mouvement lent et noble, sa puissante tête vers le ciel, vers ce ciel d'un azur si beau, vers ce soleil d'une clarté si féerique, qui semblent inviter tous les êtres à la vie et à l'amour et que les hommes dégradent en faisant de la mort un spectacle barbare.

Espagnols, mes amis, ne pourriez-vous pas supprimer ce martyre des chevaux de vos corridas? Ne pourriez-vous pas ne faire de ces corridas qu'une lutte de bravoure entre des hommes et un animal furieux, lutte qui est intéressante et qui a sa noblesse? Ou ne pourrait-on pas remplacer ces picadores roides et tristes par des caballeros alertes et des chevaux fringants? Fatiguer le taureau avec des chevaux vifs et lestes, montés par des écuyers souples et experts, voilà ce qui serait bien plus intéressant et bien plus agréable à voir que ces boucheries infâmes, qui ne sont pas dignes d'un peuple civilisé!

L'usage de célébrer le couronnement ou le mariage des Rois d'Espagne par de grandes courses de taureaux est de date fort ancienne : les « chroniques » mentionnent des courses de taureaux aux noces d'Alphonse VII avec Bérengère, fille du comte de Barcelone, en 1124, et, dans le royaume de Léon, en 1144, pour le mariage de Doña Urraca des Asturies avec le roi de Navarre. Bien d'autres fêtes de ce genre eurent lieu durant les XIIIe et XIVe siècles; au XVe siècle, on peut citer celles de Médina del Campo, le 20 octobre 1418, à l'occasion du mariage du roi Don Juan avec Marie d'Aragon; celles qui furent données à Briviesca, par le comte de Haro, en l'honneur de la reine de Navarre, et celles que toléra Isabelle la Catholique, sur la place San Andrès de Madrid, quand son époux Ferdinand vint établir sa résidence dans cette ville, qui fut plus tard la capitale de l'Espagne.

Mais ces fêtes atteinrent leur apogée sous la domination de la Maison d'Autriche, qui profita de ces occasions de déployer son faste et fut prodigue de ces sortes de réjouissances aux XVIe et XVIIe siècles. Charles-Quint fut si *afficionado* à ce genre de distractions qu'en 1527 il se donna lui-même en spectacle à ses sujets, et daigna tuer un taureau d'un coup de lance dans la plaza de Valladolid. Philippe II lui-même, l'austère et sombre monarque, ne prit-il pas plaisir à figurer dans des courses de taureaux en qualité de *caballero en plaza*, déployant ainsi toutes ses qualités de brillant écuyer et rivalisant avec les plus fameux *rejoneadores* de sa Cour ?

La Maison de Bourbon, moins encline à ce genre de spectacles, ne crut pas devoir cependant priver les Espagnols des *corridas de toros*, et Philippe V, le premier, en donna à son entrée à Madrid, et de plus somptueuses encore, le 27 décembre 1714, pour l'arrivée de son épouse, Isabelle Farnèse, pour ne citer que celles-là.

Ferdinand VI fit édifier à ses frais, pour en faire don aux hôpitaux de Madrid, la première *plaza de toros* qui fut construite *ad hoc*. Auparavant, ces fêtes avaient lieu dans des endroits aménagés spécialement pour chaque corrida, sur des places publiques, sur des promenades : il n'y avait pas de *plaza de toros* permanente.

Charles III, malgré l'opposition de plusieurs de ses ministres à ces spectacles sanguinaires, donna de splendides corridas royales pour célébrer les grands événements de son règne, et la première eut lieu à l'occasion de son Serment et de sa Proclamation en décembre 1759. En une seule année, il donna jusqu'à quatre grandes corridas royales avec un luxe extraordinaire.

Dès ce moment, le spectacle des corridas ordinaires était depuis longtemps populaire et entré complètement dans les mœurs ; comme de nos jours, on y accourait en foule pour voir les *matadores* et *toreros* célèbres.

Charles IV et Ferdinand VII continuèrent la tradition des corridas royales pour célébrer les grandes fêtes de leurs règnes, mais les plus brillantes et somptueuses dont les Espagnols aient gardé souvenance sont celles qui furent célébrées sous le règne d'Isabelle II. La ville de Madrid en donna une mémorable à l'occasion de la Proclamation de cette souveraine au berceau, et qui fut précédée d'une cavalcade allégorique où les plus riches Madrilènes firent assaut de superbes costumes.

A l'occasion du double mariage de la reine Isabelle avec le roi François d'Assise et de l'Infante Louise-Fernande avec le duc de

Montpensier, furent données les plus brillantes corridas, les 16, 17 et 18 octobre 1846, dans la Plaza Mayor : Alexandre Dumas, qui y assista, en a rendu compte. On y applaudit les quadrilles des plus grands *toreros* de l'Espagne, les maîtres classiques de la tauromachie : Lucas Blanco, Montès, Cucharès et, le plus célèbre encore, Chiclanero.

Ce furent les dernières fêtes données à la Plaza Mayor. Les *corridas reales* du mariage d'Alphonse XII avec Doña Mercedès eurent lieu dans la nouvelle plaza de toros de Madrid, la plaza actuelle, les 25 et 26 janvier 1878 : ces courses commencèrent à midi et ne cessèrent qu'à la retraite de Leurs Majestés, au coucher du soleil. Un luxe extrême de carrosses et de costumes fut déployé pour le cortège des toreros et des *caballeros en plaza ;* on applaudit les fameux *matadores* Lagartijo, Currito, Caraancha, Frascuelo, avec douze autres chefs de quadrilles des plus estimés.

Les *corridas reales* du 1er et du 2 décembre 1879, pour célébrer le mariage d'Alphonse XII avec la reine Marie-Christine d'Autriche, furent très brillantes aussi, quoique moins somptueuses que les précédentes : il n'y eut que huit matadores avec leurs quadrilles et on tua moins de taureaux.

Il est vrai que les goûts du public se sont un peu modifiés et, aujourd'hui, la mise à mort de dix taureaux satisfait les Madrilènes. Autrefois, les *corridas reales* voyaient tuer jusqu'à vingt et vingt-quatre taureaux.

Le soir, à neuf heures, nous avons eu une grande retraite militaire aux flambeaux : les détachements de cavalerie, infanterie et artillerie, désignés pour prendre part à ce défilé, se sont organisés sur le Prado. C'est de là qu'est parti le cortège qui a suivi les rues d'Alcala, la Puerta del Sol, la rue Mayor jusqu'à la place d'Armes du Palais-Royal.

J'ai assisté à ce spectacle du balcon de mon illustre ami, Don Andrès Mellado, qui habite en face du Palais-Royal : c'était un ravissant et féerique coup d'œil. Garde civile à cheval avec des lanternes, trompettes de tous les corps de cavalerie, escadrons de chasseurs avec lanternes de couleurs, musiques, chasseurs à pied, musiques, hussards rouges et hussards bleus portant des lanternes de mêmes couleurs, lanterne monstre, formant une couronne lumineuse, installée sur une prolonge d'artillerie ; une section de soldats du génie avec des lampes à acétylène, sapeurs, musiques, tambours, détachements de troupes à pied, tous les corps de l'armée espagnole ont passé ainsi sous nos regards, encadrés, escortés par des gardes civils, des hussards et lanciers à cheval portant, eux aussi, des lanternes. Ce défilé, très lent à cause des arrêts et de l'exécution des nombreux morceaux de musique, a été très réussi, et les princes étrangers, ambassadeurs et ministres, qui assistaient à cette fête des balcons du Palais-Royal, se sont retirés absolument enchantés.

A dix heures et demie, les hôtes étrangers de Leurs Majestés ont fait officiellement leurs adieux au Roi et à la Reine-mère.

Les fêtes du couronnement sont terminées.

Madrid, 25 mai 1902.

Les princes et ambassadeurs vont maintenant quitter, les uns après les autres, la capitale de l'Espagne. Mais d'autres cérémonies et d'autres réceptions occuperont encore les derniers jours de la semaine.

Le 22 mai, à trois heures, grande réception au Palais-Royal de toutes les autorités espagnoles ; la réception des dames a suivi, à trois heures et demie, celle des hauts dignitaires et fonctionnaires, qui a commencé vers trois heures : la foule des personnages a défilé devant Leurs Majestés, saluant le Roi assis sur le trône dans le salon des Ambassadeurs.

Le soir, dîner de gala offert par le Roi aux ministres et principales autorités espagnoles.

Le 23 mai, Garden-Party dans les jardins du Campo del Moro : nous garderons un excellent souvenir de cette fête, malgré l'affluence inouïe des invités. Les jardins du Campo del Moro sont fort bien entretenus et très agréables. Mais il y avait douze mille invités..... c'est beaucoup !

Leurs Majestés se sont promenées jusqu'au coucher du soleil parmi la foule et, sans trop d'étiquette, comme dans une fête intime, ont causé avec toutes les personnes de connaissance qu'Elles apercevaient.

Mais, en vérité, on était trop, et les cohues sont toujours des cohues : malgré le respect dû à Leurs Majestés, les invités se pressaient pour saluer et voir le Roi, la Reine et les Infantes. C'est ainsi que, bousculé par les uns et les autres, je me suis trouvé un moment dans le cortège royal lui-même, précédant le prince des Asturies, ce qui me causa une vive contrariété : je m'inclinai devant le prince en m'excusant et il se mit à rire de mon manque à l'étiquette involontaire. Leurs Majestés et Leurs Altesses furent charmantes avec tous et avec toutes.

Il paraît qu'après le départ du Roi et de la Reine-mère, cette fête champêtre fut gâtée par les inconvenances et les disputes de quelques jeunes gens un peu gris. C'est le défaut de ces trop grandes réceptions dans tous les pays et surtout en Espagne, où les fumées du vin sont plus dangereuses qu'ailleurs.

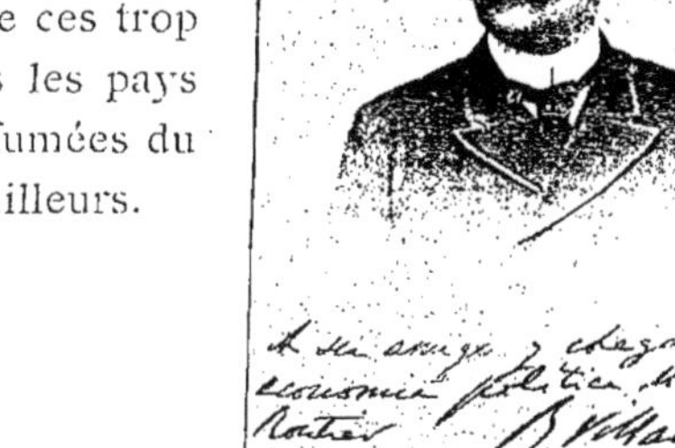

S. E. Don Raymundo F. Villaverde.

MINISTRE DES FINANCES

Le 23 mai, à huit heures du soir, a eu lieu une représentation de gala au *Théâtre-Espagnol* en l'honneur des alcaldes des provinces venus à Madrid pour les fêtes. Cette représentation leur était offerte par la municipalité de Madrid ; elle a été fort brillante. On y a applaudi *La Moza de cantaro*.

Hier, 24 mai, la journée a été surchargée de fêtes et de réceptions. Voici qui va vous en donner une idée !

A midi, banquet dans les jardins du Buen Retiro en l'honneur des alcaldes (maires) des provinces qui se trouvent à Madrid : c'est une faible copie du fameux banquet des maires de l'Exposition de 1900, à Paris. Total : 1,000 convives, si je ne me trompe !

A deux heures après midi, courses de chevaux à l'Hippodrome.

A quatre heures, fête en l'honneur de la Science dans la grande salle de la Bibliothèque nationale, avec le concours des Académies royales et des délégués des Universités et Instituts scientifiques d'Espagne. Le Roi et la Reine-mère y ont assisté ; beaucoup de discours... et on a applaudi surtout ceux, très éloquents, de M. Sigismond Moret et du comte de Romanonès.

A cinq heures et demie, concert monstre et populaire dans la *Plaza de toros* par la Société des Concerts de Madrid, avec le concours d'un orchestre de guitaristes et de deux cents choristes. Les *maëstros* Jimenez, Breton, Caballero et Chueca ont tenu à diriger eux-mêmes l'exécution de morceaux choisis de leurs plus réputés chefs-d'œuvre.

A sept heures du soir, réception de gala au Palais de la Députation provinciale de Madrid en l'honneur des membres des députations provinciales.

A huit heures, au Palais-Royal, grand dîner de gala en l'honneur des membres du Corps diplomatique résidant à Madrid.

On annonce pour demain lundi une grande réception au Ministère des Travaux publics et, enfin, aujourd'hui dimanche, 25 mai, a lieu, dans les jardins d'Aranjuez, un grand banquet de trois mille couverts offert aux députés provinciaux (ce qui équivaut presque à nos conseillers généraux) qui sont venus assister au couronnement du Roi.

La semaine prochaine verra encore quelques fêtes, mais on me permettra de mettre, dès maintenant, un terme à toutes ces descriptions qui deviendraient fastidieuses : l'énumération des fêtes n'a plus qu'un attrait documentaire, et, d'ailleurs, les fêtes officielles, les fêtes du couronnement, à proprement parler, sont finies. Les princes et ambassadeurs étrangers sont partis ou partent, les trains de plaisir remmènent les voyageurs et les touristes.

Nous aussi, nous allons partir, boucler nos valises, dire un dernier : au revoir ! à tous nos amis de Madrid, et le train va nous emporter vers la France, le cœur plein de regrets de quitter ce pays du soleil où la vie est si gaie, où l'air est toujours vibrant de chansons et de musiques, où le ciel d'azur n'a pas de nuages et où les femmes semblent toujours sourire.

. . . .

Sire, les destins sont accomplis, vous êtes roi d'Espagne.

Les cloches ont sonné leurs dernières volées ; l'écho des salves d'artillerie est allé, en grondant, se perdre dans les cimes neigeuses du Guadarrama ; les clairons se sont tus, mais l'air est encore vibrant des ultimes accords des musiques militaires et des acclamations de tout un peuple.

Vous êtes roi !... Les rampes de gaz sont éteintes, les illuminations électriques disparues, les derniers lampions consumés depuis longtemps dans leur fumée nauséabonde : feux d'artifices évanouis, fêtes envolées !..... Gaieté des foules exubérantes et rieuses, brouhaha des rues et des places, drapeaux, oriflammes claquant au vent, tentures et arcs de triomphe, pompes militaires et royales, tout s'est éclipsé d'un seul coup, comme un décor de féerie sur lequel la toile tombe !

Mais de si merveilleux spectacles se gravent dans les esprits et dans les mémoires ; en fermant les yeux, on revoit les défilés, les bals, les fêtes officielles et populaires, et tout cet appareil somptueux et superbe au milieu duquel vous apparaissiez à votre bon peuple comme dans une apothéose de soleil et d'or.

Vers vous sont montées les ovations et les démonstrations d'amour des Espagnols ; jusqu'à vous se sont élevées les aspirations et les espérances de tout un peuple. Et l'ère des responsabilités commence pour vous, Sire, depuis que vous avez prononcé les paroles solennelles du Serment !

Dans cette tâche ardue — ce grand œuvre, oserais-je dire ! — de régir les destinées d'une nation, que Dieu vous protège et vous guide, Sire ! Votre noble et sainte mère peut vous inspirer de ses conseils et de son expérience ; nulle n'a su mieux qu'elle remplir jusqu'au bout son rôle délicat de reine constitutionnelle.

L'Espagne traverse une période critique ; elle s'ouvre aux idées modernes de progrès et de liberté ; il ne faudrait point qu'elle le fît à l'aveuglette et sans discernement. Dans son essor, elle doit être conduite avec mesure et pondération : le progrès ne doit pas se confondre avec l'amollissement des mœurs et la corruption des âmes, la liberté ne doit pas devenir la licence !

Le peuple, relevé par l'instruction et le travail, doit avoir des éducateurs et des conseillers, afin de pouvoir confier les affaires publiques à des mandataires dignes de son choix. C'est dans son monarque même qu'il doit trouver son plus ferme appui et le véritable soutien de ses droits.

Entouré de ministres pleins de bonne volonté et qui ont fait déjà brillamment leurs preuves, Votre Majesté verra les difficultés s'aplanir et le succès couronner les efforts d'un gouvernement qui veut permettre à l'Espagne de se relever et de grandir dans la paix et le calme, par le commerce et l'industrie, par le développement de la science et des arts, avec tous les bienfaits d'une très grande liberté et sous la protection d'un pouvoir central fort et respecté.

La situation économique, plus importante peut-être que toutes les autres à notre époque, doit attirer le plus vivement l'attention : elle est satisfaisante en ce moment. L'Espagne, Sire, possède un grand financier, Don Raymundo Villaverde ; et vos ministres peuvent faire de bonne politique, car il leur fera de bonnes finances.

Sire, en terminant ce livre où j'ai voulu simplement écrire la chronique de Votre Proclamation, il serait ridicule de ma part d'insister davantage.

En formant des vœux sincères pour l'avenir de Votre règne, en espérant que, béni par Vos contemporains et loué par Vos propres ennemis, Vous puissiez être comparé par les historiens futurs à Votre illustre aïeul Charles III, il ne me reste plus qu'à rendre un dernier tribut de respectueux hommage et de véritable admiration à Votre auguste Mère, à la reine Marie-Christine, qui a su faire de Votre Majesté un bon chrétien, un bon fils et un prince véritablement digne d'être roi d'Espagne.

APPENDICE

Nous devons à l'obligeance du Chef des Cuisines royales, M. Alphonse Berger, le très curieux document que nous publions à la suite de l'ouvrage de M. Gaston-Routier. Ce sont les menus de tous les repas servis à Leurs Majestés pendant le mois de mai 1902, y compris les grands dîners de gala.

MENU DU 1er MAI 1902

DÉJEUNER

Consommé Créole
Œufs au miroir
Croquettes Victoria
Païl de bœuf à l'Anglaise
Pommes de terre nouvelles
Poulets rôtis
Couques aux confitures

DINER

Potage Parmentier
Petits pâtés parisiens
Filets de merlans à l'Italienne
Noix de veau glacée à la Macédoine
Asperges d'Aranjuez sauce mousseline
Canetons de Nantes à la broche
Salade de laitues
Baba glacé au kirsch
Bombe Marie-Louise

MENU DU 2 MAI 1902

DÉJEUNER

Consommé au tapioca
Œufs à la coque
Volailles à la Novarre
Navarin d'agneau aux légumes
Pommes de terre en croquettes
Beefs-teaks grillés maître d'hôtel
Poulets rôtis
Meringues à la Chantilly

DINER

Consommé aux profiteroles
Frito à l'Espagnole
Ris de veau aux petits pois
Jambon de Westphalie aux épinards sauce madère
Asperges d'Aranjuez à la vinaigrette
Dindonneaux nouveaux à la broche
Salade de fonds d'artichauts et pommes de terre
Pudding de Cabinet sauce Sabayon
Glace à l'orange

MENU DU 3 MAI 1902

DÉJEUNER

Consommé aux perles du Japon
Œufs brouillés nature
Filets de soles à la Colbert
Bœuf en daube
Pommes de terre noisettes
Poulets rôtis
Tartes aux pommes à l'Anglaise

DINER

Potage crème de cresson
Bouchées à la Reine
Langoustes froides à la Française
Gigot d'agneau de sept-heures
Asperges d'Aranjuez sauce hollandaise
Chapons de Bayonne à la broche
Salade romaine
Pains de Gênes
Bombe glacée au moka

MENU DU 4 MAI 1902

DÉJEUNER

Consommé au sagou
Œufs frits à la Portugaise
Truites au vin de Bordeaux
Pigeons aux petits pois
Pommes de terre Pont-Neuf
Escalopes de veau pannées, sautées
Poulets rôtis au cresson
Choux grillés à la crème

DINER

Consommé à la d'Orléans
Tarlettes Agnès Sorel
Louvines sauce printanière
Filet de bœuf à la Godard
Asperges d'Aranjuez sauce Colbert
Gelinotte à la breet-sauce
Salade de laitues parisienne
Biscuits aux avelines
Ananas glacé

MENU DU 5 MAI 1902

DÉJEUNER

Consommé au vermicelle
Omelette au jambon d'York
Merluche frite
Poulets sautés à l'Ancienne
Pommes de terre maître d'hôtel
Côtes de mouton grillées
Volailles rôties
Gâteaux aux amandes

DINER

Potage Normande à la crème double
Croquettes de volaille frites
Langoustines à la Monte-Carlo
Poulardes de Bresse braisées à l'estragon
Asperges d'Aranjuez sauce mousseline
Aloyau rôti au raifort
Salade de laitues
Gâteau Princesse
Bombe Lavallière.

MENU DU 6 MAI 1902

DÉJEUNER

Consommé aux niocchis
Œufs pochés à la Mornay
Filets de soles en goujeons
Sauté de veau chasseur
Pommes de terre frites
Poulets rôtis
Éclairs au chocolat

DINER

Consommé Brunoise au tapioca
Cromesquis à la Russe
Merluche sauce aux câpres
Selles d'agneau à la Chivry
Asperges d'Aranjuez sauce vinaigrette
Poulets à la broche
Salade de romaines
Gâteau Marguerite
Glace vanille en rocher

MENU DU 7 MAI 1902

DÉJEUNER

Consommé aux pâtes d'Italie
Œufs en cocottes
Bouchées à la Joinville
Côtes de bœuf braisées bordelaise
Haricots verts sautés
Poulets grillés crapaudine
Gâteau Victoria

DINER

Ox-taïl soup
Petites timbales Pompadour
Bequart froid à la Rachel
Dindonneau à la Piémontaise
Asperges d'Aranjuez sauce mousseline
Longe de veau rôtie au cresson
Salade de laitues
Biscuit à l'orange
Mousse au thé

MENU DU 8 MAI 1902

DÉJEUNER

Consommé aux pailles, au parmesan
Omelette aux pommes à l'Espagnole
Filets de merlans frits
Goulache de bœuf à la Hongroise
Pommes de terre Léon
Poulets rôtis
Kougelcoff

DINER

Potage Reine
Friture mêlée à la Orly
Brochets pochés au vin blanc
Pointe de bœuf de Hambourg à la Flamande
Asperges d'Aranjuez sauce crème
Chapons à la broche
Salade de laitues
Gâteau punch
Mousse glacée aux fraises

MENU DU 9 MAI 1902

DÉJEUNER

Consommé au sagou
Œufs mollets à la crème
Rognons d'agneaux sautés madère
Blanquette de veau au riz
Pommes de terre nouvelles
Poulets rôtis
Tartelettes aux pommes grillées

DINER

Consommé Colbert
Croquettes de volaille frites
Côtelettes d'agneaux aux petits pois
Volailles braisées à la Toulouse
Asperges d'Aranjuez sauce au beurre
Filet de bœuf rôti au cresson
Salade de pommes de terre à la mayonnaise
Gâteau Trois-Frères
Glace à l'orange

MENU DU 10 MAI 1902

DÉJEUNER

Consommé aux perles du Japon
Œufs brouillés nature
Soles frites à la Colbert
Pigeons en compote
Pommes de terre à la crème
Tournedos sautés à la Béarnaise
Poulets rôtis
Mirlitons

DINER

Potage purée Crécy au riz
Côtelettes de volaille à la Maintenon
Louvines sauce anchois
Gigots de mouton braisés aux niocchis
Asperges d'Aranjuez sauce moutarde
Dindonneaux nouveaux à la broche
Salade de romaines
Biscuit de Savoie
Parfait au café

MENU DU 11 MAI 1902

DÉJEUNER

Consommé au vermicelle
Œufs à la d'Orléans
Langoustes à la Rachel
Navarin de mouton printanier
Haricots verts au beurre
Poulets rôtis
Tarte à la franchipane

DINER

Potage Saint-Germain
Coulibiacs à la Russe
Darne de saumon sauce génoise
Noix de veau glacée fermière
Asperges d'Aranjuez sauce mousseline
Canetons de Nantes à la broche
Salade de laitues
Biscuits noisettes
Charlotte russe à la vanille

MENU DU 12 MAI 1902

DÉJEUNER

Consommé au tapioca
Œufs en cocottes à la crème
Coquilles de Louvines à la Mornay
Escalopes de veau pannées à l'Anglaise
Pommes de terre bourgeoise
Poulets rôtis
Conversations

DINER

Consommé Royal
Côtelettes de volaille frites
Filets de soles au vin blanc
Pointe de bœuf à la mode
Asperges d'Aranjuez sauce hollandaise
Dindonneaux nouveaux à la broche
Salade de romaines
Plum-Keake
Glace nougatine

MENU DU 13 MAI 1902

DÉJEUNER

Consommé au tapioca
Œufs à la Polignac
Merlans frits
Goulache de bœuf à la Hongroise
Pommes de terre Léon
Poulets rôtis
Éclairs au chocolat

DINER

Potage reine Margot
Boudins à la Richelieu
Bars au vin de Bordeaux
Jambon de Prague froid à la Valois
Grousses à l'Anglaise
Salade de saison
Mousse à l'orange
Bombe Mercédès

MENU DU 14 MAI 1902

DÉJEUNER

Consommé Célestine
Œufs frits au jambon des Asturies
Pilaf de queues d'écrevisses
Fricassée de volaille à l'Ancienne
Pommes de terre Colinet
Beefs-teaks grillés maître d'hôtel
Petits diplomates aux fruits

DINER

Consommé Royal printanier
Cromesquis à la Polonaise
Turbot sauce riche
Filets de bœuf à la Milanaise
Asperges d'Aranjuez sauce moutarde
Poulardes du Mans à la broche
Salade parisienne
Gâteau moka
Bombe nougatine

MENU DU 15 MAI 1902

DÉJEUNER

Consommé Brunoise au tapioca
Œufs brouillés aux truffes
Filets de truites de rivière à la Génoise
Pigeons en compote
Pommes de terre Pont-Neuf
Escalopes de veau sautées madère
Poulets de grains rôtis
Couques Palermitaine

DINER

100 couverts, 10 services

Potage d'Orléans
Consommé Nilson
Bressoles à la Mogador
Darne de saumon sauce Bordeaux
Côtelettes d'agneaux à la Maréchale
Poulardes à la Prince Albrecht
Selles de veau Moderne
Chaudfroid de mauviettes en buisson
Punch à la Romaine
Asperges d'Aranjuez sauce hollandaise
Canetons de Nantes à la broche
Salade vénitienne
Gâteau Metternich
Bombe Cléopâtre

VINS

Jerez 1847
Château-Laffitte
Château-d'Iquem
Bourgogne Romanée
Rhin Johannesberger
Champagne
Pajarete

MUSIQUE

Cleopatra, overtura. — MANCINELLI
Marcha de la opera « Tannhauser ». — WAGNER
Fantasia de la opera « Lohengrin ». — WAGNER
Angelita Barcarola. — CASAS
Maria Cristina, gavota. — YUSTE
Ange d'Amour, valse. — WALDTEUFEL

MENU DU 16 MAI 1902

DÉJEUNER

Consommé aux pâtes d'Italie
Œufs pochés à la Monaco
Filets de saumons à la Valois
Canards sautés Nivernaise
Haricots verts au beurre
Côtelettes d'agneaux sautées
Poulets grillés
Dijonnaise

DINER

120 couverts, 12 services

Potage Windsor
Consommé Bagration
Petites bouchées de prince
Truites de Léman aux écrevisses de la Meuse
Aiguillette de bœuf à la Vernon
Quartiers de mouton des Ardennes Nesselrod
Ortolans à la Nancéenne
Jambon de Prague froid à la Rachel
Marquise au Johannesberg
Asperges d'Argenteuil sauce mousseline
Poulardes du Mans à la broche
Salade de laitues nouvelles
Gâteau Alphonse XIII
Ananas glacés

VINS

Jerez Tio Pepe
Château-Margaux
Château-d'Iquem
Bourgogne Romanée
Rhin Johannesberger
Champagne
Malaga

MUSIQUE

Freischütz, overtura. — WEBER
Marcha triunfal, homenage à S. M. el rey D. Alfonso XIII. — CASAS
Allegretto Scherzando de la Sinfonia en fa. — BEETHOVEN
Fantasia de la opera « Los Hugonotes ». — MEYERBEER
Serenata. — GOUNOD
Au revoir, valse. — WALDTEUFEL

MENU DU 17 MAI 1902

DÉJEUNER GRAS

Consommé Royal
Œufs à la Chartres
Soles à la Joinville
Grenadine de bœuf provençale
Petits pois à l'Anglaise
Poulets rôtis
Salade de laitues
Tartelettes ananas

COLLATION DU ROI

Potage aux herbes
Lentilles en sauce
Petits pois nature
Artichauts frits
Salade de pommes de terre
Compote de poires

DÉJEUNER MAIGRE

Potage aux herbes
Œufs à la coque
Soles à la Joinville
Langouste à la Française
Petits pois nature
Bars grillés beurre d'anchois
Tartelettes ananas

DINER GRAS

Consommé d'Orléans
Croquettes de volaille frites
Turbot sauce mousseline
Noix de veau à la Mogador
Asperges d'Aranjuez sauce Colbert
Canetons de Nantes à la broche
Salade de romaines
Gâteau Albanais
Bombe Mercédès

DINER MAIGRE

Potage santé
Croquettes de langoustes frites
Turbot sauce mousseline
Merluche à l'Italienne
Asperges sauce Colbert
Dorades grillées au beurre fondu
Salade de romaines
Albanais
Bombe Mercédès

MENU DU 18 MAI 1902

DÉJEUNER

Consommé des Princes
Œufs à la Jockey-Club
Langoustines à l'Américaine
Veau sauté Portugaise
Pommes de terre à la crème
Poulets grillés et rôtis
Lily

DINER

Potage Windsor
Boudins de volaille à la Strasbourgeoise
Truite saumonée sauce printanière
Poulardes de Bresse à la Bressonne
Asperges d'Aranjuez sauce au beurre
Longe de veau aux pommes Voisin
Salade Demidof
Gâteau Marie-Thérèse
Parfait au café

MENU DU 19 MAI 1902

DÉJEUNER

Consommé à la semoule
Œufs au miroir
Rougets au vin de Bordeaux
Épigrammes d'agneaux Montalembert
Haricots verts maître d'hôtel
Poulets rôtis
Petites Duchesses

DINER

Consommé au raviolis
Petits pâtés parisiens
Poisson doré à la Helvétienne
Aiguillette de bœuf à la Flamande
Asperges d'Aranjuez sauce hollandaise
Chapons de Bayonne à la broche
Salade de saison
Gâteau Princesse
Bombe Victoria

MENU DU 20 MAI 1902

DÉJEUNER

Consommé aux perles du Nizam
Œufs à la Mogador
Éperlans frits
Poulets sautés Marengo
Pommes à la maître d'hôtel
Côtes de veau demi-glace
Pains de la Mecque à la confiture

DINER

Potage crème de cresson
Frito à l'Espagnole
Filets de barbues à la Mornay
Gigots de mouton de sept-heures
Asperges d'Aranjuez sauce crème
Poulardes du Mans à la broche
Salade de pommes de terre et tomates
Gâteau Fritelli
Bombe arlésienne

MENU DU 21 MAI 1902

DÉJEUNER

Consommé aux profiterolcs
Œufs à la Monte-Carlo
Coquilles de saumon gratinées
Dindonneaux à la Nivernaise
Pommes de terre purée
Filet de bœuf et poulet rôti
Salade de laitues
Gâteaux Victoria

DINER

Consommé Royal Sévigné
Côtelettes de volaille à la Monglas
Louvines sauce Joinville
Poulardes farcies à la Parisienne
Asperges d'Aranjuez sauce au beurre
Aloyau rôti au raifort
Salade japonaise
Mousse au thé
Glace vanille en rocher

MENU DU 22 MAI 1902

DÉJEUNER

Consommé au Rizotto
Œufs à la Turque
Friture de gougeons
Filets sautés à l'Alsacienne
Pommes de terre frites
Poulets rôtis
Salade de laitues aux œufs
Madeleines

DINER

100 couverts, 10 services

Potage Durham
Consommé Fleury
Brissolins au Suprême
Brochets du Rhin au Chablis
Mousses de gelinottes au Marsala
Quasi de veau à la Godard
Contre-filet garni au raifort
Pâté de foie gras de Strasbourg en croûte
Granit à l'Alsacienne
Asperges d'Aranjuez sauce diaphane
Chapons de Houdan à la broche
Salade japonaise
Gâteau Marie-Christine
Bombe Caprice

VINS

Jerez 1847
Château-Latour
Château-d'Iquem
Bourgogne Romanée
Rhin Johannesberger
Champagne
Pedro Jimenez

MUSIQUE

Overón, overtura.	WEBER
Marcha Nupcial.	MARQUÉS
Bajo las Estrallas.	G. PARÈS
Fantasia y Dansas Bohemias	SAINT SAENS
Andantino, rêverie.	TH. DUBOIS
Senderos floridos, valse.	WALDTEUFEL

MENU DU 23 MAI 1902

DÉJEUNER

Consommé à la Rachel
Œufs à l'aurore
Truites à la Meunière
Volaille à la Polonaise
Pommes de terre Parisienne
Noix de veau et poulets rôtis
Dartois aux amandes

DINER

Potage Fualdès
Délires de Madrid
Filets de soles à la Joinville
Canetons rouennais à la Bohémienne
Asperges d'Aranjuez sauce Hollandaise
Selles d'agneaux sauce menthe
Pommes de terre Voisin
Salade de concombres
Gâteau Constantin
Mousse aux fraises

MENU DU 24 MAI 1902

DÉJEUNER

Consommé Royal
Œufs brouillés à la Portugaise
Merluche frite
Fricandeau de veau glacé
Épinards au jus
Poulets rôtis
Salade de pommes de terre
Beignets soufflés vanille

DINER

Potage Reine
Consommé d'Orléans
Cromesquis à la Polonaise
Côtelettes d'agneaux Toulousaine
Pain de volaille à la Cardinal
Noix de veau braisée à la Châtelaine
Filet de bœuf à la d'Aumont
Cailles glacées Duchesse
Spongiade au Pommery
Asperges d'Aranjuez sauce crème
Chapons de Bresse à la broche
Salade Mignonne
Gâteau Napolitain
Bombe Lavallière

VINS

Jerez 1817
Château-Margaux
Château-d'Iquem
Bourgogne Romanée
Rhin Johannesberger
Champagne
Malaga

MUSIQUE

Le songe d'une nuit d'été, overtura.
A. Thomas

La jura del Rey, marcha militar.
Yuste

Fantasia de la opera « La Bohème ».
Puccini

Airs de Ballet de la opera « Hamlet ».
A. Thomas

Sensitiva, gavota.
Roig

Tout Paris, valse.
Waldteufel

MENU DU 25 MAI 1902

DÉJEUNER

Consommé à la semoule
Œufs brouillés aux truffes
Pilaf de queues d'écrevisses
Navarin d'agneau printanie
Pommes de terre frites
Poulets rôtis
Tarte aux abricots

DINER

Potage crème d'orge à l'Allemande
Pâtés parisiens
Filets de bars à la Mornay
Volailles braisées à la Toulouse
Petits pois à l'Anglaise
Quartiers de mouton aux pommes Voisin
Salade de romaines
Gâteau Bordelais
Glace aux pêches

MENU DU 26 MAI 1902

DÉJEUNER

Consommé Colbert
Filets de soles en goujeons
Purée de volaille à la Polonaise
Sauté de veau Provençale
Pommes de terre croquettes
Poulets et côtelettes d'agneaux
Kougeloff

DINER

Consommé Royal printanier
Bouchées à la Luculus
Langoustines à la Monte-Carlo
Noix de veau braisée au macaroni
Asperges d'Aranjuez sauce mousseline
Chapons de Bayonne à la broche
Salade de pommes de terre et tomates
Gâteau moka
Bombe glacée Mercédès

MENU DU 27 MAI 1902

DÉJEUNER

Cocido à l'Espagnole
Omelette aux fines herbes
Filets de truites sauce au Bordeaux
Blanquette d'agneau à la Béarnaise
Haricots verts maître d'hôtel
Poulets rôtis
Éclairs au chocolat

DINER

Consommé aux raviolis
Côtelettes de volailles au Suprême
Truite saumonnée du Rhin sauce riche
Pièce de bœuf à la Flamande
Asperges d'Argenteuil sauce diaphane
Poulardes du Mans à la broche
Salade Mignonne
Pain de Gênes
Glace Duchesse

MENU DU 28 MAI 1902

DÉJEUNER

Consommé Milanais
Œufs à la Stanley
Filets de verdeaux sauce moutarde
Noix de veau froide aux petites carottes
Asperges d'Aranjuez sauce Valois
Poulets rôtis
Madeleines de Commercy

DINER

Potage au lait d'amandes froid
Friture mêlée à la Orly
Poisson doré à la Chambord
Jambon de Prague froid à la Rachel
Asperges d'Argenteuil sauce mousseline
Canetons nantais flanqués d'ortolans
Salade de saison
Gâteau Marguerite
Bombe Cléopâtre

MENU DU 29 MAI 1902

DÉJEUNER

Consommé froid
Œufs pochés au jus
Petites timbales Dieppoise
Poulets sautés Parmentier
Salade de haricots verts
Côtes de veau sautées
Meringues à la Chantilly

DINER

Consommé pot-au-feu
Canelonis au gratin
Brochet du Rhin au Johannesberg
Poulardes à la d'Albufera
Asperges d'Aranjuez sauce au beurre
Roast-beef au York pudding pommes et sauce raifort
Salade de laitues
Gâteau Russe
Ananas glacé

MENU DU 30 MAI 1902

DÉJEUNER

Consommé aux pailles au Parmentier
Œufs à la Beaurepaire
Filets de merlans au gratin
Filets sautés à la Rossini
Petits pois à la bonne femme
Poulets rôtis
Gâteau Marignan

DINER

Potage Crécy au riz
Bouchées de Prince
Saumon sauce génoise
Canards de Rouen à la Cumberland
Asperges sauce Hollandaise
Selles de veau à la broche
Salade printanière
Plum-Keake
Bombe Marie-Louise

MENU DU 31 MAI 1902

DÉJEUNER

Puchero de enfermo
Consommé
Œufs à la Sully
Merluche frite
Haricot de mouton
Asperges froides à la vinaigrette
Filets de veau et poulets rôtis
Gâteau Hollandais

DINER

Potage camélia
Rissoles de volailles frites
Turbot sauce printanière
Côte de bœuf braisée Sultane
Asperges d'Argenteuil sauce Colbert
Poulardes de Bresse et pintades à la broche
Salade de laitues
Gâteau Lily
Bombe Caprice

DÉJEUNER DU 7 MAI 1902

Servi à LL. AA. RR. les Princes des Asturies.

40 COUVERTS

Consommé Royal printanier
Œufs à la Chartres
Saumon grillé sauce anchois
Jambon de Westphalie sauce Madère
Epinards aux croûtons
Poulardes de Bresse à la broche
Salade de romaines
Kougeloff
Bombe nougatine
Desserts variés

DÉJEUNER DU 9 MAI 1902

40 COUVERTS

Consommé Rachel
Œufs à la Monte-Carlo
Filets de soles à la Joinville
Noix de veau glacée au vin de Jerez 1847
Petits pois à l'Anglaise
Chapons de Bayonne à la broche
Salade de laitues aux œufs
Brioche mousseline
Bombe Marie-Louise
Desserts variés

DÉJEUNER DU 12 MAI 1902

40 COUVERTS

Consommé Princesse
Œufs à l'aurore
Filets de saumon à la Villeroy
Selles d'agneaux à la Duchesse
Haricots verts au beurre d'Isigny
Poulardes du Mans à la broche
Salade de laitues aux œufs
Génoise glacée au punch
Parfait au café
Desserts variés

NOTE DES PRÉPARATIFS

Faits pour la Course royale de taureaux et la Retraite aux flambeaux.

COURSE DE TAUREAUX

Sandwichs au jambon	250
— au poulet	250
Viandes froides pour 80 personnes.	
Boissons : café glacé : litres	100
orangeade : litres	100
limonade : litres	100
Petites glaces variées	100
Petits fours variés : kilos	5
Galettes : caisses	3
Vins.	

RETRAITE AUX FLAMBEAUX

Sandwichs au jambon	1.500
— au poulet.	500
Petites glaces moulées : au café	200
au chocolat.	200
aux fraises	200
à la vanille	200
Boissons : café glacé : litres	100
orangeade : litres	100
limonade : litres	100
amandine : litres	100
Vins.	

RÉCEPTION DU 19 MAI 1902

BUFFET DE 4.000 PERSONNES

Sandwichs au jambon d'York.
— langue écarlate.
— au roast-beef.
— au poulet.
Petits pains de brioche au foie gras.
Pâtisseries : petites brioches.
feuilles de palmiers.
mirlitons.
petits condés.
conversations.
choux à la crème.
éclairs café et chocolat.
Grandes pièces : biscuits Savoie.
babas glacés.
brioche mousseline.
gâteaux bretons.
Boissons : orangeade.
limonade au citron.
limonade au vin de Rioja.
limonade de groseille.
café glacé.
chocolat glacé.
horchata.
petites glaces variées.
Confiserie :
36 plateaux de petits fours variés secs.
36 plateaux de petits fours variés glacés.

NOTE DES PRÉPARATIFS

Faits pour la Réception du Garden-Party et la Réception au Palais.

CAMPO DEL MORO

Cuisine : sandwichs au jambon	30.000
— au poulet	15.000
— au roast-beef	35.000
— langue écarlate.	20.000
petits pains au foie gras	15.000
Pâtisserie : conversations	500
condés.	500
mirlitons	1.000
Glaces moulées : crème au café	2.500
— au chocolat.	2.500
— à la vanille.	2.500
— aux fraises	2.500
Moules à bombe de 12 personnes en réserve	60
Boissons glacées : café : litres	1 000
horchata : litres	1.000
orangeade : lit.	1.000
limonade : litres.	1.000
groseille : litres	1.000
Petits fours : palais au raisin : kilos.	20
— de voyage	20
— d'amandes	20
Conversations (en petits fours)	250
Condés	250
Mirlitons	500
Vins.	

PALAIS-ROYAL

Cuisine : sandwichs au jambon . .	8.000
— au poulet . .	2.000
— langue de bœuf.	5.000
— au roast-beef .	5.000
petits pains au foie gras .	12.000
Pâtisserie : petites brioches . . .	200
feuilles de palmiers . .	2.000
mirlitons	500
condés	2.000
conversations	2.000
choux à la crème . . .	1.000
éclairs café et chocolat .	500
Glaces moulées : au café	1.000
au chocolat . . .	1.000
Glaces moulées : à la vanille . . .	1.000
aux fraises . . .	1.000
Bombes de 12 personnes en réserve.	30
Boissons glacées : horchata : litres .	250
café : litres . .	250
groseille : litres .	250
orange : litres .	250
limonade : litres .	500
Petits fours : palais au raisin : kilos.	50
— de voyage : kg.	50
— d'amandes : kg.	50
Galettes : caisses	12
Confiserie : cocos : kilos	100
variés : kilos	50
bonbons : kilos. . . .	100
Vins.	

TABLE DES GRAVURES

GRAVURES HORS TEXTE

Pages.
Alphonse XIII . . . . Frontispice.
S. M. la Reine-régente 16-17
Le Roi en 1892. 32-33
Alphonse XIII en tenue de campagne, à Saint-Sébastien (en 1901) 48-49
La salle du Trône au Palais-Royal de Madrid 64-65
Le Roi en 1898 et en 1900 128-129
Alphonse XIII dans le carrosse de la Couronne 160-161
Alphonse XIII prêtant le serment à la Constitution 176-177

GRAVURES ET DESSINS DANS LE TEXTE

Le Palais-Royal de Madrid 1
Armes royales d'Espagne. 8
Armes impériales d'Autriche 9
Château Royal de Rio-Frio 29
Le Roi portant le Grand Cordon de la Légion d'Honneur 37
Le Roi portant le Grand Cordon du Lion Néerlandais 42
S. M. le Roi Don François d'Assise 43
S. M. la Reine Isabelle II 47
Alphonse XIII en 1898 52
Armes royales d'Aragon. — Armes royales de Castille 54
Palais-Royal d'Aranjuez 55
Le grand escalier du Palais-Royal 61
Salon de Charles III. — Salon dit : de Porcelaine 63
Blason des ducs de Bourgogne. — Blason des comtes de Flandre 72
Carrosse de Jeanne la Folle 77
Philippe V 78
Louis Ier. 78
Ferdinand VI. 79
Charles III 79
Charles IV. 80
Ferdinand VII 80

Pages.
La Reine Christine de Bourbon 81
S. A. R. la duchesse de Montpensier. 81
Armes de la Maison royale de Sicile. — Blason antique du Duché de Brabant . . 82
Le Château Royal du Pardo, où mourut Alphonse XII 83
S. M. la Reine-régente en 1886 89
S. M. Alphonse XII. 93
Le Palais Royal de San Ildefonso (La Granja) 97
Marie-Christine en 1877 98
La Reine en 1878 99
La Reine-régente en 1880 100
S. M. la Reine-régente en 1902 101
Armes impériales d'Autriche. — Blason comtal de Tyrol. 102
Alphonse XIII dans son berceau, en 1886 107
Alphonse XIII et son auguste mère, en 1886 109
Alphonse XIII en 1892. 111
Le Roi et sa nourrice 112
Le Roi en 1887 et en 1888. 113
Le Roi en 1889 et en 1890. 116
Alphonse XIII en 1889. 117
Armes modernes du duché de Bourgogne. — Blason du duché de Parme. . . . 120
Le Roi faisant l'exercice militaire en 1897 121
La Reine-régente et son auguste fils en 1893. 125
Le Roi en 1891 127
Le Roi montant à cheval. 130
Le Roi à l'exercice 131
Armes royales de Grenade. — Armes royales de Bourbon-Anjou 134
Le Roi à l'exercice militaire en 1897 135
S. Exc. le comte de Romanonès 136
Don Patricio Aguirre de Tejada 137
Don Miguel Gonzalez de Castejon 137
Don Vicente Santamaria de Paredes. 138
Don Juan Loriga. 138
Don Fernando Brieva y Salvatierra 139
Don Anselmo Gonzalez 139
Don Enrique Ruiz Fornelles. 139
Don Antonio Bellido Risco 140
Don José Coëllo Perez del Pulgar 140
Le Maître d'armes Pedro Carbonell 140
Don Alfonso Merry del Val. 141
Mlle Paula Czerny 141
M. Albert Gayan. 142
L'Infante Dona Paz et le Prince de Bavière 142
S. A. R. l'Infante Isabelle 143
S. A. R. l'Infante Marie-Thérèse 143
S. A. R. la Princesse des Asturies 144
S. A. R. le Prince Charles des Asturies. 145
La Reine en 1900. 146
La Reine avec son petit-fils en 1902 147
Blason des Médicis. — Armes royales de Léon 148
Alphonse XIII faisant l'exercice militaire en 1897 149
Le carrosse de Sa Majesté sortant du Palais-Royal. 163
Le Palais du Congrès (Chambre des Députés) 164

Pages.

Garde civil à cheval. 165
Les Hussards de la Princesse 165
Palefreniers royaux ouvrant la marche du Cortège. 165
Landau de Bronze 166
Carrosse des Chiffres 166
Carrosse des Infantes Isabelle et Eulalie 166
Carrosse de la Couronne ducale 167
Carrosse dit : de Tableros dorados 167
Carrosse dit de : Caoba 168
Les Clairons de l'escorte royale 168
Carrosse de la Couronne royale 169
Carrosse des Massiers des Cortès. 170
Carrosse du Président des Cortès 171
Armes impériales d'Autriche 175
Le Général Weyler et son état-major 185
Le Général Florentin 186
M. Crozier. 187
S. A. R. l'Infante Eulalie. 196
S. Exc. Don Raymundo F. Villaverde, ministre des Finances 201

TABLE DES MATIÈRES

Pages.

CHAPITRE PREMIER. — Après une nuit en wagon. — La pluie à Madrid. — Vivent les arbres! — L'Affluence des touristes. — Les hôtels de Madrid. — Tramways et voitures. — L'Exploitation du bon public. . 1 à 12

CHAPITRE II. — La zarzuela espagnole. — Le prince Eugène de Suède. — Le 1er mai à Madrid. — La foi socialiste. — Les ouvriers s'amusent. — La veille du « Dos de Mayo ». — Le Monument. — Fête de l'anniversaire de 1808. — L'Alcalde de Mostolès . . . . 13 à 28

CHAPITRE III. — Descendant des victimes! — Souvenir patriotique et plus de haine. — La procession. — La mantille espagnole. — Griefs et plaintes des Madrilènes. — Questions d'hygiène — L'Eau du canal de Lozoya. — Trop d'impôts et pas assez de sollicitude pour Madrid. . . . . . 29 à 40

CHAPITRE IV. — L'exposition d'aviculture. — La Cour en deuil. — Le Roi François d'Assise. — Un monarque sans couronne. — La vie d'un philosophe et d'un homme de bien. — Son mariage avec la reine Isabelle II. — Simplicité et grandeur. — La mort d'un juste. — Banquet en l'honneur du marquis de Tovar. — Le tir aux pigeons. — Scandaleuses manifestations de Barcelone. — Le drapeau espagnol sifflé! . . . . 41 à 54

CHAPITRE V. — Les appartements des princes des Asturies. — Le Palais-Royal de Madrid. — L'Antique Alcazar des Maures devient le palais de Philippe III. — Son incendie et sa reconstruction par Philippe V. — La vie des Bourbons. — Admirable décoration des salons. — Les théâtres de Madrid. — Un peu d'histoire. — D'Alphonse Ier, « le Catholique », à Alphonse XII. — Règnes glorieux pour l'Espagne. . . . . 55 à 72

CHAPITRE VI. — La Société coopérative de la Presse madrilène. — Un exemple à imiter par les Associations françaises. — La « Féria » du Retiro. — Les corridas de toros du mois de mai 1902. — Cent vingt toros et trois cent soixante chevaux massacrés. — Les Bourbons en Espagne. — Du petit fils de Louis XIV au père d'Alphonse XIII. — Notes historiques sommaires. . . . . 73 à 82

CHAPITRE VII. — La vie à Madrid. — Les travailleurs et les oisifs. — Le moyen de tuer le temps. — Clubmen et bourgeois. — Les chevaliers du « Sablazo ». — Distractions d'un parasite. — La « Parade ». — Les cérémonies religieuses. — Les concerts des aveugles. — Ovations à Sara-

Pages.

sate. — La Restauration et Martinez Campos. — L'Œuvre du grand Canovas. — Le règne d'Alphonse XII. — Un roi libéral et moderne. — Son mariage avec Marie-Christine d'Autriche. — Sa mort plonge l'Espagne dans la douleur et les angoisses de l'avenir . . . . 83 à 102

CHAPITRE VIII. — Les préparatifs des fêtes. — Les trains de plaisir. — Arrivée de S. A. I. l'archiduc Charles-Étienne. — La naissance d'Alphonse XIII. — Un mot de Canovas. — Le récit d'un témoin. — Le gage de la paix publique. — Un roi de seize ans. — Mésaventure d'un paysan naïf. — Police et mœurs espagnoles. — Une régence modèle. — Dangers et embûches. — La guerre avec les États-Unis. — Admirable attitude de la Reine-régente. — La force prime le droit. — Sacrifices héroïques de l'Espagne. — L'honneur est sauf . . . . 103 à 120

CHAPITRE IX. — Le concours de Foot-Ball. — Fêtes populaires et fêtes officielles. — L'Accident de l'Infant Don Antonio. — Estrades et tribunes. — Les princes royaux attendus. — Les missions extraordinaires. — L'Enfance d'Alphonse XIII. — Une visite à la famille royale d'Espagne. — L'Éducation d'un prince. — Ses études. — Charmant accueil fait à l'auteur. — Les pigeons du Palais-Royal. — Un mot d'une femme du peuple . . . . 121 à 134

CHAPITRE X. — Bals, soirées, réceptions. — Le bal de la Bourse. — Le comte de Romanonès. — Le Roi pose la première pierre de quatre écoles populaires. — Les professeurs du Roi. — Les membres de la famille royale. — Les tantes du Roi. — L'Infante Marie-Thérèse. — La princesse des Asturies et le prince Charles de Bourbon. — Un mariage d'amour . . . . 135 à 148

CHAPITRE XI. — Arcs de triomphe et rues pavoisées. — Exposition du Cercle des Beaux-Arts dans le Palais de cristal du Retiro. — Arrivée des Princes royaux. — Grand dîner de gala au Palais-Royal. — Le sacre des Rois d'Espagne. — Cérémonies des sacres des Rois de Castille et des Rois d'Aragon. — Proclamation et serment d'Isabelle la Catholique. — Les missions extraordinaires au Palais. — Remise au Roi des insignes de l'Ordre de la Jarretière, du collier de l'Ordre des Séraphins et de l'Ordre persan des Agdes. — La revue de Carabanchel. — Le mariage du Roi. — Illuminations générales. — Encore les Anarchistes! . . . . . . 149 à 162

CHAPITRE XII. — Le grand jour. — La Diane militaire. — Une heure sonne! — Les carrosses des Grands d'Espagne. — Le cortège royal. — Leurs Altesses Royales. — L'Escorte royale et le carrosse de la Couronne. — Le « Te Deum » à San Francisco El Grande. — Le serment devant les Cortès. — Récit d'un témoin. — Incidents et détails. — Exploit d'un fou. — L'Amoureux de l'Infante. . . . . 163 à 174

CHAPITRE XIII. — La Toison d'Or conférée à M. Loubet. — Manifestes de LL. MM. la Reine-régente et le Roi. — « Capilla Publica » au Palais-Royal. — Pose de la première pierre du monument d'Alphonse XII. — Championnat de tir. — Représentation de gala au Théâtre-Royal. — Feux d'artifices. — Grande revue des troupes. — Réception de gala. — Le général Florentin et M. Crozier. — Leur opinion sur le Roi et sur les fêtes de Madrid. . . . . 175 à 188

Pages.

CHAPITRE XIV. — L'Exposition des Portraits. — La bataille des fleurs. — La « Corrida real ». — Descriptions et souvenirs. — Retraite militaire. — Garden-Party dans les jardins du « Campo del Moro ». — Encore des fêtes. — Le banquet des Alcaldes. — Le rideau tombe. — Conclusion . . . 189 à 204

APPENDICE. — Un curieux document : les menus du Palais-Royal pendant le mois de mai 1902 . . . . 205 à 216

TABLE DES GRAVURES . . . . 217 à 219

TABLE DES MATIÈRES . . . . 221 à 223

LA CHAPELLE-MONTLIGEON (ORNE). — IMP. DE N.-D. DE MONTLIGEON.

OUVRAGES DU MÊME AUTEUR

LELIO, poème en 1 acte et en vers, édition de luxe (troisième mille).

L'AMOUR DE MARGUERITE, roman contemporain (huitième édition).

DEUX MOIS EN ANDALOUSIE ET A MADRID, édition de luxe, avec g[illegible] hors texte.

L'HISTOIRE DU MEXIQUE, ouvrage précédé d'une lettre et du portrait [illegible] Exc. le Président de la République du Mexique (troisième mille).

LE MEXIQUE, avec préface de Ignacio Altamirano et une carte du M[illegible] (quatrième mille).

GUILLAUME II A LONDRES ET L'UNION FRANCO-RUSSE (sixiè[illegible] tion).

LA QUESTION SOCIALE ET L'OPINION DU PAYS, enquête du *Figar*[illegible] trième édition).

LES DROITS DE LA FRANCE SUR MADAGASCAR, un fort volume in-[illegible] ché (huitième édition).

NOS BONS MAITRES-CHANTEURS, comédie en 5 actes et en vers (b[illegible] édition).

L'ESPAGNE EN 1897, un fort volume in-18, broché, avec sept gravu[illegible] texte et cinq tableaux statistiques (neuvième édition).

LE MARQUIS DE TOURNOEL, roman contemporain, un volume in [illegible] quième édition).

GRANDEUR ET DÉCADENCE DES FRANÇAIS, un fort volume [illegible] 390 pages (seizième édition).

L'INDUSTRIE ET LE COMMERCE DE L'ESPAGNE, in-8°, avec huit [illegible] statistiques hors texte, (cinquième édition).

LE DROIT D'AIMER, comédie en 3 actes en prose, précédée d'une [illegible] M. Jules Claretie, administrateur de la *Comédie Française*, un volum[illegible] (cinquième édition).

LE CONGRÈS HISPANO-AMÉRICAIN DE MADRID, *ses travaux et ses r*[illegible] un volume in-8° de 80 pages.

UN POINT D'HISTOIRE CONTEMPORAINE (Le voyage de l'Impératr[illegible] déric à Paris en 1891. — Notes et documents. — Deux entrevues av[illegible] knecht. — Une visite à Bismarck), un fort volume in-18 de 300 pages.

LE CONGRÈS DE LA PAIX A MONACO, une brochure in-8°.

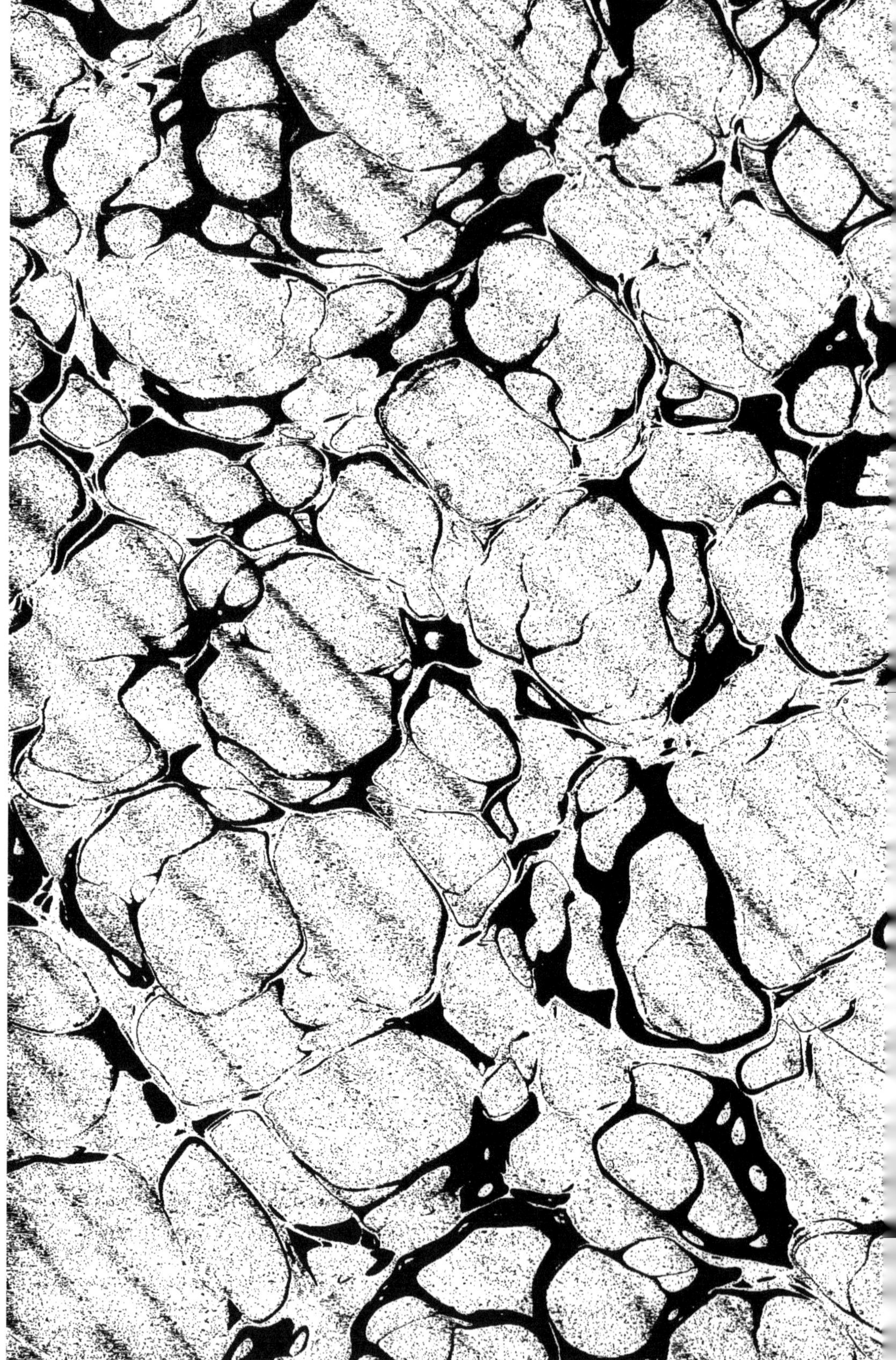

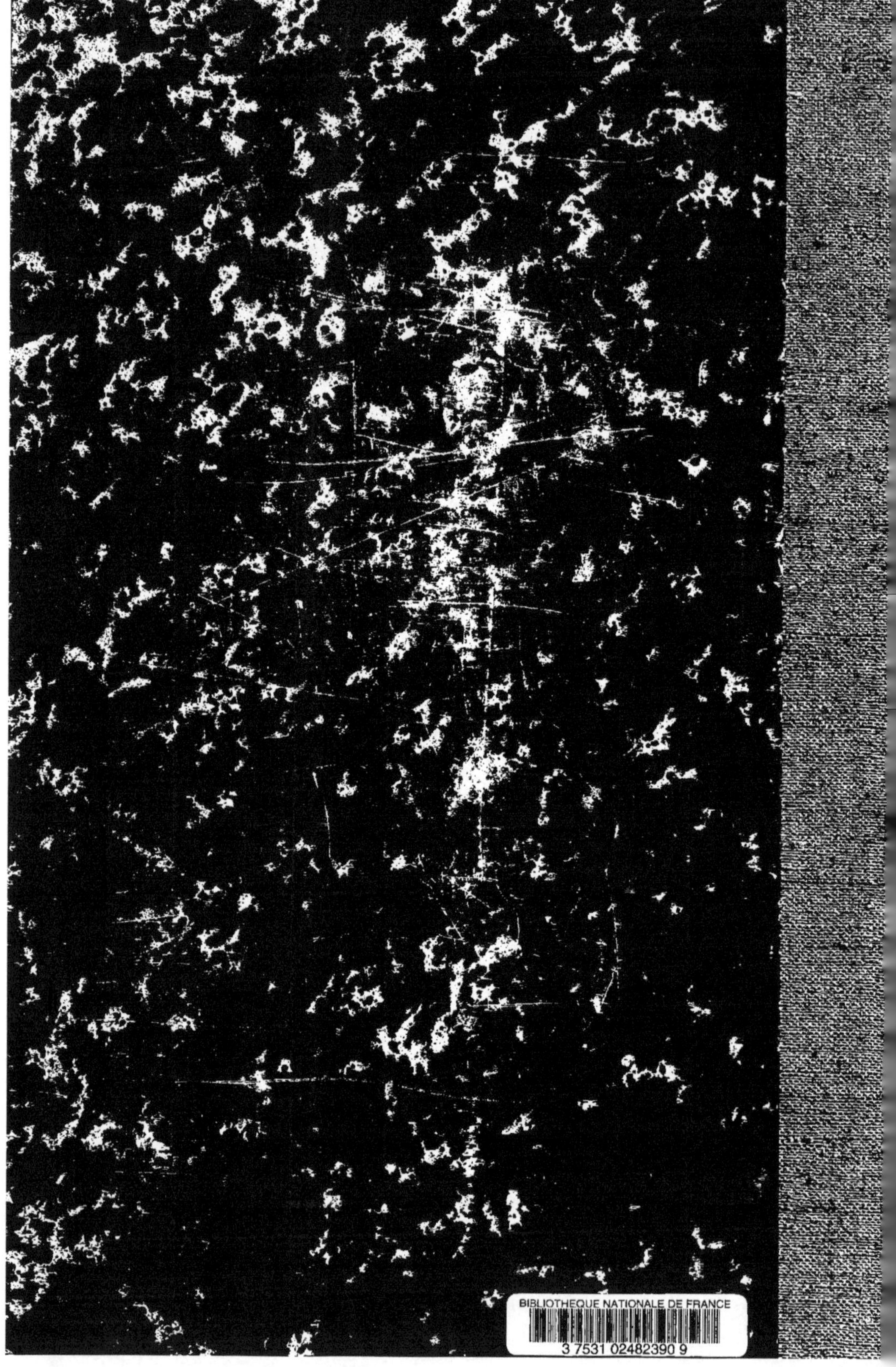